Realms of Gold

A Sketch of Western Literature

西方人文素描

[美]寒哲 著 胡亚非 郑伟 译

当代中国出版社
Contemporary China Publishing House
2021年·北京

版权合同登记号　图字：01-2018-2864

图书在版编目（CIP）数据

西方人文素描 /（美）寒哲著；胡亚非，郑伟译. -- 北京：当代中国出版社，2021.10
书名原文：Realms of Gold: A Sketch of Western Literature
ISBN 978-7-5154-1089-0

Ⅰ.①西… Ⅱ.①寒… ②胡… ③郑… Ⅲ.①推荐书目—西方国家 Ⅳ.①Z835

中国版本图书馆 CIP 数据核字（2021）第 000260 号

出 版 人　曹宏举
责任编辑　袁又文
责任校对　康　莹
印刷监制　刘艳平
装帧设计　肖晔 + 卿松 [八月之光]
出版发行　当代中国出版社
地　　址　北京市地安门西大街旌勇里 8 号
网　　址　http://www.ddzg.net　邮箱：ddzgcbs@sina.com
邮政编码　100009
编 辑 部　（010）66572264　66572154　66572132　66572180
市 场 部　（010）66572281　66572161　66572157　83221785
印　　刷　北京中科印刷有限公司
开　　本　880 毫米 × 1230 毫米　1/32
印　　张　10 印张　200 千字
版　　次　2021 年 10 月第 1 版
印　　次　2021 年 10 月第 1 次印刷
定　　价　49.00 元

我在黄金的王国中四处游历，

城堡和家园的美景尽收眼底……

——［英］济慈

前言[1]

这本书的目的是讨论西方经典著作。讨论将从文学类著作开始，继之以哲学、心理学和历史类著作，然后以综合类著作结尾。我想让这本书成为一张文化地图，像一张为在金矿里工作的淘金者所提供的地图那样。我本人读了许多并不值得一读的书；我就像一个手无地图的淘金者，所以我懂得这样一张地图的价值。我并不期望人们读每一本我在这里所推荐的书；假如他们在这里发现了哪怕一本他们喜欢的书，我的目的也就达到了。我并不是在试图使经典简单化或大众化；假如世界上最有天赋和最雄心勃勃的那位读者问我，我向他推荐哪一本书，我也会对他说出我在这里说的话。

---

① 此前言是作者为初版所写，本书为修订版，结构与初版有所不同。——编者注

目录

第一章 哲学

第二章 心理学

第三章 文学

第一章 哲学

一、叔本华

19世纪产生了三位集深刻思想与优雅风格于一体的哲学家：叔本华（Schopenhauer）、克尔凯郭尔和尼采。这三位哲学家有些相似。他们都独居未婚，也都对大众有些许轻薄。克尔凯郭尔和尼采怀着浓厚的兴趣阅读他们中的长者叔本华的作品，尽管三个人从未谋面。他们都质疑理性的重要性，但都属于古典西方传统，而非神秘炼金术传统。

克尔凯郭尔和尼采刚离世，两场伟大的精神革命就发生了：精神分析学和西方哲学。这两场革命对现代哲学影响深远，同时也削弱了这三位哲学家的重要性。但这对于他们来说是意料之中的，因为他们知道哲学会发展，而某位哲学家的影响也会渐渐消退。然而尽管他们的影响在渐渐消退，但只要文学（literature）还备受尊重，只要人们还在寻求理解人类的状况，他们的著作就会有人品读。让我们按年代顺序来讨论这三位哲学家，先从第一位叔本华开始。

我推荐叔本华的《随笔与格言》（*Essays and Aphorisms*）。如果你觉得哲学既枯燥无味又模棱两可，那么，这本书会使你改变看法。叔本华的风格总是清晰易懂，他常向人提供对日常生活的深刻理解。叔本华的《随笔与格言》含有那种永不衰老、永不过时的智慧。比如，叔本华谈道："那思想的幻象，无人不受罪于它；起初，它使生命看上去似乎如此漫长；可到了最后，当我们回首往事时，才发现它原来是多么短暂的一段时光啊！"[①] 叔本华的《随笔与格言》共800页左右；由于其中的某些章节和段落不甚有趣，读者应该读简缩本，比如企鹅经典的版本。

叔本华对他的《随笔与格言》并不重视，他给它们命名《附录和补遗》（*Parerga and Paralipomena*），这是希腊语"零星与剩余"的意思。叔本华将其看作自己的次要作品，认为它们没有他的两卷本巨著《作为意志和表象的世界》（*The World as Will and Idea*）那么重要。《作为意志和表象的世界》跟他的其他文章一样清晰可读，但它讨论的不是日常生活，而是形而上的抽象的东西。虽然我们不必从头到尾阅读该书的两大卷，但这本书比起叔本华的文章来说，仍然是较为难懂的。

《作为意志和表象的世界》中，叔本华表达了他如下的观点：世界是地狱；人应该放弃生命，而不应该追求幸福。他的悲观主义在下面这句话中表现得淋漓尽致："没有玫瑰不长荆棘。然而，却有许多荆棘不长玫瑰。"[②] 他的悲观主义在其著名的豪猪寓言中也显而易见，寓言是这样的：一些豪猪在一个寒冷的冬日为了能相互取暖聚

---

① *Counsels and Maxims*，1.

② *Essays and Aphorisms*, "Aphorisms: On Various Subjects" .

到一起，当他们因靠得太近而被彼此的猪毛刺痛时，便会分开。于是像人类一样，它们分分合合，既不喜欢寒冷的孤独，也不喜欢彼此的鬃毛。

叔本华以悲观主义和厌女症知名。这些特征使许多现代读者看不到叔本华著作的优点。对哲学持严肃态度的读者会发现《作为意志和表象的世界》是哲学著作中的佼佼者。

叔本华写《作为意志和表象的世界》的时候只有 20 多岁；该书出版于 1818 年，当时叔本华 30 岁。书出版后，没有引起公众的丝毫注意。在那以后的 35 年里，叔本华就住在法兰克福，是个靠遗产过活的单身汉，对将来出名充满渴望。叔本华最喜爱的哲学家是康德。康德每天的活动极有规律，他的邻居可以按照他下午散步的时间确定当时的钟点。叔本华向康德学习，也把日常生活安排得有条不紊：他每天早上 7 点起床，不吃早饭便投入写作，直到中午，他一天的写作便告结束。午饭后的半小时，他练习吹长笛。他吃午饭的地方叫"英国餐厅"；他每天都在桌上放一枚金币，发誓假如邻桌的英国军官们聊天的话题除了马和女人以外还有别的什么的话，他就把那个金币送人。午饭后，他读书，直到下午 4 点，然后散步两个小时，风雨无阻。6 点，他去图书馆看报。晚上，他去剧院或音乐会，吃晚饭，然后睡觉。

1851 年，叔本华出版了他的《附录和补遗》，并说：

> 我非常高兴看到我最后一个孩子的出世；我终于完成了我在这个世界上的使命。我真的觉得从肩膀上卸下了担负了 24

年的重担。谁也不能想象这对我意味着什么。[①]

这部文章集给叔本华带来了他一直期待的声誉；一位英国文学评论家对叔本华的文章印象颇深，他写了一篇评论文章。这引起了对叔本华文章集的连锁反应，也使他从此闻名于世。

叔本华死于 1860 年，他坚信他的著作将永垂不朽。19 世纪 90 年代，叔本华的声誉被尼采超越。尽管叔本华现在仍然屈居尼采的阴影之中，但在有鉴别力的读者眼中，叔本华将一直是有文字以来最深刻的思想家和最完美的文体家（stylist）。

那么，叔本华在哲学史上地位如何呢？叔本华是黑格尔的敌人、康德的学生和尼采的老师。他对黑格尔极为蔑视；他亲眼见过黑格尔，他说，从黑格尔的头形和眼神，就可以看出黑格尔不是天才。但是，他认为康德是位伟大的思想家；他自己的形而上学就起步于康德止步的地方。叔本华对尼采的影响不可忽视，然而，尼采的很多见解与叔本华相左。尼采在他的很多著作中为生命正言，对生命加以肯定；尼采坚决反对叔本华的悲观主义。

很多作家写过叔本华传，其中有海伦·齐默恩（Helen Zimmern）、布莱恩·麦基（Bryan Magee）以及吕迪格尔·萨弗兰斯基（Rüdiger Safranski）。齐默恩写的是最早的传记之一（齐默恩和尼采相互熟识），也是最好的一部。布莱恩·麦基因其哲学电视节目而在英国大名鼎鼎。他的书《哲学家的自白》（*Confessions of a Philosopher*）

---

① *Schopenhauer: His Life and Philosophy,* by Helen Zimmern, ch. 10.

是以自传体形式介绍哲学；该书中有好几章对分析型哲学进行抨击。最近，麦基写了一本获奖自传名为《荣耀之云：霍斯顿的童年》（*Clouds of Glory: A Hoxton Childhood*）。麦基的《叔本华哲学》（*Philosophy of Schopenhauer*）是他的佳作之一。吕迪格尔·萨弗兰斯基是撰写过叔本华、尼采、海德格尔等的专家。他在德国电台主持一个哲学节目。

二、克尔凯郭尔

克尔凯郭尔（Kierkegaard）跟叔本华一样，也是在黑格尔的影响下逐渐成熟的。叔本华对黑格尔充满敌意并试图忽略他，但克尔凯郭尔却认真对待黑格尔，他大量采用黑格尔的术语，并花了很多时间答复黑格尔的论证。黑格尔致力于研究形而上、逻辑和历史；他很少注意个人，也很少注意伦理。克尔凯郭尔却坚持认为个人是最基本的重点所在，他的著作以宗教和伦理为中心内容，他为了孤独的个人而写作。叔本华是无神论者，克尔凯郭尔则笃信基督教。克尔凯郭尔在对宗教的热忱中融入幽默感。在所有的哲学家中，克尔凯郭尔最富有幽默感；在这方面，他可与卡夫卡媲美。如果你想体验一下克尔凯郭尔幽默和诗意的一面，那你就应该去读《这样或者那样》（*Either/Or*）的前几页。

沃尔特·劳瑞（Walter Lowrie）写了两部克尔凯郭尔传，一部短，一部长。长的那部堪称所有传记作品中的最佳之作，实际上，在迄今为止所出版的各类书籍中也堪称上乘。这部传记从克尔凯郭尔的著作中引用了很多段落，简直可以认为是克尔凯郭尔本人所作。对克尔凯郭尔感兴趣的读者应该从读这本传记开始。相比较而言，克尔凯郭尔本人的有些著作倒稍嫌枯燥、抽象和黑格尔化了。也可以从另一本书开始对克尔凯郭尔的研究，即由霍华德（Howard）和艾德纳·洪（Edna Hong）编辑的选集《本质克尔凯郭尔》（*The Essential Kierkegaard*）。

在克尔凯郭尔的所有著作中，我个人的最爱是他的《日记》（*Journals*，简缩本）、《观点》（*The Point of View*）、《当今时代》（*The Present Age*）和《进攻基督教世界》（*Attack on Christendom*）。克尔凯郭尔能够表现出最深沉的严肃感，这在他的《进攻基督教世界》一书中得到了证明。《进攻基督教世界》在修辞方面具有惊世骇俗的力量。这里我试举一例："像现在这样介入对上帝的公开崇拜是一个罪行，一个严重的罪行，因为现行的崇拜方式距离真正的神圣崇拜实为遥不可及。"[①]《进攻基督教世界》语言清晰、易读易懂。这本书唯一的弱点是篇幅过长，需要节略。

三、尼采

尼采（Nietzsche）生于1844年。他出生在一个上层社会人家。他小的时候，进了舒波富塔（Schulpforta）学校，这是一所在德国声望极高的学校。对尼采一生最有决定性作用的事件发生在尼采只有

① *Attack on Christendom*, "What Christ's Judgment Is About Official Christianity".

4 岁的时候，他的父亲去世了。这一事件对年幼的尼采有重大影响，是造成他性格不稳定的一个重要因素，他的性格不稳定后来发展成疯狂。尼采是天才接近于疯狂这一说法的例证，按柏拉图的说法，天才是“神圣的疯子”。

尼采是一个优秀学生。他 25 岁就做了语言学教授（古代语言和文学）。此时，他还发现了叔本华的著作，叔本华的著作给尼采留下了深刻的印象。尼采认为自己不但是叔本华的读者，还是叔本华的“学生和儿子”[①]。叔本华对尼采来说，是一个父亲。沿着叔本华的脚印，做一个哲学家，成了尼采生命之目的。

尼采 24 岁时结识了歌剧的开创者瓦格纳。他们第一次见面就讨论了叔本华这个两人都敬佩不已的人。瓦格纳比尼采年长 31 岁，而且已经是个名人，所以，他很自然地就成了尼采的父亲式的人物。尼采崇尚瓦格纳的歌剧到了他想花费毕生的精力把它们介绍给全世界的地步。尼采的第一本书《悲剧的诞生》（*The Birth of Tragedy*）盛赞瓦格纳歌剧，说它们可以跟古希腊的悲剧相提并论。虽然尼采后来终止了与瓦格纳的友情，但他们的分手是心平气和的，尼采把他和瓦格纳的友情看作他一生中最美好的经历。

尼采三十出头时，得了重病——病得很厉害，他不得不辞去教授的工作，甚至差点丧命。那以后，他开始内省，闭门思过。这一时期是尼采成为尼采的时期。现在他必须不再做瓦格纳的“儿子”和叔本华的“儿子”，现在他必须成为他自己，他必须成为一个有

---

① Nietzsche, *Untimely Essays*, “Schopenhauer as Educator”.

个人特色的别人的“父亲”。他的这两本书，《人性的，过于人性的》（*Human, All-Too-Human*）和《曙光》（*Dawn*），都是他摆脱瓦格纳和叔本华的独立宣言。

尼采和克尔凯郭尔一样，都是在逐渐成年的过程中，性情变得逐渐开朗起来，并能较为平和地对待自己。在他的《快乐的科学》（*The Gay Science*）中，尼采写道：“解放的明证是什么？是不再面对自己而感到羞愧。”[①] 尼采终于从内心障碍中解放了出来。他接受了自己；他接受了生命，包括疾病和死亡；他接受了世界。其实，尼采对这一切何止是接受，他简直是到了欣喜若狂地肯定的地步。在他的《查拉图斯特拉如是说》（*Thus Spoke Zarathustra*）中，尼采达到了文学史上少有的（假如真有人达到过的话）鼓舞人心的高峰。

尼采著作的主题之一是批判道德。尼采强调说，道德，圣人所实践和哲学家所鼓吹的那种道德，并不像我们想象的那么纯粹和神圣；它也不像我们想象的那样对人类是健康有益的。尼采认为，圣人，所谓“好人”，有着各种各样的行为动机，这些动机可能包括对权力的欲望、对他人的敌意及对生命本身的仇视。总之，圣人也是被那些“人性的，过于人性的”动机所推动的。

尼采对道德的态度跟叔本华不尽相同。叔本华反对传统宗教，拥护无神论，但是他对传统道德体系却持同情态度。尼采比叔本华走得远些，他既反对传统宗教，也反对传统道德体系。当大多数

---

① Nietzsche, *The Gay Science*, #275.

道德理论家，包括叔本华在内，都主张放弃生命时，尼采却对生命加以肯定，并拥护非宗教价值观。尼采如此哀叹强调“来世”（other world）的旧观点：“‘世外’（beyond）这个概念，即所谓‘真正的世界’（true world），它之所以被制造出来，是为了贬低实际存在的唯一世界的价值——是为了使我们在世俗的现实中毫无目标、毫无理智、毫无作为地生存！”[①]

尼采的著作中没有那种人们在叔本华的著作中可能看到的康德式冗词赘语，也没有那种人们在克尔凯郭尔的著作中可能看到的黑格尔式冗词赘语。尼采反对德国的哲学传统，反对康德和黑格尔的传统。尼采仿效法国哲学家蒙田、拉罗什富科（La Rochefoucauld）和拉布吕耶尔（La Bruyere）等。尽管尼采用词平实，但他的句子略嫌复杂，其表现的思想也常嫌牵强。因此，尼采的著作，尤其是他早期的著作，比较难懂。尼采后期的著作有一种令人振聋发聩的品质，也比早期著作更易读些。

尼采所写的最可读、最简明、最有力的书是他的自传体著作《瞧，这个人！》（*Ecce Homo*）。还有，《查拉图斯特拉如是说》的第一部分、《偶像的黄昏》（*Twilight of the Idols*）和《反基督教》（*Antichrist*）也值得推荐。对尼采的个性感兴趣的读者应该去读《与尼采交谈》（*Conversation With Nietzsche*，Sander Gilman 编撰）这本书。

尼采是个多产作家；虽然他主张文字简洁，但他自己并没有做

---

① *Ecce Homo*, “Why I Am a Destiny”.

到这一点。如果尼采的著作能够得到行家的精简，那它们将会是独一无二的。在思想的深刻性和文字的悲怆感方面，至今还无人可与尼采比肩。

对尼采的天才持怀疑态度的人应该考虑以下三个事实：

1. 尼采在心理学方面的天赋。弗洛伊德说，尼采的“猜测和直觉往往极为令人吃惊地与精神分析学艰苦发现的结果相吻合”[①]。

2. 尼采的写作风格，即他的德语表达能力。托马斯·曼（Thomas Mann）说，尼采和海涅（Heine）是德国散文大师。

3. 尼采在预言方面的天赋。尼采死于1900年，但他却预见到了20世纪可能发生的重大事件，比如世界大战、弗洛伊德心理学的崛起等。

四、爱默生

尼采最喜爱的作家之一是爱默生（Emerson）。他对爱默生著作中乐观、肯定、积极的基调赞赏有加。爱默生的乐观与叔本华的悲观大相径庭。爱默生最喜爱的作家是最为乐观的哲学家蒙田。爱默生在写作中力图效法蒙田。他写作的目的不是拓展知识的疆界，而是帮助人们生活，鼓舞人们向上。“英雄主义的特点，”爱默生写道，“在于他的坚韧。人都有徘徊的瞬间、情感的突发和慷慨行为的冲动，但是，当你选定了你的角色，你就要坚守它，不

---

① Freud, *An Autobiographical Study*, 5.

要软弱地让自己顺从于世界。”[①] 受到柯勒律治（Coleridge）这样浪漫主义作家的影响，爱默生赞成直觉而非逻辑，支持自觉性而非理性。

爱默生的最佳作品是他的《日记》（*Journals*）；我推荐布利斯·佩里（Bliss Perry）的节略本，只有300页左右。爱默生的《日记》是美国书籍当中最优秀的一部著作——比他的《随笔》（*Essays*）好，也比梭罗（Thoreau）的《瓦尔登湖》（*Walden Pond*）好。这本书在其多样化和深度方面令人想起艾克曼（Eckermann）的《歌德谈话录》（*Conversations With Goethe*）。爱默生的《日记》和克尔凯郭尔的《日记》一样，实际上也是一本随笔体著作。至于爱默生的文章，我最喜欢的是《美国学者》（*The American Scholar*）、《自力更生》（*Self-Reliance*）和《梭罗》（*Thoreau*）。爱默生的叙事风格完美，但他的文章有时稍嫌冗长。如果你想阅读爱默生传记，可考虑阅读罗伯特·理查德森（Robert Richardson）的《爱默生：燃烧的心灵》（*Emerson: The Mind on Fire*）。

五、梭罗

爱默生的朋友加邻居梭罗（Thoreau）以《瓦尔登湖》一书著称。《瓦尔登湖》的前三章在所有哲学作品中堪称一流。梭罗的风格朴实、生动和雄辩。他的乐观态度跟爱默生很相像。梭罗提倡简

---

① “Heroism”.

单而节俭的生活，批评大多数人过着复杂而忙碌的生活。他写道："人们的头脑忙于工作和挣钱……一个爱尔兰人看见我在地里往笔记本上写着［笔记］，他想当然地以为我是在计算我的工钱，并真的向我打听计算结果，好像他从来也不曾梦想到写字还有什么别的用场。"①

梭罗对自然的热爱使他备受当代读者的欢迎，比爱默生更受欢迎。"世界存活在大自然之中，"梭罗这样说道，"我景仰森林、草地和玉米生长的静夜……希望和未来对我来说，不在草坪和修整过的土地，不在城镇和市区，而在神秘莫测、生动不已的泥沼。"②梭罗能跟各种野生动物交友，他的朋友包括鸟、青蛙和土拨鼠，他会吹着口哨召唤他的朋友到他的手上来吃食。

梭罗在麻省康考德镇（Concord, Massachusetts）的树林和田野里度日，他收集箭头（印第安人做箭头用的锥形石块——译者注）、草木、鸟巢等物，然后把它们放进自己的私人收藏。有时他也远足，到科德角（Cape Cod）、卡塔丁山（Mt. Katahdin）、白山（The White Mountains）等地。他写了几本游记，其中最好的大概要数关于科德角的那本了。梭罗与爱默生一样，也经常在康考德讲习会演讲和诵读。在梭罗讲科德角的那次，爱默生说："听众们笑得眼泪汪汪。"③

爱默生让梭罗在自己位于瓦尔登湖畔的地产上建了一座小屋；

---

① *The Selected Journals of Henry David Thoreau*, edited by Carl Bode, 4/3/59.

② "Walking," an essay by Thoreau.

③ *The Days of Henry Thoreau*, ch. 14.

这就促成了梭罗著名的有关简朴生活的实验。梭罗一次在康考德讲习会的演讲中描述了他在瓦尔登湖的生活方式；爱默生说，听众"都为他演讲中的机敏和智慧所倾倒"[1]。人们要求梭罗在接下来的一周再作一次演讲，为上次没有出席的听众弥补损失。听众的热烈反应使梭罗将演讲词扩展成了一本书，这就是《瓦尔登湖》。我推荐诺顿评述版（Norton Critical Edition）《瓦尔登湖》，或者更好的，杰弗里·克莱默（Jeffrey Cramer）的《瓦尔登湖：全注解版》（*Walden: A Fully Annotated Edition*）。

梭罗居住在瓦尔登湖期间，曾由于拒不交纳税收而被捕入狱。梭罗坚决反对奴隶制，他不愿意用他交的税去支持一个维护奴隶制的政府。当梭罗的一个亲戚替他交了税，狱卒告诉梭罗他可以出狱了的时候，梭罗"暴跳如雷"[2]，并拒绝出狱，原因是他想以行动唤起大众对自己政治观点的注意。基于这一经历，梭罗写了著名的《公民反抗》（*Civil Disobedience*）一文。在这篇文章中，梭罗论证说，个人应该服从的是自己的良心，而不是法律；众人的消极反抗有可能使政府改变政策。《公民反抗》影响了反对英国在印度统治的甘地，也影响了为美国黑人的利益而斗争的马丁·路德·金。

多数下午时间，梭罗喜欢漫步在康考德镇的小树林里和田野间。

他每天下午出门准备好远足。他的腋下夹着一本用来夹

① *The Days of Henry Thoreau*, ch. 10.

② *The Days of Henry Thoreau*, ch. 11.

> 压鲜花的旧音乐书。手里拿着一根拐棍……棍脚处以英尺和英寸为单位做好标记以便能快速测量。头上戴着他的那顶七码帽子，帽子里面有一处特别的小架子能放置有趣的植物标本……他的衣服是精心挑选的，能在林间地里自然伪装……他很高兴自己能从家轻松步行十、十五或者二十英里而不需到任何房子里歇息。[①]

梭罗预见到几十年后像这样步行就不再可能了；他意识到空地越来越少。“那么我们一起来提高我们的机会吧，”他写道，“在黑暗来临之前。”[②]

有时，他不走旱地，而是穿过蜿蜒的溪流；有时，他不在白天步行，而是在午夜乘着月光漫步。梭罗在日记里写道：“如果我在晚上征服了一些疆域，如果我能向乡民们展示在他们熟睡的时候有一些美丽在绽放，难道他们不会认为我是他们的恩人吗？”

许多梭罗日记的简本得以出版，我推荐《梭罗日记精华》（*The Heart of Thoreau's Journals*）。我也推荐梭罗的两篇随笔，《漫步》（*Walking*）和《无原则生存》（*Life Without Principle*）。沃尔特·哈丁（Walter Harding）写过一本独具特色的梭罗传记《亨利·梭罗的日日夜夜》（*The Days of Henry Thoreau*），梭罗迷们会对这本书爱不释手。理查德森的传记《亨利·梭罗：心灵的生活》（*Henry Thoreau: A Life of the Mind*）也是出类拔萃的。

---

① *The Days of Henry Thoreau*, XIV , 8.

② “Walking”.

1862年1月，梭罗45岁，他染上了肺结核，奄奄一息。他的两个朋友，从河上溜冰而下，来看望梭罗。他们后来谈到这次看望时说：

> 他看上去很高兴见到我们，说我们来得正是时候……当时正是风雪交加的时候，我想，这使他谈锋更健，简直有登峰造极之美，一如既往的诚恳和一如既往的有趣并存。

当他的朋友问他，他是否相信基督时，他说一场大风雪对他比基督更有意义。朋友中的一个对他说："你似乎接近了黑暗之河的边沿。你对下一个世界怎么看？"梭罗说："世界要一个一个地看。"1862年3月，一个邻居去看望梭罗。这个邻居后来告诉爱默生，他"从未经历过另一个比这更满意的时辰。从未看见过一个人以那样的喜悦和那样的平和离开人世"。梭罗在他最后的时日里，还在写他关于缅因州（Maine）的书，在那里，他最后的一句话只有两个词："麋鹿"和"印第安人"。①

六、卡莱尔

卡莱尔（Carlyle）生于1795年，比爱默生年长8岁，比梭罗年长22岁。虽然，卡莱尔是他所生活的那个时代知识分子的主要代表，在今天却被大部分人所遗忘。他写过很多文章和几部篇幅较长

---

① On Thoreau's final months, see *The Days of Henry Thoreau*, ch. 20.

的历史著作。卡莱尔以他的英雄崇拜说著名；他强调历史上伟大人物的重要性。卡莱尔认为，最好的政府是一个伟大的个人掌有无限权力的政府。

卡莱尔的另一个著名贡献是他向英语世界介绍了德语作家和德国思想。卡莱尔学习德语的时候，英国知识分子中很少有人懂德语。卡莱尔写了一部席勒（德国诗人、戏剧家）传记和一部关于德国军事家腓特烈大帝（Frederick the Great）的多卷本著作。

卡莱尔的谈话艺术具有传奇色彩；达尔文说卡莱尔“是我所认识的最值得倾听的人”[①]。爱默生的英国之行是专门为了跟卡莱尔谈话而成行的；他把卡莱尔称作“谈锋极健的人，其谈话完全与其作品一样非同寻常，我甚至认为他说的比写的更好。假如你不见他一面，你永远也不可能知道他的底蕴，不知道他将要做的比他已经做的会多多少”[②]。卡莱尔对人有敏锐的观察力，他为我们留下了许多不可忘怀的关于他同时代人的描述，包括柯勒律治、华兹华斯（Wordsworth）和维多利亚女王（Queen Victoria）。爱默生说，卡莱尔的长处不在于他抽象思考的能力，而在于他抓住一个人或者一个时代的本质的能力。[③]卡莱尔运用自己的这一能力，创造了一种高度诗歌化的历史研究。穆勒（Mill）说，卡莱尔的《法国革命》（*French Revolution*）“与其说是历史，不如说是史诗，然而又是最真

---

① *The Norton Anthology of English Literature*, 4th edition, volume 2, introduction to the section on Carlyle.

② *The Heart of Emerson's Journals*, edited by Bliss Perry, October, 1847.

③ See Frank T. Thompson, "Emerson and Carlyle," *Studies in Philology*, XXIV, 1927.

实的历史”[1]。

卡莱尔是一个右倾的思想家，他反对在他那个时代盛行的自由主义和功利主义学说。他对当时正处发展阶段的民主和小商业社会持激烈的批评态度，特别是对美国这个民主和资本主义正在全面发展的国家。他说：

> 我的朋友，先不要吹嘘我们的美国表亲吧！他们的棉花、美元、工业和资源的数量，我相信几乎是无以数计的；但是我绝对不能崇拜这些物质。那个地方产生过我们可以崇拜或可以忠实敬仰的伟大灵魂、伟大思想或任何伟大而崇高的东西吗？[2]

在卡莱尔的著作中，我最喜欢的是《衣冠楚楚》（*Sartor Resartus*）这部自传体小说。虽然卡莱尔缺乏智慧和优雅，但他是英语国家所产生的最深刻的思想家之一。如果你想阅读卡莱尔的传记，请考虑弗莱德·卡普兰（Fred Kaplan）撰写的。

七、王尔德

奥斯卡·王尔德（Oscar Wilde）具有卡莱尔所缺乏的智慧和优雅。虽然王尔德被公认为戏剧家，但他的哲学对话也写得极为出色。王

---

① *The Norton Anthology of English Literature*, 4th edition, volume 2, footnote in the excerpt from Carlyle's *French Revolution*.

② *Latter-Day Pamphlets*, “The Present Time”.

尔德在 19 世纪末卡莱尔死后不久，达到了他名誉的顶峰。和卡莱尔一样，王尔德也对现代社会持批评态度，特别是对现代新闻业。他说："在美国，总统只统治四年，而新闻界则可以永永远远地统治下去……美国的新闻界已将其权威延展到最恶劣、最残忍的极端。"[①] 事实上，我们到现在为止所谈及的几个哲学家都对现代新闻业深恶痛绝。

王尔德才思敏捷，说起话来妙语连珠，在他的作品中，格言警句比比皆是。他说："要当希腊人，就得不穿衣服；要当中世纪人，就得不要肉身；要当现代人，就得没有头脑。"[②] 除了才思敏捷外，王尔德还极为自信。有一次，他去美国旅行，他对海关官员说："除了我的天才以外，我别无其他需要申报。"[③] 王尔德的最佳作品是他的谈话录《充当艺术家的批评家》（*The Critic as Artist*）和《谎言的衰退》（*The Decay of Lying*），他的文章《社会主义制度下人的灵魂》（*The Soul of Man Under Socialism*）和他的童话故事。王尔德的谈话录可以与柏拉图的谈话录媲美。王尔德的谈话录主要涉及审美学，也讨论现代生活和现代社会。王尔德的童话故事的确老少皆宜，《快乐王子》（*The Happy Prince*）是其中的佼佼者。他的小说《道林·格雷的画像》（*The Picture of Dorian Gray*）有点病态兮兮，但写得很好，读起来颇有趣味。他的剧作很优雅耐读，但缺乏想象力。王尔德是一个太好的文章家和批评家，正是这一点使他不能成为一个伟大的

---

① *The Soul of Man Under Socialism.*

② *Oscar Wilde*, by R. Ellman, ch. 3.

③ *Oscar Wilde*, by R. Ellman, ch. 6.

艺术家。

王尔德和克尔凯郭尔一样，一生短暂、多事而凄惨。他也和克尔凯郭尔一样，受到报界的无情讽刺。王尔德早年成名后，似乎感到一种自暴自弃的冲动。他的同性恋丑闻导致了高度公开化的法律诉讼以致自己入狱。他死时只有 46 岁。艾尔曼（Ellman）写的王尔德传要不是篇幅过长的话，本应是不错的。多数现代传记都需要“减肥”。

八、穆勒

18 世纪末正值法国革命时期，封建主义残余正在被扫除，乌托邦理想乘虚而入，理性、民主和教育似乎可能创造一个崭新的、较好的世界。在英国，推崇这些激进思想的有两个主要人物，一个是杰里米·边沁（Jeremy Bentham），另一个就是詹姆斯·穆勒（James Mill）。边沁和穆勒提倡功利主义哲学，也就是说，他们相信政府的目标应该是为最大多数人谋求最大的幸福。他们相信，他们的著作将有利于改善世界，他们希望在他们死后，有人继续他们的写作。由于边沁没有儿子，他们选择了詹姆斯·穆勒的长子约翰·斯图尔特·穆勒（John Stuart Mill）作为他们的接班人。

约翰·斯图尔特·穆勒生于 1806 年。当他只有 2 岁的时候，边沁和詹姆斯·穆勒就开始为他筹划教育蓝图了。约翰·穆勒 3 岁就开始学习希腊文，几年后他又开始学拉丁文。约翰·斯图尔特·穆勒的教育在文学史上是最严格和最系统的一种，它是英国激进派观点的一种演示；这个观点就是：理性和教育能够重塑人性、重塑社会。

约翰·斯图尔特·穆勒20岁时，开始对自己的目标产生怀疑。到当时为止，他一直在努力教育自己、改进社会；然而，他意识到，即使他所欲求的所有改进目标都实现了，他也不会感到巨大的幸福。他陷入了沮丧情绪，这种情绪延续了好几个月。当他终于从沮丧中挣扎出来时，他成了一个完全不同的人：他接纳了诗歌、艺术、音乐和自然；他像尊崇理性一样尊崇情感了；他坚持认为，任何乌托邦理想都应该为个人情感和个性留有余地。

穆勒摆脱了他的沮丧情绪，但是，他也失去了一些改革派朋友，他感到孤单。这时，他遇到了哈丽叶特·泰勒（Harriet Taylor），并和她建立了长期的、柏拉图式的感情联系。穆勒对哈丽叶特·泰勒的思维能力有很高的评价，这无疑是他成为女权主义提倡者的一个缘由。

穆勒写了一些关于逻辑和经济的巨著，但今天他最受欢迎的读物是一本题为《论自由》（*On Liberty*）的小书。在这本书中，穆勒以一个预言家的口气批评了他的同时代人：

> 英国的伟大现在全在于它的集体性；个人变得渺小了，我们只有依靠组合的习惯才能显得有能力做一番像样的事业。对此，我们的道德家们和宗教慈善家们心满意足。然而，却是另外一种人，而不是这样一种人，使英国成为它现在这个样子；我们也将需要另外一种人来防止英国的衰败。[①]

---

① *On Liberty*, ch. 3.

穆勒对集体行为及组织活动的批评使人联想起克尔凯郭尔。克尔凯郭尔在他的《当今时代》(*The Present Age*)中哀叹个人在公众中消失；穆勒在《论自由》中阐述了同样的观点。公众形象的代表是报纸，克尔凯郭尔和穆勒都对报纸在现代世界的巨大权力有所论述。

穆勒把哈丽叶特·泰勒看作自己的女神，他也把她当作著作合作者。当哈丽叶特的健康状况开始恶化时，穆勒急于在哈丽叶特丧失能力之前重温他们曾经谈论过的一些思想。他催促哈丽叶特帮助他写出那些可能成为“未来读者的精神食粮”的著作，那些将集中表达他们二人思想的著作，那些有可能在将来为了大众阅读方便而简化的著作。《论自由》是他们这项努力的一个结果，它的确成了“未来读者的精神食粮”。《论自由》包含了20世纪两个最著名理论的种子：奥尔特加(Ortega)的“大众的反叛”理论和理斯曼(Riesman)“内向”性格理论。

穆勒发出了关于会造成自由之灭亡的乌托邦理想的警告。他对经济的兴趣并没有使他忽略非经济因素的重要性。他写道：“人的生命被合理地用来完善和美化人的创造。在这些创造中，第一重要的无疑是人本身。”①

穆勒相信，一个好人可以解释自己的行为。他反对那些说一个好人是按自己的本能行事或是按与生俱来的道德感办事的理论。同样，在认识论的领域里，穆勒也论证，人可以用理性为自己的信仰辩护，而不是用直觉或情感。这样看来，穆勒的伦理观和认识论是

① *On Liberty*, ch. 3.

一致的，在两个领域里，他都是理性的战士。[①]

爱默生说，识别伟大的头脑要看其“广泛程度”[②]。穆勒和许多伟大的哲学家一样，在广泛领域里的多种题目上都有所建树，比如政治学、审美学、经济学、认识论、伦理学，甚至植物学，等等。许多哲学家都过着离群索居的生活，而穆勒却参加了改革运动、读书俱乐部及辩论会等活动。他还在东方印度公司工作了 20 年，甚至当选过国会议员，尽管他拒绝参加竞选。

作为文体家，穆勒在英国文学中几乎无人能与之匹敌。穆勒最受人欢迎的作品，除了《论自由》以外是他的《自传》（*Autobiography*），其中不乏他对自己的教育、所经历的沮丧情绪、与哈丽叶特·泰勒的关系及所参与的政治活动的详尽描述。

穆勒没有儿女，但是他的弟子都把他当作父亲看待。他的一个弟子约翰·莫利（John Morley）说，穆勒是“我所认识的最优秀、最智慧的人……他留给我的记忆永远会像一个父亲留给儿子的记忆那样珍贵”[③]。

九、莱奥帕尔迪

莱奥帕尔迪（Leopardi）是最有趣的意大利哲学家。莱奥帕尔迪

---

① See “John Stuart Mill as Moralist,” by H. S. Jones (*Journal of the History of Ideas*, April - June, 1992, vol. 53, #2).

② See Emerson’s essay, “Shakespeare; Or, The Poet” .

③ “John Stuart Mill as Moralist,” by H. S. Jones (*Journal of the History of Ideas*, April - June, 1992, vol. 53, #2).

和叔本华一样，也生于18世纪末，他跟叔本华一样，也是一个悲观主义者和无神论者。莱奥帕尔迪的主要建树在诗歌方面，他在哲学方面的成果不多，主要包括他的《思想录》(*Pensieri*)和几篇谈话录。他的随笔有一流作品的风采。莱奥帕尔迪指出，要欣赏伟大的作品不是件容易的事，一个人要能够欣赏伟大的作品，几乎必须先要能够写出这样的作品才行。他说："阅读欣赏和写作创造几乎没有不同。"①

既然我们在讨论意大利哲学家，那我们就应该提及著名的意大利政治理论家马基雅维利（Machiavelli）。马基雅维利最有名的著作是《君主论》(*The Prince*)；这本书对政治持冷酷的和反道德的态度。马基雅维利还写了《论李维》(*Discourses on Livy*)；他在这本书里通过罗马历史学家李维（Livy）之口反思罗马的历史。《论李维》既不像《君主论》那么精练，也不像《君主论》那么易懂。马基雅维利的《佛罗伦萨史》(*History of Florence*)是他最长最没意思的一本书；爱默生说："我试图读些马基雅维利的史书，但发现它们很难卒读。关于佛罗伦萨的那部分就像费城救火队发展史那样，读起来令人困倦不堪。"②

十、奥尔特加

20世纪最优秀的哲学家是一个西班牙人，名叫何塞·奥尔特加·伊·加塞特（José Ortega y Gasset）。奥尔特加的《大众的反叛》

---

① *Parini's Discourse on Glory*, § 2.

② *The Heart of Emerson's Journals,* edited by Bliss Perry, journal entry of 1/10/47.

（*Revolt of the Masses*）是一部不同凡响的著作——对这部著作无论怎样赞扬都不会有吹捧之嫌。在这部著作中，奥尔特加讨论了现代社会和威胁现代社会的危险因素。在对现代社会的理解方面，奥尔特加是无与伦比的。他写道："在目前欧洲的政治生活中存在着一个极为重要的事实。这个事实就是民众对全部社会权力的接近。定义告诉我们，群众既不应该也不能够指导他们自己的个人生存，更不应该也更不能够统治整个社会。正因为如此，这个事实就意味着欧洲实际上正在遭受最大的危机，这个危机可能影响到其他民族、其他国家和其他文明。"①

奥尔特加的父亲经营一家报社，而奥尔特加在新闻业和政界也很是活跃，他也是一位哲学教授。西班牙内战期间，他逃亡海外，临终前回到西班牙，于 1955 年去世。

奥尔特加在德国的大学读过书，他的著作中可以见到德国形而上学传统的影响。他的某些著作略嫌枯燥。除《大众的反叛》外，奥尔特加最好的著作还有《小说笔记》（*Notes on the Novel*）、《艺术的去人性化》（*The Dehumanization of Art*）、《人与危机》（*Man and Crisis*）、《现代主题》（*The Modern Theme*）和《论爱》（*On Love*）。

十一、霍弗

另一位 20 世纪令人关注的哲学家是美国人埃里克·霍弗（Eric

---

① *Revolt of the Masses*, 1.

Hoffer)。霍弗没上过学。在大萧条时期，霍弗失去了工作，心情很压抑，起了自杀的念头。他买了毒药，走到高速公路上，开始喝毒药。就在那一刹那，他眼前出现了自己在旅途上度过一生的幻觉。他立即吐出毒药，开始了他20年的幻象生活、流浪生活，在加利福尼亚州（California）来回走动，他捡玉米、打零工，逛妓院。第二次世界大战期间，霍弗在旧金山（San Francisco）找到了一份码头搬运工的工作，他在那儿一直住到1983年辞世。

霍弗也像爱默生一样喜爱蒙田。他也和爱默生一样，不是一个系统的哲学家，而是一个智慧、聪颖的人类观察家。霍弗的书都很简短，都由散文和随笔组成。在我们已经讨论过的哲学家中，霍弗是最通俗易懂的。霍弗的主要兴趣在社会和政治，但是他也涉及很广泛的题目，包括灵学。他说：

> 超越感官的能力——用作心灵感应的传递和感觉到目不可及之物——是一种动物的特点……人与人之间的误解不是发生在人们不能理解对方的时候，而是发生在当人们感觉到对方脑子里在想着什么但不喜欢那个想法的时候。①

霍弗的最佳著作是《安息日之前》(*Before the Sabbath*)和他的自传《想象的真实》(*Truth Imagined*)。

---

① *Reflections on the Human Condition*, § 21.

十二、古代哲学家

如果你想阅读古代哲学，可以考虑以下学者：

阿尔弗雷德·爱德华·泰勒（Alfred Edward Taylor），他撰写关于苏格拉底和柏拉图的研究性文章。

皮埃尔·哈多特（Pierre Hadot），他撰写了《何为古代哲学？》（*What Is Ancient Philosophy?*）、《哲学生活之道》（*Philosophy as a Way of Life*）等。

格雷戈里·弗拉斯托斯（Gregory Vlastos），《苏格拉底：讽刺和道德的哲人》（*Socrates: Ironist and Moral Philosopher*）的作者。

伊莎多尔·范斯坦·斯通（I. F. Stone），美国记者，退休后研究希腊语，并撰写了一本非学术但颇有意思的书《苏格拉底的审判》（*The Trial of Socrates*）。

第欧根尼·拉尔修（Diogenes Laertius），撰写古代哲学家的短篇传记，人们认为他生活在公元 230 年。

色诺芬（Xenophon），认识苏格拉底，并在多部作品中论及其人，如《回忆苏格拉底》（*Memorabilia*）和《会饮篇》（*Symposium*）。

吉尔伯特·默雷（Gilbert Murray），古代文学的杰出作家，撰写的《希腊宗教的五个阶段》（*Five Stages of Greek Religion*）是一部介绍古代哲学的优秀作品；默雷风格优雅，学识渊博，思想深刻。

沃尔特·佩特（Walter Pater），著名的英国作家，著有《柏拉图与柏拉图主义》（*Plato and Platonism*）。

克尔凯郭尔撰写了《论反讽概念：以苏格拉底为主线》（*The Concept of Irony, With Constant Reference to Socrates*）。

我最喜欢的古代哲学家是柏拉图。没有人比柏拉图更能把诗意和深奥如此巧妙地结合在一起。然而，在他的几个谈话中，柏拉图被纠缠进形而上学，这样，便有许多读者（包括蒙田和尼采）觉得柏拉图枯燥。柏拉图最好的谈话录是《申辩》（*Apology*）、《会饮篇》（*Symposium*）和《理想国》（*Republic*），还有《高尔吉亚》（*Gorgias*）、《法律篇》（*Laws*）、《克力同》（*Crito*）和《斐多》（*Phaedo*）。《申辩》篇幅不长、易读、有趣，可视为一篇很好的哲学入门作品。《会饮篇》整体来说令人喜读，但有时有点拖拉。《理想国》是柏拉图的最高成就，是一部不仅深刻论述了政治，也深刻论述了宗教、道德和艺术的杰作。我推荐阅读注解版的柏拉图作品，例如约翰·伯奈特（John Burnet）出版的两卷本，这两卷本包含四个对话的全部内容。

《高尔吉亚》把强者与弱者的道德观作了鲜明的对比，尼采最为人所知的理论之一就可能来自这里。柏拉图对宗教和道德都很友善，但对反对宗教和道德的争论有深刻的理解，在这一点上，他使我们想起陀思妥耶夫斯基。柏拉图对民主的评论至今还令人觉得新鲜、有意义；柏拉图说，一个民主社会，有的是“君主般的臣民和臣民般的君主”[①]。柏拉图坚信，每一种政府形式都是瑕瑜互见的。

---

① *Republic*, 8. 此番话蕴含奥尔特加“大众的反叛”之理论基础。

柏拉图不仅是一个深刻的思想家，也是一个精明的心理学家。“在所有人身上，”他写道，“甚至在一个好人身上，也有不法而狂野的本性，这个本性趁人不备便伸头探脑。”[①]

亚里士多德没有柏拉图的诗意，如果说柏拉图有时候是枯燥的，那亚里士多德就总是枯燥的。《诗学》（*Poetics*）是亚里士多德最有趣、最易读的著作，它很短，40 页左右。《诗学》虽然集中于对戏剧的讨论，但它也讨论诗歌。正如亚里士多德所有的著作，《诗学》由于充满了辨识和定义而显得沉重。举一个例子：“整体是一个具有开端、中间和结尾的东西。开端是一个不一定位于某物之后的东西，尽管某物在它之后存在或出现……”亚里士多德的《伦理学》（*Ethics*）和《政治学》（*Politics*）时而有趣，时而无趣。

后古典时期占统治地位的哲学是伊壁鸠鲁哲学（Epicureanism，享乐主义——译者注）和斯多葛哲学（Stoicism，禁欲主义——译者注）。伊壁鸠鲁哲学主要通过卢克莱修（Lucretius）的长诗《物性论》（*On the Nature of Things*）传给我们。这部作品虽然有些闪光的亮点，但我不全力推荐它。斯多葛哲学主要通过奥勒留（Marcus Aurelius）、爱比克泰德（Epictetus）和塞内加（Seneca）的作品传给我们。奥勒留皇帝的《沉思录》（*Meditations*）是一部言简意赅的对斯多葛哲学的论述，它具有诚挚性，但缺乏生动性和深刻性。奴隶爱比克泰德写的《手册》（*Manual*）一般被认为比奥勒留的《沉思录》更好。塞内加比奥勒留和爱比克泰德都更有意思，塞内

---

① *Republic*, 9.

加是蒙田的最爱。

在离开古典时期之前，我们应该谈谈西塞罗（Cicero）和普鲁塔克（Plutarch）。西塞罗的那些专题论文没有什么原创性，也不深刻，它们顶多可以说是古代哲学的扼要总结。西塞罗最擅长的是演说，他最好的著作是《致阿提卡斯》（*Letters to Atticus*）。

普鲁塔克以他撰写的篇幅不长的希腊与罗马的名人传记而著名。他写的这些传记包含了很多格言警句和趣闻轶事；对古代历史感兴趣的读者不应该忽视普鲁塔克的传记作品。普鲁塔克的哲学文章对蒙田有很大影响，正如蒙田的文章对爱默生有很大影响一样。尽管蒙田有时被称作“散文之父”，但实际上他是从普鲁塔克那里学来的。原创性往往不排除对旧有的和被忘却了的形式的利用。

十三、蒙田

蒙田（Montaigne）是文艺复兴的最佳成果之一，是最受爱戴的哲学家之一。蒙田是学历史、诗歌和古代哲学的学生，他对基督教持冷静态度。在蒙田的著作中，古代作家的引文俯拾即是。然而，蒙田绝不卖弄学问，他的著作带领我们超出于书本之外，使我们接近生活本身。蒙田常常表示对书本的轻视，他说他只有在缺少友谊、谈话机会和爱的情况下才求救于书本。蒙田认为，哲学的目的是克服忧虑、活得惬意。按照蒙田的思想哲学：“教授的不是别的，正是欢乐和愉快。假如哲学带上悲伤和令人反感的气氛，那就说明哲学的功夫还没到家……智慧最为明显的标志是长存的幸福，其状况恰如月亮上的一切：永恒的恬静。”[①]

蒙田的许多文章也是索然无味的，所以需要编辑节略。蒙田的文章中，我最喜爱的有《论友爱》(*On Friendship*)、《论三种交往》(*On Three Kinds of Relationship*)、《论马车》(*On Vehicles*)、《论相貌》(*On Physiognomy*)、《论德谟克利特和赫拉克利特》(*On Democritus and Heraclitus*)、《探讨哲学就是学习死亡》(*To Study Philosophy Is to Learn to Die*)和《天下没有纯一的事》(*We Taste Nothing Pure*)。一本名为《迈克尔·德·蒙田自传》(*The Autobiography of Michel de Montaigne*)的书是从蒙田的文章中整理选录而形成的。

十四、笛卡儿和帕斯卡

笛卡儿（Descartes）晚于蒙田 50 年出生。一般认为笛卡儿是一位重要的法国哲学家。笛卡儿在科学和数学方面是开路先锋。虽然笛卡儿的著作具有相当的历史意义，但现代读者对它们兴趣不够。笛卡儿缺乏蒙田的那种人情味和引人共鸣的东西。他的《方法论》(*Discourse on Method*)很简明扼要，也很易读，但乏味。

帕斯卡（Pascal）具有笛卡儿所缺乏的人情味和引人共鸣的东西。帕斯卡生于 1623 年，大约在笛卡儿之后 25 年，是一个数学神童。帕斯卡和克尔凯郭尔一样，也疯狂笃信基督教。帕斯卡

---

① “That to Study Philosophy Is to Learn to Die”.

反对笛卡儿的理性是导致真理的唯一途径一说，他写道："心灵也有它的理智，对于这一点，理性全然无知。"帕斯卡的《思想录》（*Pensées*）以随笔形式写成，是一部有力而有趣的著作。这本书的主要目的在于为基督教辩护，但它也讨论了人类在一般情形下的状况。

帕斯卡认为，人的基本欲望之一是渴望消遣，渴望能打发时间的活动。他认为人宁愿做一些事，哪怕是让人讨厌的事，也不愿无事可做。他说："当一个士兵抱怨生活劳累时（或一个劳工等），你让他无所事事试试看。"① 人一刻也不能够在自己的房间里静坐。

帕斯卡在数学领域里的成就之一是概率论。在帕斯卡年轻的时候，他的医生告诉他，他太劳累了，应该放松。因此，帕斯卡就去巴黎的俱乐部和赌场，并在靠机遇获胜的游戏中运用自己的概率知识。帕斯卡的《思想录》阐述了他众所周知的赌注理论。按照这个理论，上帝可能存在，也可能不存在，正如一个硬币可能落在正面，也可能落在反面一样。每个人都必须下赌注，也就是说，每个人都必须选择就当上帝存在那样去生活，或就当上帝不存在那样去生活。假如我们选择就当上帝存在那样去生活，我们可能争取到来世的幸福；假如我们选择就当上帝不存在那样去生活，我们可能争取到今生的好处。由于来世的幸福比今生的好处要有价值得多，我们应该把赌注放在上帝身上，应该就当上帝存在那样去生活。

---

① *Pensées*, § 415.

帕斯卡被认为是法国文学（French prose）的艺术大师之一。托克维尔说，帕斯卡的时代是法国文学（French literature）的黄金时代；在帕斯卡时代，风格只是思想的工具，那个时代的作家只注重简洁、清楚的交流思想，他们并不追求风格的优雅。①

十五、其他法国哲学家

在17世纪和18世纪，有一批法国人——包括拉罗什富科、拉布吕耶尔、沃维纳格（Vauvenargues）和尚福（Chamfort）——以随笔形式写哲学著作。拉罗什富科的《箴言》（*Maxims*）以对人类的透彻分析见称于世。拉罗什富科写道："在我们深深地陷入爱情之时，我们痛苦；在我们毫无爱情之时，我们同样痛苦。"拉布吕耶尔的《品格论》（*Characters*）也很有意思；其第一章"书本"，是最好的一章。拉罗什富科、拉布吕耶尔、沃维纳格和尚福书中的精华，可以编撰成一部质量绝佳的书。

18世纪期间，法国思想界的领衔人物是伏尔泰（Voltaire）和卢梭（Rousseau）。虽然他们两个都没有在哲学历史上占重要地位，但他们在他们的时代都极有影响。伏尔泰和卢梭在理论论述和虚构作品方面都享有盛誉。他们既不是真正的哲学家，也不是真正的艺术家，然而他们却是天才，是法语大师。

伏尔泰是很受欢迎的戏剧家，他甚至还写过一部史诗《亨利

---

① *Correspondence and Conversations of Alexis de Tocqueville With N. W. Senior*, 8/26/50.

亚德》(*La Henriade*)。伏尔泰也写过故事和短篇小说，其中最著名的是《老实人》(*Candide*)。《老实人》像斯威夫特（Swift）的《格列佛游记》(*Gulliver's Travels*)，是作者思想的工具，而不是一部纯粹想象的作品。然而，《老实人》却比《格列佛游记》简短易读，伏尔泰的智慧和品位是独一无二的。伏尔泰在他的《哲学辞典》(*Philosophical Dictionary*）中痛快淋漓地发挥了自己的智慧，他在这部著作中取笑了现行的宗教和政治体制。伏尔泰的《通史》(*General History*）是一部饶有趣味的西方历史总观，他的《路易十四时代》(*History of Louis XIV*)也浅显易懂。我全力推荐安德烈·莫洛亚（André Maurois）写的伏尔泰传。

卢梭所写的每一篇东西都引起人们的强烈注意。卢梭以他的《两篇论文》(*Two Discourses*)① 走上文学舞台，在《两篇论文》中，他美化了早期人类简单而原始的生活。一般来说，伏尔泰以古典的传统手法写作，而卢梭则引进了新鲜的、感伤的、浪漫的手法，卢梭通常被称作“浪漫主义之父”。卢梭的长篇小说《新爱洛伊丝》(*The New Heloise*）写的是年轻恋人的故事。他在小说《爱弥儿》(*Emile*）中阐述了他变革性的教育思想。卢梭的政治思想也颇有变革性，他预见到法国革命，并用自己的著作《社会契约论》(*Social Contract*）帮助点燃了革命之火。《社会契约论》开头的一句名言如下：“人生来自由，但他时刻负有枷锁。”卢梭的《忏悔录》(*Confessions*）对现代读者来说比他其他的著作更有意思，它

---

① 指《论科学与艺术》和《论人类不平等的起源和基础》。——编者注

是迄今为止最好的自传之一：它篇幅长，但不枯燥；它富有诗意，又令人觉得亲近。

十六、培根

弗朗西斯·培根（Francis Bacon）是文艺复兴时期知识分子的领袖之一。培根最为人知的是他的科学思想和他对自然界的兴趣。培根和老普林尼（Pliny the Elder）一样，也死于科学实验。老普林尼死于收集火山数据的实验活动，培根死于他进行以雪冻肉的实验时所患的感冒。培根最受人们欢迎的著作是他的《随笔》（*Essays*），培根写这本书的灵感来自蒙田。培根的《随笔》不像蒙田的《随笔》那样给人以亲近和诚挚之感。蒙田将自己整个的灵魂倾注于他的《随笔》，而培根则以思想写作。尽管如此，培根的《随笔》还是很有意思的，他的风格也是轻松而活泼的。培根的古旧语体有一定的魅力。他写道："那些需要朋友（即缺乏朋友）以释怀的人是自己心灵的噬咬者……人与其朋友之间的交流有两种截然不同的效果：它使愉悦加倍，它使痛苦减半。"①

除了从事理性思考外，培根还积极涉足英国的政治活动，并在政府中担任过要职。我推荐麦考利（Macaulay）的关于培根的文章，文章写得很好，思想深刻。我也推荐凯瑟琳·鲍恩（Catherine Bowen）写的培根传，这是很少有的那种人们但愿它篇幅长一些的书。鲍恩

① "Of Friendship".

告诉我们："在下院，培根如鱼得水。当他站起来发言时，拥挤的长凳上寂静无声。我们有本·约翰逊（Ben Jonson）的见证：'每个听到他讲话的人都害怕他很快就讲完。'"[1] 丽莎·雅丹（Lisa Jardine）也写过几本关于培根的书，还编辑过一些培根自己的书。雅丹也写过关于伊拉斯谟（Erasmus）、罗伯特·胡克（Robert Hooke）和克里斯托弗·雷恩（Christopher Wren）的书。

十七、其他英国哲学家

霍布斯（Hobbes）以《利维坦》（*Leviathan*）著称，这本书提倡绝对君主制，只是偶尔令人觉得有趣而已。洛克（Locke）的政治学说在他的时代很重要，他提倡有限君主制、平民代表和宗教的宽容性。洛克的认识论思想也很重要，他批评思想与生俱来的观点，认为人的头脑是一张白纸，是一块干净的石板（tabula rasa），它通过经验获得思想。我不推荐任何洛克的书。伯克利（Berkeley）以他激进的理念主义著称，他认为物质不存在，只有理念存在。伯克利跟休谟（Hume）一样，以对话和论文的形式表述自己的观点。

休谟是一位比洛克和伯克利都更有趣的哲学家。休谟的最佳著作是他的《自然宗教对话录》（*Dialogues Concerning Natural Religion*），这本书讨论了上帝与恶的起源。休谟写道：

---

① *Francis Bacon: The Temper of a Man*, by C. D. Bowen, ch. 5.

> 伊壁鸠鲁（Epicurus）的古老问题仍没有得到回答。（上帝）愿意阻止恶的出现，但没有能力阻止吗？那样的话，他就是无能为力了。他是不是有能力，但不愿意呢？那样的话，他就是心怀恶意了。他是既有能力也愿意吗？那么，恶究竟是从哪儿来的呢？[①]

叔本华以前的哲学家，休谟算是最漠视宗教的了。休谟的《英格兰史》（*History of England*）很雄辩，但有点乏味，它比麦考利的《英格兰史》逊色多了。休谟的文章也没什么意思。

十八、利希滕贝格、康德和黑格尔

康德（Kant）是18世纪最著名的德国哲学家，而利希滕贝格（Lichtenberg）则是当时最有趣的哲学家。叔本华称利希滕贝格为少有的货真价实的哲学家之一。利希滕贝格最著名的著作以随笔形式写成。他的随笔既生动活泼，又充满智慧，也含义深刻。“一本书与一颗头相撞时，”利希滕贝格发问道，“会发出一个空洞的声音，那空洞的声音难道总是书发出的吗？”[②]利希滕贝格的思考涉及广泛的学科。他习惯于把一切想法和经历都记下笔记，他预见到弗洛伊德的出现，他说：“会有人写出一本关于梦的哲学著作……我不可否

---

① *Dialogues Concerning Natural Religion,* § 10.

② *The Lichtenberg Reader,* Boston, Beacon Press, 1959, Introduction.

定的经历告诉我，梦导致自我认识。”[①] 利希滕贝格的选集种类繁多；我推荐《利希滕贝格文选》（*The Lichtenberg Reader*）。

康德的书晦涩难懂、枯燥无味，康德的著作唯一可读的一本是他的《未来形而上学导论》（*Prolegomena to Any Future Metaphysic*）。我推荐一本题为《康德最后的日子》（*The Last Days of Kant*）的书，瓦辛斯基（Wasinski）著，由托马斯·德·昆西（Thomas de Quincey）译成英语，这是一本资料翔实的康德晚年生活的写照。

如果说康德是令人费解的，黑格尔（Hegel）则更加如此。黑格尔那些论述形而上学和逻辑学的书更是令人费解。然而，有两本黑格尔的书是可读而有趣的：一本是《历史哲学》（*The Philosophy of History*），另一本是《权利哲学》（*The Philosophy of Right*）。《历史哲学》总结了世界历史。虽然，黑格尔对历史的观察有时是深刻的，但他常常坚持以自己的宗教和哲学观念去解释历史。《权利哲学》对政治持偏右的观点，黑格尔认为，国家不是为了个人而存在的，相反，个人是为了国家而存在的。黑格尔反对流行的观点，认为战争不纯粹是摧毁性的：“正如风的涌起使大海免遭长期平静所淤积的污浊的侵蚀，国家的腐败也是长期和平的结果，更不用说‘永久的’和平了。”[②] 康德和黑格尔在思想深度方面都是一流的，但他们在写作风格方面却是二流的。

---

① *The Lichtenberg Reader,* Aphorisms, 1775–1779.

② *The Philosophy of Right,* § 324.

十九、魏宁格和斯宾格勒

魏宁格（Weininger）和斯宾格勒（Spengler）的创作时期都在20世纪初。魏宁格写了《性与性格》（*Sex and Character*）。魏宁格以厌女症和反犹太主义而见称，尽管他自己是犹太人。魏宁格是历史上最早熟的哲学家之一，他写《性与性格》的时候只有20多岁。他把这本书交给弗洛伊德和其他一些人过目，然后就自杀了。《性与性格》包含一些很有趣的关于天才人物的论述，但是整体上来说，它烦琐冗长，特别是在有关女人的题目上。

斯宾格勒的《西方的没落》（*Decline of the West*）在1918年出版时引起了轰动。然而，没有几个人接受过这本书的主题思想，在今天，《西方的没落》已大致被人忽略了。斯宾格勒在这本书中使用了大量的证据，以致证据对主题喧宾夺主，并取而代之了。但是，斯宾格勒的著作像魏宁格的著作一样，也包含一些深刻的见解。汤因比（Toynbee）说，斯宾格勒的著作"充满了萤火虫般的历史思索的亮点"①。斯宾格勒的《西方的没落》和魏宁格的《性与性格》一样，如果能简缩一下，便值得一读。

最后，关于哲学历史，我以一个词来提醒大家：小心！大部分哲学都集中于形而上学和认识论的研究。哲学历史过分强调研究这些题目的哲学家，如亚里士多德和康德；它对研究生活本身的哲学

---

① *Civilization on Trial*, "*My View of History*".

家强调不够，如蒙田和梭罗。哲学历史过分强调以学术系统写作的哲学家，而对以随笔形式写作的哲学家强调不够。那些以阅读哲学史的方式来入门哲学的人很可能得出如下的结论：哲学是抽象的、冷漠的和非个人的。但是，假如一个人对不同哲学家的哲学已经熟悉，那么他就可以从阅读哲学史中学到很多东西。我推荐一本由西班牙作家朱利安·马瑞亚斯（Julian Marias）撰写的哲学史，但是我保留在认识哲学方面跟这位作家的不同意见。

我也推荐《苏菲的世界：一部关于哲学历史的小说》（*Sophie's World: A Novel About the History of Philosophy*）。《苏菲的世界》是一部很受欢迎的国际畅销书。总的来说，该书向读者介绍了西方哲学和西方文明。尽管该书是年轻人的理想读物，但其深刻的思想足以激起经验丰富的读者的兴趣。《苏菲的世界》的作者乔斯坦·贾德（Jostein Gaarder）和马瑞亚斯一样忽视像蒙田和梭罗一样的哲学家。贾德是理性的爱慕者，他嘲笑心灵现象，对禅冷漠待之，也对荣格毫无兴趣。简言之，《苏菲的世界》有不足之处，对很多哲学历史存有偏见，但它比多数哲学历史书更有可读性。

另一本著名的哲学历史书籍是威尔·杜兰特（Will Durant）的《哲学的故事》（*Story of Philosophy*）。杜兰特也写了《哲学的殿堂》（*The Mansions of Philosophy*），该书又名《哲学的乐趣》（*The Pleasures of Philosophy*）。杜兰特因其十一卷本《文明的故事》（*Story of Civilization*）闻名遐迩。他擅长写散文，作品像摘要（介绍）一般不无裨益。

如果你正寻找一本宗教历史读物，可以试读休斯顿·史密斯（Huston Smith）的《人的宗教》（*The World's Religions*）。阿道司·赫胥黎（Aldous Huxley）整理了一本书，名为《长青哲学》（*The Perennial Philosophy*），该书结合了东方和西方的思想传统。

赫胥黎是他那个时代知识分子的翘楚之一。他出生在一个杰出知识分子家庭，之后成为一位重要的小说家、生物学家，还是一位神秘主义、东方以及玄学的探索者。赫胥黎关于黎塞留（Richelieu）公爵的传记《灰色的显赫》（*Grey Eminence*）受到一位评论家的高度赞誉，该评论家与爱德华·摩根·福斯特（E. M. Forster）不相上下。赫胥黎的哥哥朱利安（Julian）在生物界像他在人文科学界一样享有声望。

第二章

心理学

一、弗洛伊德

犹太小男孩弗洛伊德（Freud）在维也纳长大，总是一个尖子学生。19 世纪 70 年代，弗洛伊德进维也纳大学学医。那时候，他雄心勃勃，当他走在前代伟人们的塑像中间时，他就想，总有一天，自己的塑像也会加入他们，上面要刻上俄狄浦斯（Oedipus）所说的话："他猜中了那个有名的谜语，他是一个最强劲的人。"

弗洛伊德是一位深刻的思想家和优秀的文体家。他能教给读者的关于人类本性的知识绝不亚于任何一个作家。或许可以说，在弗洛伊德以前，就已经有人发现了无意识心理学。或许可以说，在弗洛伊德时代，无意识心理学"悬系空中"，唾手可得，即使弗洛伊德不出生，也会有别的什么人发现弗洛伊德的发现。或许也可以说，弗洛伊德在他长久的职业生涯中犯过一些错误——他忽视了这些，夸大那些。然而，这一切都不应该阻止我们高度评价弗洛伊德的著作。弗洛伊德著作在这几个方面给我留下深刻印象：

1. 他发现了掌握无意识的技巧。

2. 他把心理学运用在文学和自传研究上的能力。

3. 他阐述原创的、深刻的哲学思想的能力。

《文明及其不满》(*Civilization and Its Discontents*)是弗洛伊德的最佳著作之一。这本书是弗洛伊德75岁时写的，它充满了深刻的思想。这本书不那么容易读懂，读者必须集中精力去理解书中所包含的思想。这是一本对人的本性进行深入分析的书。弗洛伊德在书中预言未来，那些预言都被事实证明是准确的。总之，我们必须把这本书看作最高一级的哲学著作之一。

帕斯卡曾经说过:“所有人生来都相互仇恨。”[①] 这也是弗洛伊德在《文明及其不满》一书中所讨论的问题，即人类本性的黑暗面，人类本性中敌对、暴力的冲动。仅只这本书，就足以打破那个关于弗洛伊德醉心于性的神话，或那个弗洛伊德发现性是一切人类行为的动机的神话。

弗洛伊德在提到宗教戒律“像爱你自己一样爱你的邻居”时，称它为“一条真正被一个事实证明合理的戒律，这个事实就是：没有任何东西比这条戒律与人类的原始本性更格格不入的了”[②]。弗洛伊德说，我们每个人都能以自己的生活经验来证明他关于人类本性的断言:“那一天总会到来：那时，人不得不把一个他年轻时强加给他的同胞的期待作为一种幻想而放弃；那时，他可能才懂得他的同胞

① *Pensées*, Penguin Classics, #210.

② *Civilization and Its Discontents*, ch. 5.

给他的生活增添了多少困难和痛苦。”[1]

并不是只有我们的邻居才怀有敌意的冲动，我们自己也同样怀有这些敌意。弗洛伊德说它是“我们能够在我们自身发现，也能够正当地假设他人也具有的攻击性倾向”[2]。

弗洛伊德认为共产主义把人类社会之恶归结于财产私有制。他说：“人的攻击性不是财产造成的。”[3]他还说，假如你废除了私有制，人们会为了性关系而争战。假如你宣布彻底的性自由，废除家庭，这有可能预示文明的发展前景，但是，我们可以确信的一件事是：人的攻击性还将继续存在。

人类可能相互合作吗？弗洛伊德说，两个人可以联合起来，但需要两个人都可以向其发泄攻击性冲动的第三者的存在。“日耳曼大一统的梦想促成了反犹太主义作为其补充而诞生。”[4]这话说在希特勒最凶恶的暴行发生以前。弗洛伊德的预言证实了他对人类本性的分析的正确性。

弗洛伊德的博学在《文明及其不满》一书中显而易见。他频繁引用歌德，并时而引用莎士比亚。他也引用了海涅如下的话：

> 我的性情是最平和的那种。我的愿望是：一间草屋茅舍，但要有一张好床，要有好吃的，最新鲜的牛奶和黄油，窗前要

---

① *Civilization and Its Discontents*, ch. 5.

② *Civilization and Its Discontents*, ch. 5.

③ *Civilization and Its Discontents*, ch. 5.

④ *Civilization and Its Discontents*, ch. 5.

> 有鲜花，门前要有几棵大树，如果上帝欲使我的幸福完整无缺，他就会赐给我目睹六七个我的敌人在我门前树上吊死的享受。[①]

我喜欢弗洛伊德的一个原因是：弗洛伊德尊重他的读者，他把读者当作朋友，当作他探寻真理之路上的伙伴。请允许我从弗洛伊德的《文明及其不满》最后一章开头的部分举一个例子，以说明弗洛伊德对读者的尊重："作者在到达他旅途的目的地之时，要请求读者的宽恕，为了他没有做一个更加称职的向导和没有能够帮助读者挑选快捷方式和避免麻烦。毫无疑问，事情是可以做得更好的。"

当你读弗洛伊德的作品时，你感到是一个伟大的智者在陪伴你——他勇敢而有创意，然而他也小心谨慎并充满怀疑。他在寻找终极的真理，然而他也承认有时候真理并非确定或难以捉摸。像所有智者一样，弗洛伊德对文明、对文化传统怀有深厚的爱，这一点在《文明及其不满》的第一章中他讨论罗马历史时表现得非常明显。对罗马历史的讨论是以对思想本质的讨论为背景的。弗洛伊德提到，人的头脑从来不彻底忘记什么事情，所有的事件都在头脑中存储，并可以在某种情形下被回忆起来。他把这种情形与罗马历史作比较，在罗马历史上，早期的建筑物和当朝的建筑物平起平坐，受到保护。弗洛伊德花费了很多篇幅，描述罗马，充分表明了他对传统和文明的尊崇。

弗洛伊德蔑视美国文明，这或许是因为美国文明缺乏对传统的

---

① *Civilization and Its Discontents*, ch. 5.

敬重，缺乏那种谦恭的态度，而这两者都是可以在弗洛伊德的著作中找到的。虽然弗洛伊德预见到希特勒的残暴，但他觉得对文明最大的威胁之一是美国精神，是美国文化所表现出的那种不文明的、反传统的、不礼貌的格调。在诸如美国一类的国家，“社会的联系主要通过社会成员之间的相互认同而形成，而具有领袖素质的个人在一个群体形成的过程中得不到他们应该得到的重视。……但是，我应该避免批评美国文明，我不想给人我想要以其人之道还治其人之身的印象”。

我全力推荐弗洛伊德的《列奥纳多·达·芬奇及其儿童时代的回忆》(*Leonardo and a Memory of His Childhood*)，这本书既是对达·芬奇个人生活的精彩描述，也是对弗洛伊德本人思想的很好的介绍。弗洛伊德的《图腾与禁忌》(*Totem and Taboo*)教人认识原始人及其人性，这本书也值得推荐。弗洛伊德写道：“原始人认为生命的无期延续——永生，是一件很自然的事。死的概念是后来才被接受的，并且是很勉强地被接受的。甚至对我们来说，死也是缺乏内容和没有清晰含义的。”《一种幻想的未来》(*The Future of an Illusion*)一书对宗教进行了坚决而有力的攻击。弗洛伊德与叔本华、尼采一样，也是一个不妥协的无神论者。

1906 年，弗洛伊德 50 岁。他的朋友们送给他一个大奖章，奖章的一面是弗洛伊德本人，另一面是猜中斯芬克斯(Sphinx)之谜的俄狄浦斯。奖章上的刻字正是：“他猜中了那个有名的谜语，他是一个最强劲的人。”

一个人年轻时所梦寐以求的，在年老时终于获得。

二、荣格

我推荐《回忆·梦·思考》(*Memories, Dreams, Reflections*)这本书。这本书是荣格（Jung）口授给助手的，是他的生活与工作的总结，书中很多章节讨论了灵学问题。荣格相信，在无意识层次中，时间和空间无效，所以无意识可以窥见未来的和发生在别处的事件。1914 年第一次世界大战爆发以前，荣格预见到一场全欧战争的爆发，并认为只有瑞士可能在这次战争中不受损害：

> 1913 年 10 月……我失去了对时间和空间的知觉，并产生了一个幻觉，一个白日梦。我正看着一张欧洲地图，并看见全欧洲从法国和德国开始，一个国家一个国家地被海水淹没。紧接着，整个欧洲大陆除瑞士以外全被海水吞噬，瑞士像一座高山，海水淹没不了……我意识到，那海水就是血水。在波浪上漂浮着的是尸体、房顶、烧焦的房梁等。

20 世纪 50 年代，荣格约 80 岁，出现在英国电视上。他让许多观众印象深刻，并被催促着要写出一本能让普通大众读懂他的思想的书。他征募了几位弟子来帮忙，遵循荣格的大纲，每位弟子负责写一章内容，荣格自己撰写前言。书名为《人及其象征》(*Man and His Symbols*)，该书对荣格理论进行了精彩的介绍。虽然这本书不像弗洛伊德的书那样简明扼要、结构严谨，但它却含有许多激发想象的思想和饶有趣味的故事。书中有很多图解，可读性很强（应当避免阅读平装本，平装本里的图解比精装本少）。《人及其象征》是荣格一生中最后一个写作计划；荣格死于1961年，也就是在这本书即将完成之前。如果你想阅读荣格传记，可以考虑芭芭拉·汉娜（Barbara Hannah）的《卡尔·古斯塔夫·荣格：他的生活和工作》（*Jung: His Life and Work*）。那些见过荣格的人给予他的评论能在《荣格：访问和偶遇》（*C.G.Jung: Interviews and Encounters*）一书中找到。

荣格的《转化的象征》（*Symbols of Transformation*）也值得推荐，这本书讨论了英雄人物的原始模型和神话故事。荣格对神话故事的兴趣与他的集体无意识观念有关。神话是无意识的表达，因为无意识是一个集体的概念，所以神话故事在不同人种中便异曲同工。荣格认为，神话故事就像宗教信条一样，有助于使意识和无意识合二为一。他写道：

> 神话和童话故事给予无意识过程一个表达机会，不断地重复这些过程，使它们重新活转过来并被收集起来，从而重建意识与无意识之间的联系……由于符号象征是从意识也是从无意识中衍生而来，所以它能够将二者结合起来。①

荣格的《心理类型》（*Psychological Types*）是一部杰作，在了解

① Jung, *Collected Works*, vol. 9, part II, ¶280.

人类本性方面无人可与荣格媲美。《回答乔布》(*Answer to Job*)是一部有趣的关于基督教的论著。《艾恩》(*Aion*)论述占星术和炼金术，以及它们与基督教的关系。荣格对炼金术（其心理学方面的意义及其象征意义）有极大的兴趣。荣格的心理学是对个人、整体和意识与无意识之结合的不懈寻求，他认为炼金术也是对个人和整体的寻求。荣格的《艾恩》一书也像他的某些书那样，思想上有趣而深刻，风格上却冗长而枯燥。

荣格对宗教持友好态度，在这一点上他与弗洛伊德不同。荣格不是无神论者，他相信上帝是一个无意识的实体，是一个原型的存在。荣格对耶稣是上帝的儿子这一说法不持嘲笑态度。荣格相信，现代人需要与梦和无意识重新建立联系。他相信现代人是以精神病态的代价换来了技术的进步：

> 随着进步（或新方法和新玩意）而出现的改革，在一开始当然给人印象深刻，但从长远的观点看，它们令人生疑，并无论如何都是代价过于昂贵的。从整体看，它们根本不会增加人们的满足和幸福程度。在大多数情况下，它们都是真实存在的具有欺骗性的甜蜜伪装，比如较之以往更快的通信速度，它令人不快地加快了生活的节奏，它给我们留下的时间比以往任何时候都更少。①

对于荣格而言，用纸张表达思想是不够的："我必须要实现一种

---

① *Memories, Dreams, Reflections*, ch. 8.

无法改变的表达我内心想法的方式。”荣格在瑞士湖岸造了一座石塔。他在那座石塔里像梭罗在瓦尔登湖边那样，住了一段时间。

“我这里不用电，我自己生火。晚上我点煤油灯。没有自来水，我从井里打水。我自己劈柴烧饭。这些简单的活动使人也变得简单。要变得简单是多么困难的一件事啊！”①

荣格人生最后几年的秘书是安妮拉·贾菲（Aniela Jaffé），他的弟子之一，参与了撰写《人及其象征》中的一个篇章。贾菲对荣格的记忆可以在一本精致的小书《来自卡尔·古斯塔夫·荣格的生活和工作》（*From the Life and Work of C. G. Jung*）中找到，该书很好地介绍了荣格的思想，也生动描写了荣格本人。

> 当我第一次坐在办公室里（贾菲写道），我紧张地等待着即将发生的事情……大约10点，他出现了，这是我们开始一天工作的时间。通常工作会持续到中午。我能听到他拖着脚步缓慢地穿过大厅。我必须承认等待这位年迈的魔术师即将到来的那份激动那些年里从未消失过。直至今日我仍然能听到它在内心回荡。②

三、阿德勒

和荣格一样，阿德勒（Adler）起先也是弗洛伊德的弟子，后来

---

① *Memories,. Dreams, Reflections*, ch. 8.

② Aniela Jaffé, *From the Life and Work of C. G. Jung*, ch. 4.

离开了弗洛伊德，建立了自己独立于弗洛伊德的学派。阿德勒是自卑情结这一概念的提出者。按照阿德勒的思想，自卑的感觉往往由身体的缺陷和某种残疾引起。自卑感能激发伟大的成就，或者导致放弃生命。

阿德勒和尼采一样，认为对权力的欲望是人类本身的一个基本欲望。但是，尼采说，对权力的欲望一般具有积极效果，阿德勒却认为，对权力的欲望于人于己都有害。尼采称颂孤独者、孤独的捕食动物，并贬低群居动物。阿德勒则贬低捕食动物，称颂性情温和的群居动物。他写道："家庭教育……犯了一个最为严重的心理错误，它向儿童灌输了这个错误的想法，就是他们必须强于他人，并认为自己比任何人都更优秀。"①

弗洛伊德说，心理健康的人应该能够爱、能够工作。阿德勒则在此之上又加了一条，即人际交往。他说："人生的三大问题〔是〕〔一个人〕是在他本人和同伴之间建立了某种适当的关系，还是阻碍了这种关系……职业与工作问题和爱情与婚姻的问题。"许多历史上的杰出人物都在解决阿德勒所说的"人生三大问题"上失败了。比如，克尔凯郭尔在爱情与婚姻问题上就一败涂地。我们人类的悖论是伟人不健康，而健康人不伟大。一般来说，伟人都是不健康、不平衡，甚至有点半疯的。从相反的角度看，阿德勒所说的健康人也许是好邻居、好朋友和好父母，但他们不大可能成为伟人。难道我们不应该为了成为既健康又伟大的人而努力吗？难道只追求

① *Understanding Human Nature*, Appendix.

一个目标而放弃另一个目标不是错误的吗？不管这件事做起来有多么难，难道我们不应该试图使这些目标统一起来吗？

阿德勒对女权主义持同情态度，他的政治观点偏左。对阿德勒感兴趣的读者应该读他的《理解人性》（*Understanding Human Nature*）。虽然这本书在写作和组织方面都不能说是很好的，但里面含有对人类本性的尖锐观察，比如，阿德勒指出："一个受到溺爱的孩子和一个受到虐待的孩子同样成长艰难。"①

四、其他心理学家

对心理学领域的探索由弗洛伊德发起，这一探索的重要意义可以从弗洛伊德弟子的人数及其优秀素质显示出来。欧内斯特·琼斯（Ernest Jones）是弗洛伊德天赋最高的弟子之一。我推荐琼斯的著作《哈姆雷特和俄狄浦斯》（*Hamlet and Oedipus*）一书。琼斯还有几篇文章也值得推荐:《圣诞节之意义》（*The Significance of Christmas*）、《精神分析与基督教》（*Psycho-Analysis and the Christian Religion*）、《精神分析与民间传说》（*Psycho-Analysis and Folkore*）、《圣灵概念的精神分析研究》（*A Psycho-Analytic Study of the Holy Ghost Concept*）、《肛门性交者之性格特征》（*Anal-Erotic Character Traits*）和《安德烈·德尔·萨托之夫人对他艺术之影响》（*The Influence of Andrea del Sarto's Wife on His Art*）。

---

① *Understanding Human Nature*, I, 3.

卡尔·亚伯拉罕（Karl Abraham）是弗洛伊德的另一位弟子。亚伯拉罕写了一篇极为引人入胜的关于意大利画家乔凡尼·塞冈提尼（Giovanni Segantini）的文章。他写的关于埃及法老阿蒙霍特普四世（Amenhotep Ⅳ）的文章也是上乘之作。我也推荐亚伯拉罕的题为《性欲发展在生殖器层面之特征形成》（*Character-Formation on the Genital Level of Libido-Development*）一文。

弗洛伊德的女儿安娜·弗洛伊德（Anna Freud）追随父亲的足迹，把心理学研究作为自己的职业。弗洛伊德致力于无意识领域的研究，安娜·弗洛伊德则致力于自我心理学的研究。她擅长儿童和青少年心理研究。我推荐安娜·弗洛伊德写的一本明晰而有趣的书，题目是《自我与防御机制》（*The Ego and the Mechanisms of Defense*）。

埃里克·埃里克森（Erik Erikson）沿着安娜·弗洛伊德开辟的道路前进。埃里克森专攻自我心理学，他的众所周知的贡献是他对于青少年心理的研究和他的“个性危机”理论。我推荐埃里克森的《青年时代：个性与危机》（*Youth: Identity and Crisis*）一书。他以萧伯纳和威廉·詹姆斯（William James）的个性危机为例，来解释他关于青年心理的理论。他坚信看待青少年决不能离开他们的社会环境。他说：“我们不能把个人成长和小区的环境变化分开。我们也不能把个人生活中的个性危机和历史发展中正在发生的危机分开。”①

尽管人们可以从弗洛伊德众弟子那里学到很多，但人们可以从荣格的弟子们那里学到更多，比如玛丽－露易丝·冯·弗朗兹（Marie-

① *Youth: Identity and Crisis*, Prologue, 3.

Louise von Franz)。冯·弗朗兹寿命长，是位多产的作家。她的思想深度让人吃惊，她常能说出他人最切身的体会。不幸的是，她的书相当粗糙，未经润饰，由讲义、讲座手稿等组成。冯·弗朗兹擅长于童话故事，她写过几本童话书，涉及许多不同国家的故事，并通过对其病患的评论丰富了她的论述。她也撰写了几本有关其他荣格话题的书——梦境、占卜、炼金术等。她和荣格的妻子艾玛合作完成了一项关于圣杯的主要研究。艾玛·荣格（Emma Jung）还写了一部短篇著作《阿尼姆斯与阿尼玛》(*Animus and Anima*)，并受到高度赞誉。

另一位杰出的荣格支持者是美国人爱德华·艾丁格（Edward Edinger)，他不仅写心理学书籍（如《自我和原型》，*Ego and Archetype*)，也写文学研究（莎士比亚、《圣经》、浮士德、《白鲸》等）。

玛丽·埃丝特·哈丁（Mary Esther Harding）出生于英格兰，和荣格一起在荣格瑞士的家里进行研究，后在美国度过其大部分职业生涯。也许她最知名的作品是《所有女人的方式》(*The Way of All Women*)。她的其他作品中有一本书名为《心理能量：其来源和转换》(*Psychic Energy: Its Source and Transformation*)。

荣格在现今比弗洛伊德更受欢迎，荣格派的书籍如托马斯·摩尔（Thomas Moore）的《心灵地图》(*Care of the Soul*）很畅销。

伊丽莎白·库伯勒－罗斯（Elisabeth Kubler-Ross）是一位美国精神病医师，她的专长是帮助身患绝症的病人。她著作等身，其中最广为人知的是《论死亡与死去》(*On Death and Dying*)。伊丽莎白·库伯勒－罗斯指出，死亡这个题目在现代社会是一种禁忌："我们越是在科学上有长足的进步，我们就似乎越害怕和越要否认死亡这个事实。”[①] 她说，死亡的过程一般来说以五个阶段渐次发生：否认、气愤、压抑、商讨和认可。我不能全力推荐《论死亡与死去》这本书，因为它写得并不好，关于这个重要题目的经典著作正拭目以待大家之手笔。库伯勒－罗斯也写了一本短篇著作《死后》（*Life After Death*）。

M. 斯科特·派克（M. Scott Peck）也是一位美国精神病学家。他写了一本书叫作《少有人走的路》（*The Road Less Traveled*）。

派克的书与其说是学术性著作，不如说是大众性读物；与其强调其科学的一面，不如强调其充满灵感的一面；与其说它是独创的，不如说它是诚恳的。派克的书，虽然其风格并非一流，但它简洁易懂；虽然它不能算是经典著作，但它确实包含相当多的心理学方面的至理名言；书的第一部分尤其引人入胜。

派克用很多实际病例来说明儿童时代的经历和父母之爱的重要性。他说，父母之爱使孩子相信自身的价值。一个感到自身价值的孩子会自己照顾自己，并会自己规范自己。因此，派克认为，父母之爱是自律的终极成因。

派克的书表明，心理疗法在现代社会多么重要。毫无疑问，心理学家们将会写出更多有趣的书籍来。

我推荐马尔科姆·格拉德威尔（Malcolm Gladwell）的畅销书《眨眼之间：不假思索的决断力》（*Blink: The Power of Thinking Without*

---

① *On Death and Dying*, ch. 1.

Thinking），该书具有很高的可读性，也非常有趣。因为我热衷经典名著，所以我不愿承认当代畅销书有多好。《眨眼之间》让我爱不释手，让我赴约迟到。格拉德威尔尝试以一种外行人能明白的方式介绍心理学研究。他论述非理性思维——直觉、无意识思维。格拉德威尔的论点有趣，他用来支撑论点的故事也很有趣。和《眨眼之间》一样受欢迎的另一本书是他的《引爆点》（*The Tipping Point*），这本书甚至更受欢迎。它被描述为“社会心理学”，它称时尚为“社会感染”。

对神秘学感兴趣的人应该考虑迪恩·雷丁的书《意识宇宙：心灵现象中的科学真相》（*The Conscious Universe: The Scientific Truth of Psychic Phenomena*）。雷丁描写了在前 100 年已经小心谨慎进行过的可控、可以检验的试验，以及这些试验如何形成有力的例子来支撑心理现象。雷丁用博学的统计法处理神秘学，他的书籍没有趣味性和文学性。尽管他知道怀疑论者有多顽固，但雷丁对未来满是信心：“最终科学地接受心理现象是不可避免的。接受的原因正在实验证据的说服力中得以酝酿。”①

柯林·威尔逊（Colin Wilson）是一位著名且多产的英国作家，他常写有关玄学、犯罪和性方面的书。和迪恩·雷丁相比较，威尔逊以更文学、较少实验风格的方式探讨玄学。《神秘学史》（*The Occult: A History*）是威尔逊在该领域的主要作品。20 世纪 70 年代，24 岁的威尔逊以《局外人》（*The Outsider*）名声大振，该书探讨了卡夫卡、

① Introduction.

尼采、陀思妥耶夫斯基等的作品中的局外人和浪子。威尔逊撰写了对拉斯普廷（Rasputin）、葛吉夫（Gurdjieff）、荣格、阿莱斯特·克劳利（Aleister Crowley）、亨利·米勒（Henry Miller）、鲁道夫·斯坦纳（Rudolf Steiner）及其他人的研究文章。他说他的最佳作品是一本神秘学书《玄学之外》（*Beyond the Occult*）。

五、文学与艺术的心理解释

希施曼（Hitschmann）写了一本极好的生平故事集，题为《伟人：其精神分析研究》（*Great Men: Psychoanalytic Studies*）。这本书有如心理学智慧之金矿，非常值得一览。

菲利斯·格里纳克（Phyllis Greenacre）写了一部享有盛誉的书《斯威夫特和卡罗尔：精神分析研究》（*Swift and Carroll: A Psychoanalytic Study*）——乔纳森·斯威夫特（Jonathan Swift）当然是《格列佛游记》的作者，刘易斯·卡罗尔（Lewis Carroll）是《爱丽丝梦游仙境》（*Alice in Wonderland*）的作者。

道尔顿（Dalton）的《〈白痴〉中的无意识结构》（*Unconscious Structure in "The Idiot"*）是一部关于陀思妥耶夫斯基的著名小说的优秀著作。读者应该先看小说，然后再读道尔顿的书。道尔顿是莱昂内尔·特里林（Lionel Trilling）的弟子，莱昂内尔高度赞赏文学，并对弗洛伊德和弗洛伊德式的文学解释颇有兴趣。

路腾比克（Ruitenbeek）编撰了一部非同寻常的文章集，题为《心理分析与文学》（*Psychoanalysis and Literature*）。其中关于坡（Poe）、霍桑（Hawthorne）、卡夫卡、刘易斯·卡罗尔和哈姆雷特（Hamlet）的文章堪称优秀。卡津（Kazin）关于现代文学的文章也非常有趣。卡津认为，现代英美作家只局限于自身，而无法与外部世界发生联系："世界——环境和并不总是友善的自然、历史、社会——对这些作家来说，早已消失了。"世界再也不向人们提供任何值得尊敬、值得为之激动的东西了。现代人陷入了虚无主义的深渊。

汉斯·萨克斯（Hanns Sachs）的《创造性无意识》（*The Creative Unconscious*）是一部文章集，其中大部分文章都是讨论文学的。该书在内容方面不乏趣味，但其写作风格只属二流。西奥多·瑞克（Theodor Reik）的《秘密的自我》（*The Secret Self*）也是一本内容上不乏趣味但写作技巧欠佳的书。瑞克写过其他一些书，最好的或许是《一个心理学家的爱情说》（*A Psychologist Looks at Love*）。奥托·兰克（Otto Rank）也写过两本内容上不乏趣味但写作技巧欠佳的书，一本叫《心理学与灵魂》（*Psychology and the Soul*），另一本叫《唐璜传奇》（*The Don Juan Legend*）。

艾斯勒（Eissler）是研究文学与艺术的心理学家中比较重要的一位。艾斯勒对天才有专门的研究，他的作品通常趣味多多。然而，艾斯勒写作起来却马马虎虎，他研究文学，但不努力创造文学。艾斯勒是两部巨著的撰写者：一部是关于达·芬奇的，一部是关于歌德的。我推荐艾斯勒的文章《精神病理学与创造能力》（"Psychopathology and Creativity"），该文以歌德为例，讨论了天才的本性问题。我还推荐艾斯勒的另一篇文章《才能与天才》（"Talent and Genius”)。[①] 艾斯勒注意到，天才人物忍受的痛苦比其他人要多：“天才作家著作的许多读者都可能感觉到一种强烈的愿望，即想要获得与天才人物的成就一样伟大的成就。但是，他们很可能无法忍受天才人物所忍受的那些痛苦。”[②]

① 《才能与天才》(“Talent and Genius”)是艾斯勒名为《才能与天才：陶斯克较之弗洛伊德的模拟研究》(*Talent and Genius: The Fictitious Case of Tausk Contra Freud*)一书中的一章。这本书中另一个很有意思的章节是《关于弗洛伊德心理学的评论》(“Remarks on Freud’s Psychopathology”)。《精神病理学与创造能力》(“Psychopathology and Creativity”)是刊登在《美国印象》(*American Imago*)杂志 1967 年春夏卷上的一篇文章。又见 H. 斯罗乔尔文（H. Slochower）的《艾斯勒的歌德》(“Eissler’s ‘Goethe’”，《美国印象》杂志 1965 年冬季卷)。

② *Talent and Genius: The Fictitious Case of Tausk Contra Freud*, ch. 7.

第三章 文学

一、卡夫卡

卡夫卡（Kafka）的作品无疑是现代小说的经典之作，但不能毫无保留地称之为“经典”。卡夫卡的小说大部分都未完成，也许是因为卡夫卡找不到绝望的死胡同的出口，也许是因为卡夫卡认为它们不值得完成。卡夫卡告诉一位熟人说：“我的涂鸦，仅仅［是］我个人恐惧的幽灵……没有任何意义。”[①]在遗嘱中，卡夫卡要求销毁他大部分作品。

卡夫卡出生于布拉格的犹太社区。布拉格当时被捷克人、德国人和犹太人占据。在他著名的《致父亲的信》（*Letter to His Father*）中，卡夫卡写道：“您从您的扶手椅上统治世界。您的想法一贯正确，所有其他人的都是疯狂的胡思乱想……您可以批判捷克人，然后批判德国人，然后批判犹太人……直到除了您以外别无他人可供批判。”卡夫卡可以感觉到对犹太社区的那股强烈的敌意：“反犹太

---

① *Conversations With Kafka*, by Gustav Janouch, p. 150.

主义［将］控制群众。”[①]卡夫卡在希特勒上台之前死亡，但他的预言成真了。他的三姐妹在大屠杀中死亡。

卡夫卡的历史环境影响了他的工作，但他的性情可能对他工作影响更多。卡夫卡害怕生活，总有一种深深的愧疚感。卡夫卡的父亲是一个身材魁梧、大大咧咧的商人，他并不喜欢他的儿子这个细腻、认真的知识分子。卡夫卡永远不能让他的父亲满意，或者变得像他的父亲，于是他内心充满内疚：

> 根据你明确表达的看法，我在很多场合下都应该遭鞭笞，但你最终高抬贵手，宽恕了我，［我］渐渐累积了一种巨大的罪恶感。每次我该受责备时，都因你的恩惠而被原谅。

卡夫卡与几个女人有暧昧关系，甚至到了订婚的地步，但他缺乏自信，又对文学尽心尽力，最终无法“纵身一跃”。作决定时他总犹豫不决，如果他终于下定决心，很快就会心生疑惑而要重新思量。卡夫卡写道：“说到犹豫不决，现在有些事情我都知道，事实上，我对其他的一无所知。”[②]卡夫卡恐惧生活，无法放松，这让他夜不能寐，遭受严重的失眠之苦。他在 41 岁时死于结核病。

正如其他作家一样，对于卡夫卡来说，文学世界比“真实世界”更加真实，在“真实世界”里他总感觉不自在。他告诉自己的

---

① *Conversations With Kafka*, by Gustav Janouch, p. 174.

② *The Nightmare of Reason: A Life of Franz Kafka*, by Ernst Pawel, ch. 12.

母亲：“当然，你们对我而言都是陌生人。”[①] 卡夫卡对于文学的热情耗尽他在“真实世界”所有的精力和天赋，使他创作出了将狂野的幻想和生动的现实融为一体，优雅简洁，无比幽默的作品。卡夫卡没有试图创造出令人难忘的人物，或陈述哲理思辨，他不是巴尔扎克和托尔斯泰古典传统的一分子。他是反英雄传统的一部分，是幽默超现实传统，果戈理（Gogol）的“外套”和陀思妥耶夫斯基的“鳄鱼”传统的一部分。

卡夫卡厌恶颓废派和虚无主义，喜欢积极肯定的文学。在他所喜欢的作家中有斯特林堡（Strindberg）和契诃夫（Chekhov）。他曾写道：“我非常喜欢契诃夫，有时相当疯狂。”[②] 卡夫卡爱好传记和自传，尤其喜欢本·富兰克林（Ben Franklin）的自传。[③]

卡夫卡获得法律学位后，在一家政府保险公司找了一份工作，该公司隶属于奥匈帝国官僚机构。他每年给老板写一份长长的报告。他将这份报告视为一项文学工作，还给他的朋友们分发复本。有一次，他的老板正在表扬他和一位同事时，卡夫卡突然想到这一幕所隐匿的文学潜能，于是开始大笑。

卡夫卡在布拉格文学界有几个朋友，所以能出版一些早期短篇故事。他很引以为豪的第一个故事《审判》（*The Judgment*）是他一夜之间没睡觉一气呵成的。卡夫卡不是一位提前规划写作，然后加工润色的工匠，他用瞬间灵感创作，他的写作不假思索，自然而然。

---

① *Franz Kafka*, by Max Brod, ch. 5.

② *Letters to Milena.*

③ *Franz Kafka*, by Max Brod, ch. 4.

他曾说："灵感来时，我恐惧而非向往。"[①]1915 年 1 月 20 日，卡夫卡在其日记中写下这样一条："写作结束。何时再来呢？"[②]

完成《审判》之后，卡夫卡试图写部小说。他的朋友麦克斯·布洛德（Max Brod）说："卡夫卡如痴如醉整晚整晚地写作一部以美国为背景的小说。"[③] 卡夫卡的三部小说中，《美国》（*Amerika*）是最现实主义的小说，它与其他小说最大同小异，也最少有卡夫卡风格。《美国》受到《大卫·科波菲尔》（*David Copperfield*）的影响，该书是卡夫卡改善《大卫·科波菲尔》，使其现代化的尝试。

卡夫卡的第二部小说《审判》是他的小说中写得最完整、最受欢迎的。该书写于卡夫卡努力要结婚，努力要离开父母，而最终皆以失败告终的时候。谁能忘却著名的大教堂一幕呢？

> 大教堂里现在一片寂静！然而 K. 得要打破这片沉寂，因为他不想留下来，如果在某一个小时内不管周围的情况只管布道是这位牧师的义务，那就让他做吧，没有 K. 的支持他能将其进行下去，正如 K. 的出席也没有起到其该有的效果一样。所以，他开始慢慢移动，沿着座位踮着脚探着路直到走到宽敞的中间走道，他继续轻轻地前进，只是他最轻的脚步在石板上弄出叮叮叮的噪音，回旋在拱形屋顶和布道堂内，回声微弱却连续不断，变化多端却规律进行。K. 边走着边觉

---

① *Franz Kafka*, by Max Brod, ch. 3.

② *Franz Kafka*, by Max Brod, perhaps ch. 8, perhaps an appendix.

③ 我凭记忆引用的，找不到出处。

> 得有点绝望，在空无一人的中间走道自己是个孤独的身影，也许牧师的目光正尾随着他呢。大教堂的宽敞震撼了他，这近乎达到了人类所能承受的临界点……他几乎走到排座最后，就要来到门前的空地了，这时他听到牧师提高了嗓门。他声音洪亮，受过良好训练。这个声音竟响彻整个教堂！但这不是众人集会的布道，他说的话清晰明辨，字字在耳，他大声叫道："约瑟夫·K.！"

卡夫卡最后的也是最长的长篇小说《城堡》（*The Castle*）是在死亡的阴影下创作的，书中白雪皑皑的景色没有一丝绿色生机。卡夫卡没有完成这部小说，他也不希望小说得以出版。那他为什么写呢？有人猜测他完全是出于对文学的热爱而为之，出于要释放内心而为之。尽管《城堡》不是一本令人愉悦的书，但读者会喜欢卡夫卡的文笔，会觉得卡夫卡疯狂的幻想很有趣。

卡夫卡的最佳短篇小说和他的长篇不相上下，但短篇的质量不是一成不变的，所以我们应该有选择地阅读卡夫卡的短篇。《变形记》（*The Metamorphosis*）、《女歌手约瑟芬》（*Josephine the Singer*）、《饥饿艺术家》（*The Hunger Artist*）、《一份致某科学院的报告》（*A Report to an Academy*）和《地洞》（*The Burrow*）都值得推荐。卡夫卡的《八个八开笔记本》（*Eight Octavo Notebooks*）需要剪辑。这些笔记如果剪辑一下的话，会是一本质量甚佳的书。卡夫卡的有些信件也很有趣，我推荐他写给菲利斯（Felice）的信和他的一本题为《我是复活的记忆》（*I Am a Memory Come Alive*）的文章集。对想从心理学角度研究卡夫卡的读者来说，有很多书可供选择。[1]最后，我推荐布洛德的卡夫卡传记，詹诺池（Janouch）的《与卡夫卡对话》（*Conversations With Kafka*），以及一个小本卡通书《介绍卡夫卡》（*Introducing Kafka*）。

二、普鲁斯特

普鲁斯特（Proust）和卡夫卡不同，他出生在一个崇尚文化的家庭中。当普鲁斯特还只是个小孩子的时候，他的母亲和祖母就向他介绍了法国文学，不久他就意识到他将以文学为生。然而，他的文学才能发展得很慢，他担心自己没有足够的可以创作一部小说的想象力。他把自己看成是“一个生来对印象极为敏感，却毫无想象力的人”[2]。终于，他决定他不会创作一部基于想象力的著作，但他要创作一部基于个人体验的书：他的爱情、他的痛苦、他的友谊、他的

① 保罗·古德曼（Paul Goodman）的《卡夫卡的祈祷》（*Kafka's Prayer*）是一本关于卡夫卡生平与作品的综合研究，该书深刻敏锐但晦涩难懂。有关该主题的短篇小说有：莱瑟（Lesser）的《卡夫卡的〈审判〉：罪恶之来源与罪责感》（“The Source of Guilt and the Sense of Guilt—Kafka's *The Trial*”）——路腾比克（Ruitenbeek）的《心理分析与文学》（*Psychoanalysis and Literature*）中一文，《欧洲研究杂志》（*Journal of European Studies*）1972 年第 2 号上西巴德（Sebald）的《未开发的领土：卡夫卡〈城堡〉中死亡之主题》（“The Undiscover'd Country: The Death Motif in Kafka's *Castle*”），格娄巴斯（Globus）与皮拉尔德（Pillard）合著的《塔斯克的〈影响机器〉和卡夫卡的〈在刑事殖民区〉》（“Tausk's *Influencing Machine* and Kafka's *In the Penal Colony*”，《美国印象》杂志 1966 年秋季卷），维伯斯特（Webster）的《弗朗兹·卡夫卡〈城堡〉之批评研究》（“Critical Examination of Franz Kafka's *The Castle*”，《美国印象》杂志 1951 年 3 月卷）。

② *The Past Recaptured*, ch. 3.

社交，等等。

普鲁斯特不写奇异的体验，相反，他写的是人们共同的体验。比如，他这样描写一个友人的死亡：

> 当我的目光在报纸上上下浏览时，我的注意力突然被那个通知〔斯万的死讯〕攫住，好像被本不属于那儿的神秘文字所跟踪。这些文字足以使一个活生生的人再不能回答你对他所说的任何话语，足以使这个人变得只剩下一个名字，一个在一瞬间就从真实世界进入了死寂之界的写在纸上的名字。[①]

普鲁斯特使人类的共同体验变得新鲜、有趣、奇异，这是因为他本人完全地、充满意识地经历了那些体验。

我们可以这样总结普鲁斯特的一生：年幼时被引入文学殿堂，不久便致力于文学创作。以后，埋头于生活本身，并对成为小说家感到绝望。后来，不再注重生活，完全献身于写作，将个人经历转化为艺术。最后，对塞莱斯特（Celeste）说："昨晚，我写下了'完'字。现在我可以死了。"[②]

普鲁斯特和卡夫卡一样，也是一位非同寻常的人，他代表了一种新鲜的、不同的世界观。然而，卡夫卡以一种与其他小说家异曲同工的方法表达自己的世界观，所以读他的书对读者的阅读能力要求并不很高。普鲁斯特则不同。读普鲁斯特对读者的阅读

---

① *The Captive*, I, ii.

② Celeste Albaret, *Monsieur Proust: A Memoir*, ch. 28.

能力就要求颇高了，原因是普鲁斯特以一种既非一般又富有挑战性的方法表达自己的世界观。普鲁斯特文体华丽非凡，他的句子、段落、章节及著作本身都很长。更有甚者，他的作品中很少有行动或情节。那些有志于研究普鲁斯特的读者会逐渐发现，阅读普鲁斯特的这些困难会慢慢化解，他们会认识到普鲁斯特的作品长是长，但不失清晰。

有些读者不愿卒读普鲁斯特《追忆似水年华》(*Remembrance of Things Past*)一书中所有的七篇小说，而只读七篇当中的第一篇和最后一篇。这些读者或许会受益于总结其他五篇小说的书，如米勒(Miller)的书《乡愁：马塞尔·普鲁斯特的精神分析研究》(*Nostalgia: A Psychoanalytic Study of Marcel Proust*)或者莫洛亚的写得极好的普鲁斯特传记。莫洛亚的普鲁斯特传记较之于大部分现代传记作品，长度上只有它们的一半，质量上却胜过它们两倍。乔治·佩因特(George Painter)的两卷本普鲁斯特传记备受好评，但新近让－耶夫·塔迪埃(Jean-Yves Tadié)所著的传记好像已经成为普鲁斯特的标准传记。

我推荐《普鲁斯特先生：一段回忆》(*Monsieur Proust: A Memoir*)，这本书是普鲁斯特的管家塞莱斯特·阿尔巴雷(Celeste Albaret)写的。这部回忆录记录的是对普鲁斯特的亲近而令人心醉的观察。普鲁斯特告诉塞莱斯特，如果她有朝一日记录下关于他的回忆，她的书将会被人像抢买早点那样一抢而空。的确，塞莱斯特的回忆录在法国成了畅销书。我推荐《马塞尔·普鲁斯特读者指南》(*A Reader's Guide to Marcel Proust*，一本有用的普鲁斯特作品的总结和分析）、《普鲁斯特剑桥指南》（*The Cambridge Companion to Proust*，文章集），以及斯克里布纳作家系列（Scribner Writers Series）中的一篇有关普鲁斯特的文章（一篇有关普鲁斯特生活和工作的出色的介绍，F. Hemmings 著）。

普鲁斯特与卡夫卡一样，两人都一心致力于文学，但是，普鲁斯特并不学究气，也不迂腐。普鲁斯特跟卡夫卡一样，对生活本身比对文学更感兴趣。卡夫卡和普鲁斯特都从文学的角度看待生活，他们发现生活本身是最深刻、最幽默的文学家。普鲁斯特会同意卡夫卡所说的："一个人可以从生活当中提炼出那么多部书来，却只能从书当中提炼出极少的、少得可怜的生活。"[①] 卡夫卡和普鲁斯特的伟大更多在于他们的生活，而学问次之。普鲁斯特从生活中所学颇丰，他的作品皆以自己的经历为基础。

普鲁斯特的著作充满深刻的思想。比如，他注意到人们往往忽视那些离他们很近的人的才能。他说："我们绝不会相信昨晚和我们一起去听歌剧的那个人是个天才。"[②] 普鲁斯特的著作充满幽默的评论。比如，他说：

> 当（M. de Charlus）苦思冥想出极为完美的妙语时，他急于让尽可能多的人听到。但当他第二次使用同样的妙语时，他就不愿已经听到过它的人再听一次，因为他知道已经听过的人会发现他的妙语不再新鲜。他会邀请不同的客人到他的客厅里

① *Conversations With Kafka*, by G. Janouch.

② *The Captive*, II, ii.

来，这仅仅因为自己没有新的节目。然后，当他在与人交谈中再次成功时，如果需要的话，他就会组织一次旅行，到全省各地去表演。[①]

没有哪一个虚构文学作家比普鲁斯特更深刻或者更幽默了。

三、乔伊斯

乔伊斯（Joyce）1882 年出生于爱尔兰，比普鲁斯特小 11 岁。年幼时，由于父亲工作不稳定，时有时无，他在天主教学校的学业也时上时不上。青少年时期，乔伊斯经历了道德周期：犯罪，随后悔改禁欲，最终放弃再度犯罪。乔伊斯后来在《一个青年艺术家的画像》（*A Portrait of the Artist as a Young Man*）一书中描述了这些周期。有些人可能会将这些周期视为一个典型天主教人的青春期，但我认为这是一个典型的大众青春期。

乔伊斯还是青少年时就觉得他是为文学而生。像其他青少年一样，年轻的他有很多次灵感闪现的瞬间，自己的欲望、自己的命运看起来就像一个幻想、一场梦。正如乔伊斯在《画像》（*A Portrait*）

---

① *The Captive*, II, ii. 有一些很有趣的普鲁斯特心理研究，比如，G. 尤尔伯格（G. Zilboorg）所著的登载于 1939 年《心理探究季刊》（*Psychoanalytic Quarterly*）上的《俄狄浦斯情结的发现：马塞尔·普鲁斯特书中章节》（“The Discovery of the Oedipus Complex: Episodes from Marcel Proust”）和 G. 百考斯基（G. Bychowski）所著的登载于 1973 年春季卷《美国印象》杂志上的《马塞尔·普鲁斯特与其母》（“Marcel Proust and His Mother”）等文。

中描述的：

> 他的思想弥漫着疑惑和自我怀疑的薄雾，在直觉闪烁的时刻，迷雾散去，渐变清晰，而直觉的闪烁是如此清楚壮丽，以至在那些时刻，世界在他脚边灭亡，好像是被火焰吞噬。[①]

乔伊斯对于自己的天赋信心满满，爱尔兰学者乔治·罗素（George Russell）说年轻的乔伊斯“骄傲自满，狂妄自大”[②]。

尽管乔伊斯受爱尔兰作家叶芝（Yeats）的影响，但他的野心把他带出了自己的国家，他享有国际声誉。他崇拜易卜生（Ibsen），为了能读易卜生原版甚至学习挪威语，还给易卜生写了一封信。22岁时，乔伊斯和诺拉·巴纳克尔（Nora Barnacle）私奔，离开了爱尔兰，开始了一场自我流放的人生，如他后来（在风格古怪且幽默的《芬尼根的守灵夜》中）所写的：“他甚至和至爱私奔，成为宁可远离之人，也就是说他宁愿混入欧洲的乱局中，也不愿和爱尔兰的分裂有瓜葛。”[③]乔伊斯一生大部分时间在的里雅斯特、苏黎世和巴黎度过。由于是一名外语专业学生，乔伊斯在一家贝立兹语言学校做老师挣了些钱。之后，他从有钱的资助人那获得帮助，取得稿酬。

还在爱尔兰的时候，乔伊斯已经开始为乔治·罗素的杂志社撰

---

① Ch. 5.

② *James Joyce*, by R. Ellman, ch. 7.

③ *Finnegans Wake*, ch. 5.

写短篇故事。最终，他的故事足够出一本书，该书他命名为《都柏林人》（*Dubliners*）。多年中，他试图出版《都柏林人》却不得成功。他写道："出版商和印刷商相似，好像达成了共识，无论他们在其他问题上意见如何相左，但就是不出版我的作品。"当埃兹拉·庞德（Ezra Pound）和叶芝开始欣赏他的作品时，乔伊斯的职业生涯转向了顺境，他们帮助他找到出版商和赞助商。当乔伊斯40岁时，他已全世界闻名，围绕《尤利西斯》（*Ulysses*，起初该书被视为下流而成为禁书）的争论仅仅提高了乔伊斯的名气。

除了具有争议，《尤利西斯》也是实验性的作品。乔伊斯试图用一种称为意识流的手法捕捉在人脑中掠过的各种想法。下面一段文字中，利奥博德·布鲁姆（Leopold Bloom）正参加一场葬礼，在布鲁姆"跟在那位体型魁伟、待人和善的看门人身后移动脚步"之后，乔伊斯尝试跟随着布鲁姆的想法：

> 是件裁剪得体的长礼服。兴许正在思量，看下一个会是谁。哎，这是漫长的安息。再也没有感觉了。只是在咽气的一刹那才有感觉，必定是觉得倒霉透顶。起先不敢相信。一定是搞错了，该死的应该是别人。去对面那家问问看。等等，我想去可还没去呢。①

《尤利西斯》里幽默起了重要作用，就如《芬尼根的守灵夜》

---

① *Ulysses*, ch. 6.

(*Finnegans Wake*)一样。据说“没人能”比乔伊斯“笑得更忘情或者更有感染力了”。[①] 他晚上在妻子和两个孩子睡着后创作《尤利西斯》，他妻子常听见他的笑声在他们租来的屋子里回荡。

乔伊斯最早的作品，如《都柏林人》和《一个青年艺术家的画像》，都非常受人欢迎，但他后期的作品，如《尤利西斯》和《芬尼根的守灵夜》，却没有多少人喜欢。他写的一个剧本《流亡者》(*Exiles*)，差不多已被人遗忘。《都柏林人》是一本少见的读者愿其篇幅更长的书。乔伊斯的故事和契诃夫的一样，少有刺激性情节——顶多足够吸引读者的注意力。契诃夫常常仓促地完成一篇作品——为的是赶截稿日或者挣一点钱，乔伊斯则总是谨慎认真地写作。乔伊斯的故事并不比契诃夫最好的故事好，但它们比契诃夫的故事在风格上更完美，也在质量上更具有一贯性。

《一个青年艺术家的画像》不像《都柏林人》那么清楚易读，也没有《尤利西斯》那么艰涩难懂。它成了乔伊斯的许多读者最喜爱的乔伊斯作品。致力于通读《尤利西斯》的读者会像喜欢《一个青年艺术家的画像》那样喜欢《尤利西斯》的某些部分，也可能更多。然而，很少有人会喜欢《尤利西斯》的每一个章节，而且许多读者都不会有阅读《尤利西斯》所必备的那种持之以恒的精神。读者如果没有编辑或评论家的帮助，就无法读懂《尤利西斯》。读者要读懂《尤利西斯》，就必须等到它的每一页上都标上注释，像莎士比亚的著作那样。否则，读者就只有依赖评论家的帮助，如亭达尔

---

① *James Joyce*, by R. Ellman, ch. 24.

（Tindall）、伯尔基思（Burgess）和桑顿（Thornton）等。[①]

《芬尼根的守灵夜》也需要注释。该书最知名的注释是约瑟夫·坎贝尔（Joseph Campbell）和亨利·罗宾逊（Henry Robinson）写的《〈芬尼根的守灵夜〉的万能钥匙》。坎贝尔将该书视为一部神话作品，一部关于生命轮回的作品——出生、死亡、再生。确实，《芬尼根的守灵夜》这个书名暗示了生命的轮回：芬尼根暗指生命的尽头（fin= 尽头），随后再一回合（egan= 再次），同样 wake 暗示死亡（wake= 葬礼），也暗示唤醒（wake= 唤醒）。坎贝尔坚持认为《芬尼根的守灵夜》是一部旷世杰作，一部不朽之作。

艾尔曼（Ellman）所著的乔伊斯传记和许多现代传记作品一样，过于细节化，但它也还读来有趣，而且有助于对乔伊斯作品的理解。亚瑟·鲍尔（Arthur Power）的《乔伊斯谈话录》（*Conversations With Joyce*）是一本极好的书，乔伊斯迷们对其极为欣赏。

四、纪德

安德烈·纪德（André Gide）生于 1869 年，比普鲁斯特年长 2 岁。像普鲁斯特一样，纪德也出生于一个富裕的家庭，从不需去挣

---

① *A Reader's Guide to James Joyce*, by W. Y. Tindall. *Re Joyce* (also called *Here Comes Everybody*) by A. Burgess. *Allusions in Ulysses: An Annotated List*, by Weldon Thornton. *Ulysses Annotated*, by Don Gifford with Robert Seidman. Gifford also wrote *Joyce Annotated: Notes for Dubliners and A Portrait of the Artist as a Young Man*. Consider also *James Joyce's Dubliners: An Illustrated Edition With Annotations*, by John Wyse Jackson and Bernard McGinley.

钱，而只全身心投入文学。许多天才成熟得慢，好像都保持在童年时期，而没有迅速成长为成人。纪德就是这样的情况，他后来写道："浓浓的黑暗仍然包裹着我缓慢的童年。"[①] 像荣格一样，纪德曾患有儿童神经症，使他很长一段时间不能去上学。

纪德出生在一个严格的新教徒家庭。像乔伊斯一样，他经历过虔诚和禁欲的阶段，也经历过快乐阶段。他拿生活做试验，道德试验、哲学试验。他后来写道："我认为在我人生的某些时刻，没有一种正视宗教或道德问题的方式不是我自己的方式。"[②]（托尔斯泰也试过不同的哲学，托尔斯泰用斯多葛哲学、伊壁鸠鲁学派、怀疑主义等进行试验。）24 岁时，纪德游历了北非，这次游历坚定了他双性恋的生活方式，以及对新教禁欲主义和维多利亚习俗的反对。第二年，他回到北非，和奥斯卡·王尔德成为朋友，王尔德鼓励纪德的快乐主义倾向；纪德公开宣布："让自己快乐是一份责任。"[③]

纪德觉得命运已经将他标为文学巨人，所以无论他遭遇何种问题，犯了何种错误，都是给自己增添人生经历，丰富写作。纪德写道："我所有的那种相信自己命中注定成为诗人的信念使我欢迎所发生的一切。"[④]（乔伊斯对自己的命运有着同样的态度、同样的信心，他写道："天才之人不犯错，他的错误是意志决定的，是

---

① *If It Die*, I, 1.

② *If It Die*, II, 2.

③ See the essay "André Gide," by Vinio Rossi, *European Writers*, Vol. 8, Pages 495 - 518, Copyright 1989, Charles Scribner's Sons, The Scribner Writers Series.

④ *If It Die*, I, 10.

获得发现的入口。”[①])

尽管纪德放弃了先辈的新教信仰，但他一直保持含糊的虔诚。他说:“我是个无信仰之人。我将不会永远是一个邪恶之人。”[②]他对基督教有模糊的爱意，但拒绝成为基督徒;“天主教是不允许的,”他说,“新教让人无法忍受，我觉得基督教是深刻的。”[③]有人也许会说纪德在寻找宗教新途径，无疑，如果他知道禅宗，他本应该接受禅宗的。

纪德和乔伊斯一样，也是在他们文学生涯的早期写些短篇作品，这些作品如果不比他后期的较大部头表现出较多文学雄心的作品更好的话，至少也跟它们不相上下。纪德最好的短篇作品基于他自己的经历，并集真诚与典雅于一体。举一个例子,《窄门》(*Strait Is the Gate*)讲的是他和他后来与之结婚的表妹之间的柏拉图式爱情故事。乔伊斯称它为“一个小杰作……如巴黎圣母院尖顶般精美”[④]。纪德的另一篇短篇小说《违背道德的人》(*The Immoralist*)也基于纪德本人在北非的经历。这篇小说讲的是一个忧郁的知识分子学着在生活中寻找乐趣的故事。纪德还写了两部自传作品，一部是《假如它死去》(*If It Die*)，一部是《就让它如此》(*So Be It*)。《假如它死去》记述了纪德的早年生活，是他最好的著作之一，比《就让它如此》要好。《就让它如此》记述了纪德早年以后的生活。纪德的日记里有很多很好的段落，但需要大幅度的删节。

---

① *Ulysses*, ch. 9.

② *The Journals of André Gide: 1889-1949* (edited and abridged by Justin O'Brien), 11/6/27.

③ See the article on Gide in Encyclopedia Britannica.

④ *Conversations With Joyce,* by Arthur Power, 10.

纪德是位多产的作家。除了写作小说和自传，他也写戏剧，还翻译莎士比亚和布莱克（Blake）的作品。他也翻译惠特曼，惠特曼的同性恋诗歌一定打动了纪德的心弦。

如果我们把纪德与卡夫卡、普鲁斯特和乔伊斯加以比较，我们会发现纪德和他们一样，对文学有一种严肃的献身精神；我们也会发现纪德比上述几位都有更广泛的阅读经历，并因此而更加博学。纪德懂好几种外语，他在阅读上所下的功夫令人想起叔本华或尼采这样的哲学家，而不是一个想象型文学家。的确，纪德写的很多东西都不是想象型文学；他是一个卓越的批评家和文章家；他一生都坚持写日记。纪德不完全是一个艺术家，他不像卡夫卡、普鲁斯特和乔伊斯那样具有创造性。纪德没有创造一种特殊的文学样式，他没有一个与众不同的世界观。我们可以谈论“卡夫卡式”的天地，或者“普鲁斯特式”的天地，但我们不能谈论“纪德式”的天地。纪德往往不表达自己的世界观，相反，他有时模仿陀思妥耶夫斯基这个他极为崇拜的人。纪德的主要著作《伪币制造者》（*The Counterfeiters*）和《拉夫卡笛奥奇遇记》（*Lafcadio's Adventures*）具有陀思妥耶夫斯基小说的气息和特征。

当“二战”爆发的时候，遭受“一战”沉重打击的西方文明好像完全瓦解了。这个瓦解对纪德一样，“一战”前成熟的人尤其显而易见。纪德说：“战争的暴行……大大倾覆了支撑我们活着的所有价值观。”[①] 西方文明在倒退，它怀疑自己，和过去失去了联系。现代

---

① *So Be It or The Chips Are Down* (New York, Alfred A. Knopf, 1959), p. 5.

世界是一个对文化冷漠的世界；纪德说："我们越来越快地走向一个否定、忽视、嘲笑［文化］的世界。"[①]

纪德成为文明、传统、人文主义价值观的拥护者。有人也许会将纪德和伯纳德·贝伦森（Bernard Berenson）比较，贝伦森也是一位人文主义者，也是在"一战"前成年的，也经历了两次世界战争。纪德如书般的日记和贝伦森的日记一样。两人都渴求自学、自我发展、受教化。纪德说自学意味着让自己接触新事物，拓宽你的认识面："真正的文化开始于我们开始接触我们已然不喜欢的事物之时。"[②]

像歌德一样，纪德是教化的主要代表，他涉足政事，27 岁时就成为市长（法国最年轻的市长）。后来他在非洲游历了法属殖民地，并书写了当地的情况。纪德也积极涉足法国文学界；他帮助建立《新法兰西评论》（*La Nouvelle Revue Française*，NRF），这是当时的主要文学期刊之一。

虽然纪德的作品在今天不像卡夫卡、普鲁斯特和乔伊斯的作品那样广为流传，但它们将会在多年后流传久远，它们集典雅的风格和深奥的学识于一体，而且是一种对回答道德问题和审美问题的真诚尝试。

五、曼、黑塞和歌德

托马斯·曼（Thomas Mann）跟纪德一样，也似乎是思考型而不

① *Conversations With Gide*, by Claude Mauriac, 7/14/39.

② *Conversations With Gide*, by Claude Mauriac, 7/14/39.

是灵感型作家。又与纪德相同，曼既写虚构文学作品，也写批评性文章。曼是一个深刻的思想者，他的长、短篇小说包含了许多深刻思想。比如，在《魔山》（*The Magic Mountain*）当中，曼指出，工作在现代人的生活中是至关重要的头等大事，对现代人来说，工作已经变成了“生命最值得尊崇的特点……时代的绝对权威……自身就具有合理性”①。曼的主要作品之一《浮士德博士》（*Doktor Faustus*）中的生活和尼采有相似之处；他的另一部小说《绿蒂在魏玛》（*Lotte in Weimar*）以歌德的生活为依据。曼没有卡夫卡的幽默，没有普鲁斯特的伤感，也没有托尔斯泰的那种强烈的情感。然而，曼是他那个时代杰出的小说家和思想家之一，他的著作不会很快被人遗忘。

黑塞（Hesse）缺乏曼的深刻性，也缺乏卡夫卡的想象力。黑塞的小说讲述生存状态、生活方式、个性演变的故事。当黑塞还年轻的时候，尼采是他的精神导师之一。然而，黑塞后来背离了尼采，转向了东方哲学，并认识到尼采对生命所采取的态度过于枯燥、过于思辨了。黑塞在自己最后一部重要著作《玻璃球游戏》（*The Glass Bead Game*，又名《游戏大师》，*Magister Ludi*）中批判了尼采（但并未指名道姓）。黑塞最优秀的和最受读者欢迎的作品是《悉达多》（*Siddhartha*），这是一篇以佛祖时代之印度为背景的短篇小说。《悉达多》是想象与哲学相结合、东方与西方相结合、佛教思想与西方专注个人的思想相结合的一篇读来令人赏心悦目的小说。我也推荐黑塞的《荒原狼》（*Steppenwolf*）。它和纪德的《违背道德的人》一

① II, 2.

样，是关于一个忧郁的知识分子学着在生活中寻找乐趣的故事。

也许了解歌德（Goethe）最好的方式是通过他的《和艾克曼的对话》（*Conversations With Eckermann*）以及他的自传《诗与真》（*Dichtung und Wahrheit*）。他的小说对于现代读者而言有些过时，他的诗歌在翻译中失去了光彩。

当今最重要的歌德学者之一是剑桥大学教授尼古拉斯·波意耳（Nicholas Boyle）。他已经完成了两卷歌德传记，现正在创作第三卷；波义耳的传记也许对于非专业人员而言太详尽了。我之前提及的和叔本华相关的吕迪格尔·萨弗兰斯基已撰写歌德和席勒的传记，还有一本关于二人友谊的书，但是这些书都还没有英文译本。乔治·刘易斯（George Lewes）在歌德死后不久就写了一部著名的歌德传，T. J. 雷德（T. J. Reed）于 1984 年出版了一部歌德传。

六、托尔斯泰

托尔斯泰（Tolstoy）和卡夫卡与普鲁斯特一样，对生活本身比对文学更钟情。对托尔斯泰来说，文学不是游戏、嗜好或者手艺。文学是对生命意义的寻求，是对生活目的的寻求。就托尔斯泰来说，这一寻求开始于他的少年时期，那时他对各种哲学思想都作了试探，如禁欲主义、享乐主义、怀疑主义等。当托尔斯泰完成了《战争与和平》（*War and Peace*）和《安娜·卡列尼娜》（*Anna Karenina*）并成为世界著名作家之后，他仍然觉得自己没有找到生命的意义。他皈依了宗教，抛弃了带给他名誉的那些作品，并献身于实践自己的宗教理想。

托尔斯泰的文学作品反映了他的个性。我们在他的作品中可以发现那种在他本人身上可以发现的特点，即精神的饥渴和强烈的情感。托尔斯泰的传记读起来很像他本人的小说。他有着格外充沛的活力，有一种与宇宙同一的情感。当托尔斯泰只有 9 岁时，他着魔于夜空之美，并从三层楼上跳下来，试图飞翔。在托尔斯泰创作的虚构文学作品中，我们也能发现这种同样的与宇宙同一的情感。比如，在《战争与和平》中，托尔斯泰写道："皮埃尔看着天空，看着遥远的、闪亮的星星。'所有这一切都是我的，所有这一切都在我之中，所有这一切都是我！'皮埃尔想。"①

托尔斯泰不但对生命比对文学更感兴趣，他对人也比对书更感兴趣。高尔基说，托尔斯泰"不怎么喜欢谈论文学，但是他对作者的个性却有着强烈的兴趣"。在这一方面，托尔斯泰很像卡夫卡，卡夫卡最爱读的书是传记和自传。②有些文学批评家说，作家的个性无关紧要，文学应该是客观的和非个人化的。批评家们之所以把文学和生活分开，是因为他们不像伟大作家们那样注重生活本身，是因为他们不像伟大作家们那样以强烈的情感体验生活。这也是批评家之所以是批评家而不是伟大作家的道理。

托尔斯泰的最佳作品是关于那个最使他感兴趣的题目，即生活本身的。卡夫卡和普鲁斯特从一个角度，一个古怪的角度，观察

---

① XIII, 14.

② See Max Brod, *Franz Kafka*, ch. 4. The Gorky quotation is from Gorky's *Reminiscences of Tolstoy* (Dover, 1946), ch. 2.

生活，托尔斯泰则把生活看作是一个整体。在这方面，托尔斯泰令人想起古代作家，比如荷马，而不是现代作家。托尔斯泰的著作语言简练，可读性很强。无论是一般读者还是较挑剔的读者都喜欢托尔斯泰。可以说，托尔斯泰是无人不爱的。乔伊斯把托尔斯泰称为"一位伟大而高贵的作家……无与伦比"①。

尽管托尔斯泰最好的著作是《战争与和平》和《安娜·卡列尼娜》，他也写了一些优秀的短篇作品，比如《主人与仆人》（*Master and Man*）、《克莱采奏鸣曲》（*The Kreutzer Sonata*）和《伊凡·伊里奇之死》（*The Death of Ivan Ilych*）。在他漫长的一生中，他也写了许多非小说类作品，比如《一个告白，艺术是什么？》（*A Confession, What Is Art?*）和《我的宗教》（*My Religion*）。托尔斯泰的文学评论收集在一本名为《托尔斯泰论艺术》（*Tolstoy on Art*）的书中，威尔逊·奈特（Wilson Knight）将该书描述为"大量收集的现存的最阳刚、最深刻、最重要的评论"②。特罗亚特（Troyat）的托尔斯泰传记虽然过长了一点，但也还有趣，就趣味性而言，该书的后半部比前半部稍微逊色了一点。高尔基的《托尔斯泰回忆录》（*Reminiscences of Tolstoy*）是一流的。

七、陀思妥耶夫斯基

陀思妥耶夫斯基（Dostoyevsky）在很多方面与托尔斯泰相似：

---

① Richard Ellman, *James Joyce*, ch. 12.

② *The Wheel of Fire*, "Tolstoy's Attack on Shakespeare," #2.

两人都有一种热烈、神秘、中世纪式的宗教感情；两人都有能力对人进行敏锐的心理观察（这种心理观察先于弗洛伊德的理论）；两人都在写作中充分利用情节安排和行为描述；两人的著作中都充满了宗教、哲学和心理学思想。然而，托尔斯泰的宗教情感使他在某种程度上蔑视文学，陀思妥耶夫斯基对文学的钟情却一直锐而不减。事实上，陀思妥耶夫斯基的创作能力是随着他年龄的增长而不断增强的，多数人认为陀思妥耶夫斯基最后的作品《卡拉马佐夫兄弟》（*The Brothers Karamazov*）是他的最佳作品。

陀思妥耶夫斯基批评人是理性的这一观点，他认为，人是复杂的和非理性的。许多人赞赏陀思妥耶夫斯基对非理性的强调，并相信是他预见了现代心理学的产生。但也有人认为，陀思妥耶夫斯基过分强调了人类非理性的一面，认为陀思妥耶夫斯基对人的非理性和病态表现走火入魔。譬如，托尔斯泰就说，陀思妥耶夫斯基的人物"不真实。他们都是简单化了的，更容易让人理解"；托尔斯泰说，陀思妥耶夫斯基的作品是"令人痛苦的和毫无用处的"。乔伊斯对陀思妥耶夫斯基的看法跟托尔斯泰的相似。[①]

陀思妥耶夫斯基喜欢出格的言论。比如，他不满足于只说（像弗洛伊德后来所说的那样）所有人都有同性恋的冲动，他坚持在这方面更进一步，说在大多数男人身上，同性恋冲动比异性恋冲动更为强烈。他说："鸡奸行为中存在美吗？当然存在。相信我，对大多

① See Frank Budgen, *James Joyce and the Making of Ulysses*, ch. 9. Tolstoy's remarks on Dostoyevsky can be found in Gorky's *Reminiscences of Tolstoy* (Dover, 1946).

数男人来说，美恰恰存在于这一行为之中。”[①]有读者对陀思妥耶夫斯基对出格言论和人性非理性一面的兴趣怨声载道。

陀思妥耶夫斯基本人离疯狂不远。事实上，当陀思妥耶夫斯基谈到自己二十几岁的两年时间时，他说：“甚至有一阵子，我失去了理性。”他写过一个故事，题为《两面人》(*The Double*)，是关于一个具有分裂人格的年轻人的，陀思妥耶夫斯基说这个故事是一次“忏悔”。陀思妥耶夫斯基患有癫痫症，按弗洛伊德的说法，“很可能这个所谓的癫痫症不过是他的精神病症状”[②]。陀思妥耶夫斯基还是一个不能自禁的赌博者，他在德国的赌场输了个精光。他把他的癫痫症、他的赌博和其他方面的经历用在文学创作上，他的小说往往有他生活的影子，他虚构的许多人物是他个人性格不同方面的代表。

陀思妥耶夫斯基说，他整个一生都被上帝是否存在的问题所困扰，他的某些人物也被同样的问题所困扰。陀思妥耶夫斯基讨论无神论和社会主义之间的关系，也讨论无神论和传统道德观衰退这一现象之间的关系。只有尼采在理解无神论方面和陀思妥耶夫斯基可以同日而语。然而，尼采信奉无神论，陀思妥耶夫斯基却反对无神论，并站在上帝一边，站在基督教一边，站在传统道德观一边。陀思妥耶夫斯基反对想要西化俄国的人，他的政治观点是保守的、民

---

① *The Brothers Karamazov*, I, iii, 3.

② Freud, “Dostoyevsky and Parricide.” On Dostoyevsky’s bout of insanity, see Yarmolinsky, *Dostoyevsky*, ch. 5. For Dostoyevsky’s description of “The Double,” see ibid, ch. 8. In addition to Freud’s essay, several other interesting studies of Dostoyevsky have been written. See the essays on Dostoyevsky in J. Coltrera, *Lives, Events, and Other Players*, and the essay by J. Maze in *American Imago*, summer, 1981.

族主义的。

陀思妥耶夫斯基的几部小说,《白痴》(*The Idiot*)、《群魔》(*The Possessed*)和《卡拉马佐夫兄弟》一般被认为在所有小说中属优秀作品。陀思妥耶夫斯基也写过一些短篇,比如《地下室手记》(*Notes From Underground*)、《白夜》(*White Nights*)和《温柔动物》(*A Gentle Creature*)。陀思妥耶夫斯基的最佳作品之一是《死屋手记》(*The House of the Dead*)。在这部小说中,陀思妥耶夫斯基描述了西伯利亚的监狱状况。忽视陀思妥耶夫斯基的缺点可能是一个错误,但忽视陀思妥耶夫斯基的优点会是一个更大的错误。在文学史上,很少有作家既怀有激情又具有深刻思想,既充满想象力又不乏幽默感,陀思妥耶夫斯基却具备了这一切。

八、契诃夫

契诃夫(Chekhov)的目标是描写生活,描写人生经历。他不像托尔斯泰和陀思妥耶夫斯基那么雄心勃勃,他并不想改变世界或创立一种新的宗教。托尔斯泰和陀思妥耶夫斯基是长篇小说大师,契诃夫则是短篇小说大师。契诃夫描述日常活动和生活琐事,他的作品在情节安排和行为描述方面不如托尔斯泰和陀思妥耶夫斯基那么丰富。

契诃夫来自一个贫苦家庭,他的父亲原是农奴。当契诃夫还是一个孩子的时候,他父亲叫他不要在外面跑,以免把鞋子跑坏了。契诃夫年轻的时候,就为地方报纸写一些幽默小品以帮助家庭维持生计。上了医学院以后，契诃夫把自己的时间分成两部分，一部分用于学习医药学，一部分用于写作。随着他的作家声誉的增长和他的才能的成熟，他开始写作更长、更严肃的作品。在他的晚期，契诃夫放弃了医学和小说写作，开始创作戏剧。契诃夫在44岁时死于肺结核病。

尽管俄国还未曾产生重要的哲学家，但俄国的作家却对哲学有着强烈的兴趣。（如契诃夫所说，“在俄国没有哲学家，但是，每个俄国人都喜欢哲学思考，甚至连不起眼的小人物也喜欢”[①]。）契诃夫的作品包含许多哲学思想。比如，在《打赌》（*The Bet*）这篇故事中，契诃夫的一个人物争辩说，因为太阳终归要燃尽，人类终归要灭亡，所以，一切人类的活动都毫无意义。他说：“你的后代、你的历史、你的不朽天才——所有这一切都将随着这个球体或冻结或燃尽。”

契诃夫和陀思妥耶夫斯基一样，也经常描述无神的、反基督教的、具有尼采思想倾向的人物性格。比如，在《决斗》（*The Duel*）中，契诃夫就描述了冯·科伦（Von Koren）这个人物，这个人物认为弱者应该为了整个人种的缘故而毁灭。这个冯·科伦“不是出于对周围人的爱而工作，而是为了像人类啊、后代啊、人类更理想的种族啊这样的抽象概念而工作”。契诃夫并不与冯·科伦和尼采持相同立场，而是反对他们，这一点也和陀思妥耶夫斯基一样。陀思妥耶夫斯基信奉基督教世界观，契诃夫却不信奉任何宗教或任何哲学思想，契诃夫从头至尾都只是一个艺术家。尼采思想在陀思妥耶夫斯

① “Ward Six”.

基、契诃夫和其他作家的作品中颇为多见的现象说明这些思想并不是鲜有的，并不是只在少数思想家那里可以发现；正如高尔基所说，尼采的思想“比人们通常所想象的传播得要更广更深”[①]。

尽管人们在契诃夫那里可以找到思想，但契诃夫的专长不在思想，而在日常生活、在生活细节、在那些往往足以扰乱人的勃勃雄心的细枝末节。契诃夫的许多人物都有从未实现的雄心和梦想，他们从未能够使日常生活和他们的雄心协调起来。他们与生活争斗，而生活取胜。契诃夫在他游历西伯利亚的回忆录中写道：

> 一个搬到西伯利亚去的农民：“不会比这更糟。”
> 一个从西伯利亚搬回来的农民：“肯定比这更糟。”

契诃夫所有的戏剧作品都是第一流的，但是他的短篇小说在质量上有大幅度的摆动。我最喜欢的契诃夫的小说，有《罗斯柴尔德的提琴》（*Rothschild's Fiddle*）、《亲爱的》（*The Darling*）、《三年》（*Three Years*）、《一个枯燥的故事》（*A Dull Story*）和《亲吻》（*The Kiss*）。

九、其他俄国作家

普希金（Pushkin）在俄国受到崇敬，但在俄国以外就没有这么

---

① See Gorky, *My Universities*.

受欢迎了，也许是因为他许多作品是诗歌，而这些诗歌没能得到传神的翻译。他的主要作品中有一部戏剧，《鲍里斯·戈都洛夫》（*Boris Gudonov*）和一本诗歌小说《叶甫盖尼·奥涅金》（*Eugene Onegin*）。（纳博科夫对《叶甫盖尼·奥涅金》做了一个带注释的多卷翻译。）如果你想读普希金的短篇小说，我推荐《上尉的女儿》（*The Captain's Daughter*）和其他故事。

陀思妥耶夫斯基，托尔斯泰和契诃夫属于写实传统，而普希金则属于浪漫传统。他的灵感之一是在诗中写小说的英文浪漫主义诗人拜伦。普希金的一些作品，如《黑桃皇后》（*The Queen of Spades*），有一种神秘的氛围，让人想起浪漫时期的坡和其他作家。另外，普希金的短篇小说《上尉的女儿》，可以与浪漫时期受欢迎的沃尔特·斯科特（Walter Scott）的历史小说进行比较。我认为《上尉的女儿》相当沉闷，但《黑桃皇后》很吸引人。

果戈理（Gogol）生于 1809 年，大约比普希金小 10 岁，比陀思妥耶夫斯基约大 10 岁，比托尔斯泰约大 20 岁，比柴可夫斯基（Chekhov）约大 50 岁，比高尔基约大 60 岁。果戈理的一些短篇故事——如《外套》（*The Overcoat*）和《鼻子》（*The Nose*）——今天仍然很受欢迎。在这些故事中，果戈理描绘了一个反英雄的社会弃儿。陀思妥耶夫斯基受果戈理影响，在《地下室手记》和《两面人》等故事中描绘了反英雄。我不推荐果戈理唯一一部长篇小说《死魂灵》（*Dead Souls*）。至于高尔基，他所有作品中我只推荐一部自传作品《我的大学》。

十、易卜生

易卜生（Ibsen）在他的有生之年具有相当的影响力，并且至今盛誉不衰。易卜生和乔伊斯一样，其生命的大部分时光都在自我流放中度过，并对祖国挪威持批评态度。除了易卜生和乔伊斯以外，还有许多知识分子都对自己的祖国持批评态度。比如，尼采就对德国持批评态度。真正的知识分子超乎于民族之上。

易卜生和尼采一样，反对当时的民主潮流。他在一封信中提到自己“对政治自由的蔑视……激进分子是自由的最大敌人。精神和思想自由在专制主义统治下发展”[①]。易卜生在他的戏剧《人民公敌》（*An Enemy of the People*）中表达了同样的观点。在这一戏剧中，易卜生争辩说，政治权力应该在少数天才人物手中，而不应该在多数平庸的大众手中。持有这一观点的斯多克芒医生（Dr. Stockmann）跟周围的人发生了冲突，斯多克芒被宣布为“人民公敌”，他的家被人投以石块。

《人民公敌》以政治为主题，《布兰德其人》（*Brand*）则以宗教为主题。《布兰德其人》不像《人民公敌》那么具有戏剧性并引人入胜，但是这两个剧的主题是相似的：一个勇敢、坚定、理想主义的个人与其所生存的社会之间的矛盾。易卜生不推崇任何宗教学说。他不像托尔斯泰和陀思妥耶夫斯基那样怀有宗教信仰，也不像尼采

---

① See M. Meyer, *Henrik Ibsen*, ch. 15.

那样毫无宗教信仰。易卜生对宗教的态度与契诃夫相似：中立并保持距离。

易卜生也和许多其他虚构文学作家一样，对灵学，即预感、直觉和通过无意识的交流，有浓厚的兴趣。他的一个人物说："她相信，我已默默地通过内心的渠道，对她说了那些我自己想要说的和决心要说的话。"[①]

易卜生有很大的读者群：他对喜欢细致、激动人心的情节的读者有吸引力；他对喜欢心理分析的读者有吸引力；他对喜欢政治思想的读者也有吸引力。我推荐诺顿评述版的《野鸭》(*Wild Duck*)，该书内含许多精彩的文章。

十一、莎士比亚

如果有，也没几个作家能像莎士比亚（Shakespeare）主导英国文学一样主导过一国的文学。维吉尔（Vergil）没有主导罗马文学，但丁没有主导意大利文学，歌德对德国文学，托尔斯泰对俄罗斯文学都没能达到莎士比亚主导英国文学的程度。荷马是唯一一位如同莎士比亚在国家文学中扮演主导角色的作家。正如古希腊人难以想象另一位与荷马的成就相同的作家，我们也难以想象另一位与莎士比亚成就相称的作家。没有荷马的希腊文明是什么？没有莎士比亚的英国文明又是什么？像荷马和莎士比亚这样的作家是国家建设者，

---

① *The Master Builder*, Act I.

他们给予国家一种认同感——事实上，人们可能会说，他们赋予整个文明认同感。

莎士比亚的作品应该精读，而不能泛读；也不应该试图阅读莎士比亚的所有作品。荷马的作品质量一致，而莎士比亚的作品质量却相差很大，所以要根据口碑选择莎士比亚的作品。

至于莎士比亚的传记，我推荐J. 托马斯·鲁尼（J.Thomas Looney）的《莎士比亚辨》（*"Shakespeare" Identified*）。约在1905年，鲁尼发现"威廉·莎士比亚"（William Shakespeare）是牛津伯爵（Earl of Oxford）的笔名。鲁尼的书不仅包含革命理论，还有优秀散文和对莎士比亚的深刻理解。自1920年鲁尼的书发行以来，出版了许多牛津传记（Oxfordian biographies），如马克·安德森（Mark Anderson）的《另一个名字的莎士比亚》（*Shakespeare by Another Name*）和理查德·华伦（Richard Whalen）的《莎士比亚：他是谁？》（*Shakespeare: Who Was He?*）。查尔顿·奥本（Charlton Ogburn）写了一本关于牛津理论（Oxford Theory）的大书，叫作《神秘的威廉·莎士比亚》（*The Mysterious William Shakespeare*），还为牛津理论写了一份出色的90页的总结。

约1930年，鲁尼的追随者发现了都铎王子理论（the Prince Tudor Theory），这是牛津理论的一个成果。像牛津理论一样，都铎王子理论非常有趣，让人激动，吸引你阅读莎士比亚的作品和伊丽莎白女王的历史。伊丽莎白·希尔斯（Elisabeth Sears）撰写的《莎士比亚和都铎玫瑰》（*Shakespeare and the Tudor Rose*）详细介绍了都铎王子理论。汉克·惠特莫尔（Hank Whittemore）进一步发展了都铎王子理论：我强烈推荐惠特莫尔《纪念碑》(*Monument*)那份长达75页的介绍。读过惠特莫尔的作品之后，你会更欣赏莎士比亚的十四行诗。

要对莎士比亚进行批判性研究，我推荐威尔逊·奈特的书籍，如研究莎士比亚悲剧的《火之轮》(*The Wheel of Fire*)和研究他后期戏剧的《生命之冠》(*The Crown of Life*)。如果你想读读奈特的短篇文章，可以阅读《神话与奇迹》(*Myth and Miracle*)，这是《生命之冠》的第一篇文章。奈特的弟弟，W. F. 杰克逊·奈特（W. F. Jackson Knight）也是一位杰出的评论家，专门研究罗马文学。另一位贡献颇多的莎士比亚评论家是 A. C. 布兰德利（A. C. Bradley），他比奈特更知名，布兰德利长期以来被称为莎士比亚评论家的领袖。

莎士比亚的作品翻译版比原作更容易理解。随着语言的发展翻译版本可以得以修正，但不能修改莎士比亚的原作，修改原作会被视为亵渎。因此，那些读莎士比亚原作的人只能在古语中挣扎了。莎士比亚很少让作品清晰明确，A. C. 布兰德利说莎士比亚的语言经常是“模糊、夸张、无味，或者‘隐喻不断’”[①]。

十二、其他英国作家

弥尔顿（Milton）的语言更现代，比莎士比亚的作品更具可读性，而且和莎士比亚的语言一样优美、丰富。像莎士比亚一样，弥尔顿受过良好教育，而且阅读广泛。但是莎士比亚的作品充满情节、生命和

---

① *Shakespearean Tragedy*, Lecture II, “Construction in Shakespeare’s Tragedies”.

现实，弥尔顿的作品却有些沉闷、枯燥、书生气十足。弥尔顿像一位传道士一样，经常试图向读者传达宗教和道德道理。弥尔顿最出名的作品是一部史诗《失乐园》（*Paradise Lost*），但他的短篇作品——《科摩斯》（*Comus*）、《力士参孙》（*Samson Agonistes*）、《复乐园》（*Paradise Regained*）等——至少都同《失乐园》一样读起来让人非常愉悦。

古英语史诗《贝奥武夫》（*Beowulf*）是一本有趣的书。我推荐谢默斯·希尼（Seamus Heaney）的翻译版本，这是一个系列丛书，名为诺顿评述版。该书的每一行都充满能量，故事有趣，有着原汁原味的古代作品的气息。贝奥武夫是一位来自斯堪的纳维亚的战士，即现在的丹麦。当斯堪的纳维亚人在中世纪初期来到英国时，他们带来了贝奥武夫传奇，无疑很多人听过这个故事，最终以古英语记载下来。故事中国王通常被称为“戒指赠予人”、指环王，该书启发了托尔金（Tolkien）的《指环王》（*Lord of the Rings*）。托尔金是一名古英语学者，诺顿评述版中关于《贝奥武夫》的评论之一就是由托尔金所写。

早期的英国小说中，菲尔丁（Fielding）的《汤姆·琼斯》（*Tom Jones*）和斯特恩（Sterne）的《项狄传》（*Tristram Shandy*）引人注目。虽然菲尔丁和斯特恩的作品写于17世纪中期，但仍然清新生动。菲尔丁的作品芳醇幽默，能让人联想到塞万提斯（Cervantes）。斯特恩的作品透着一种独特的智慧，没有哪位作家能如此。歌德称斯特恩是18世纪最自由的灵魂，而尼采则称他为有史以来最自由的灵魂。[①]

---

① See Nietzsche, *Assorted Opinions and Maxims*, § 113.

17 世纪作家斯威夫特以他刻薄的讽刺闻名，他嘲讽政治、宗教和人类。《格列佛游记》是斯威夫特最著名的小说。讽刺作为国教的基督教的小说《无稽之谈》（*A Tale of a Tub*）是一部非常诙谐的作品。

像斯威夫特一样，拜伦（Byron）既是一位深刻的思想家，也是一位精湛的设计师。拜伦比斯威夫特更反宗教，斯威夫特嘲笑教堂歪曲基督教的本义，而拜伦挑战基督教的基本宗旨。在诗剧《该隐》（*Cain*）中，拜伦提出邪恶的存在表明上帝既不全能，也不仁慈。像拜伦的许多作品一样，《该隐》是一部用来阅读而非表演的戏剧。拜伦显著的个性使他成为一个现代人物，一个 19 世纪的人物。他的个性在其戏剧《曼弗雷德》（*Manfred*）里可见一斑，曼弗雷德说："自年轻时起，我的灵魂便不与人类的灵魂同行……狮子独处，我也是。"①

一般来说，对于六大浪漫诗人济慈、柯勒律治、布莱克、拜伦、雪莱和华兹华斯中的每个人都有好用的诺顿评述版作品。诺思罗普·弗赖伊（Northrop Frye）写了一篇关于布莱克的经典研究，称为《可怕的对称》（*Fearful Symmetry*）。沃尔特·杰克逊·贝特（Walter Jackson Bate）写了一本备受赞誉的济慈传记。我早先称赞过安德烈·莫洛亚写的普鲁斯特的传记，他还写了拜伦和雪莱的传记。约翰·利文斯顿·洛厄斯（John Livingston Lowes）在一本名为《世外桃源之路》（*Road to Xanadu*）的书中探索了柯勒律治诗歌深奥的来

① *Manfred*, II, ii and III, i.

源。我最喜欢的批评家威尔逊·奈特在几本不同的书中论及过浪漫主义。

十三、怪物

我推荐《弗兰肯斯坦》(*Frankenstein*，玛丽·雪莱著)和《德古拉》(*Dracula*，布莱姆·斯托克著)。尽管这两部不是我最喜欢的小说，但它们富有想象力、寓意深刻，且唤起了评论家的所有力量。关于这两部小说的一些评论文章写得非常好，为了能欣赏这些文章而阅读这两部小说也是值得的。[①]

玛丽·雪莱(Mary Shelley)的父亲是哲学家威廉·戈德温(William Godwin)，她的小说《弗兰肯斯坦》既包含几个哲学思想，也有经典著作的讨论。《弗兰肯斯坦》的主题是说那些有着崇高目标，却寻求孤独之路的人终将会遭遇失败，它将幸福的家庭生活和友谊与孤独的痛苦相对比。该书还涉及炼金术理念和炼金术士的思想，维克托·弗兰肯斯坦(Victor Frankenstein)寻求炼金术士长期追求的长生不老药，最终设法制造了一个怪物。

《德古拉》比《弗兰肯斯坦》更容易阅读。如果《德古拉》偶尔沉闷乏味，那不是因为其间充满血腥暴力，而是因为其甜美的情感

---

① See "Philosophical and Literary Sources of *Frankenstein*" by Burton R. Pollin, *Comparative Literature*, vol. xvii, #2, spring 1965; "Moral and Myth in Mrs. Shelley's *Frankenstein*" by Milton Allan Goldberg, *Keats-Shelley Journal*, Ⅷ (Winter, 1959), pp. 27–38; "Vindictiveness and the Search for Glory in Mary Shelley's *Frankenstein*," by Harry Keyishian, *The American Journal of Psychoanalysis*, vol. 49, #3, 1989.

流露。该书有一些令人难忘的场景，还有一些关于超自然现象的有趣言论。我推荐马克·亨尼利（Mark Hennelly）的文章《〈德古拉〉：诺斯替的追求和维多利亚时代的荒地》（*Dracula: The Gnostic Quest and Victorian Wasteland*）。[①] 这篇文章使《德古拉》受到众人瞩目，并引出人们对这部小说更多的见解。

根据亨尼利的说法，《德古拉》将维多利亚时代的英格兰和特兰西瓦尼亚（Transylvania）描绘为荒地。为了恢复活力，这两个地区彼此需要。维多利亚时代的英格兰需要特兰西瓦尼亚的激情、活力和自发性，德古拉需要英国的“人脑”，即自觉意识。表面上，《德古拉》追求杀死吸血鬼，但深层次，根据亨尼利的说法，该书寻求精神成长，寻求智慧，寻求“真知”。《德古拉》倡导开放思想：“小说这一行为”，亨尼利写道，“将这种‘开放思想’的诺斯替价值观戏剧化。”我们必须对奇怪、费解、神秘的事物保持一个豁达的心胸。

十四、简·奥斯汀

简·奥斯汀（Jane Austen）描写日常生活，而不是陌生或荒谬的生活。她的作品受批评家们的推崇，获广大读者的喜爱。和大多数作家不同的是，随着岁月的流逝，她似乎变得更加受欢迎。

奥斯汀最受欢迎的小说是《傲慢与偏见》（*Pride and Prejudice*）。该书风格明朗，情节简单，但不乏趣味，且篇幅适中，所以很受读者

---

① *English Literature in Transition (1880-1920)*, vol. 20, 1977, pp. 13–26, by Mark M. Hennelly, Jr.

喜爱。奥斯汀注重对人的描写——他们的情绪、对话、行为——很少花篇幅在家具、窗帘、鲜花等事物上。或许我们能将她的名气解释为“人对自身感兴趣”。奥斯汀好像很喜欢写作，这使我们对她的作品更加喜爱。

她用语明确标准，正式且高雅，人们可以用现在的标准称其为文学语言。例如，当柯林先生（Mr. Collins）想娶班纳特夫人（Mrs. Bennet）的女儿为妻时，他是这样说的：“夫人，我希望您能关注您美丽的女儿伊丽莎白，我请求能有今天上午和她独处的荣幸。”

奥斯汀出版的第一部小说是《理智与情感》（*Sense and Sensibility*），这是她在 1811 年自费出版的。她在 1817 年去世那年出版了其他三部作品，享年 41 岁。去世后，她的一位兄弟出版了其最后两部小说。当时，她是一位相当受欢迎的小说家，沃尔特·斯科特是她的粉丝之一。然而，由于她都是匿名发表文章，所以她的名字当时并不为人所知。《傲慢与偏见》好像是她的第一部小说，该书原名为《最初的印象》（*First Impressions*）。作家的第一本书通常能最好且最清楚地表达他们最深刻的感受。

奥斯汀描绘英国社会的中上阶层。她不大胆发挥想象力，也不创造梦想世界，而是贴近日常生活。正如沃尔特·斯科特所说，奥斯汀这样的作家“真正生活在大众之中描写自然，呈现给读者的不是一个虚幻世界的辉煌场景，而是她准确、精彩表现的日常生活”。如果奥斯汀知道自己现在比斯科特更受欢迎，她会感到惊讶的，因为斯科特的小说以前很受欢迎。有人会说奥斯汀和托尔斯泰、陀思妥耶夫斯基正好相反，他们尝试通过神秘的狂喜和突然的顿悟去超越世俗生活。奥斯汀像一个篮球手，从未有过绝佳的投球，但有很好的机会，她不勉强，不做超出自己能力范围的事情。

她和浪漫派的黑暗激情毫无关系，倒和理性道德家塞缪尔·约翰逊（Samuel Johnson，她是约翰逊的粉丝）这样的前浪漫主义作家有更多共同点。她常将“理性的”这个词用作褒义，例如，当班纳特先生（Mr. Bennett）被基蒂（Kitty）惹恼时，他说：“在你能证明每天你有十分钟的理性态度之前，决不允许迈出家门一步。”

奥斯汀具有哲理性的语言常让人印象深刻。正如 A.C. 布兰德利所写：“和约翰逊一样，（奥斯汀是）一位伦理学家。她的道德不仅仅体现在作品情节上，也经常得以大方表达……她明确的陈述和评论通常很值得我们去揣摩。”①

奥斯汀认为人性和人类痛苦中罪恶感起关键作用，她的这一点会让我想起弗洛伊德。她论及过“最强烈的痛苦，最尖刻的自我责备”。当然这是奥斯汀的最佳格言之一。当班纳特先生因为让莉迪亚（Lydia）去布莱顿一事责备自己时，伊丽莎白努力安慰他道：“你万不可对自己太严厉。”班纳特先生回应道：“你大可警告我不要这样邪恶。人性是如此容易堕落！”人们想知道奥斯汀从何获得对罪恶的理解。这些理解是来源于她的亲身经历，还是来源于约翰逊这样的某位哲学作家，又或是二者兼有？

奥斯汀去世后，她哥哥写了一篇有关她的简短回忆录，他说：“她大声朗读，非常有品位和效果。可能她自己的作品从来没有像从

---

① “Jane Austen as Moralist and Humorist,” in the Norton Critical Edition of *Pride and Prejudice*.

她自己嘴里读出来那样优秀；因为她分享了喜剧女神的所有最佳天赋。”在她的成长过程中，文学是她生活的一部分，也是她的主要娱乐。她年幼时就开始写作。她和家人也喜欢喜剧，并且上演了他们自己的剧本。

十五、狄更斯

狄更斯（Dickens）是英国文学巨人，他的一些作品已经获得了神话般的地位。像守财奴史克鲁奇（Scrooge）这样的人物已嵌入到我们的文化中，甚至没有读过狄更斯作品的人也知道这些人物。不过，狄更斯这颗明星近年来似乎已经暗淡，而且他的声望也从来没有像莎士比亚、托尔斯泰等一样高。他的诋毁者几乎和崇拜者一样多。

狄更斯广受欢迎，因为他的作品充满活力和幽默，情节设计缜密，跌宕起伏。他的作品也有一个主题或思想：他是一个感性胜过理性，童话多过经济的人。他认为，生活因理性、计算和经济而枯竭，但因感受、童话和戏剧而获救。他反对试图以理性科学的方式安排社会活动、教育儿童。也反对马尔萨斯（Malthus）和其他经济学家，因为他们试图通过统计来管理社会，而忽视了情感和想象。

在《耶诞圣歌》（*Christmas Carol*）初篇，两名男子要求史克鲁奇捐赠一笔资金来帮助穷人。当史克鲁奇说穷人可以去监狱和教养院时，其中一个人说：“很多人不能去那里，很多人宁愿死。”史克鲁奇回应说：“如果他们宁愿死……他们最好去死，可以减少过剩的人口。”这是马尔萨斯、尼采等人的做法。

在故事后篇，幽灵把这个评论引回给史克鲁奇，史克鲁奇“用忏悔和悲伤去克服”。幽灵问史克鲁奇：“你能决定谁活，谁死吗？”这是一个极好的问题，影响着19世纪的哲学和20世纪的政治。只有当人们试图按照理性原则安排社会活动时，才会问这个问题。那些推崇《理性女神》的法国革命家最先问及该问题。而这个女神正是狄更斯试图废黜的。

狄更斯生活在中产阶级逐渐壮大，并在英国有日益重要的社会地位的时代。狄更斯是中产阶级的产物，他为中产阶级创作，也经常写中产阶级。斯科特写的是旧贵族，而狄更斯描写当代社会。人们可能会说狄更斯使斯科特现代化，就像卡夫卡后来使狄更斯现代化一样。

狄更斯是个逗乐有趣的人，但不够庄重。他擅长突降法，却不善哀婉。他描写的诸多角色，能让人嘲笑或鄙视，有些也能让人同情，却没几个能让人欣赏。他用漫画式夸张手法描写人物，但不栩栩如生。这些人物太过黑白分明，缺乏深度，而不够真实，他们不是光和影的混合，而是非光即影。狄更斯用一层甜蜜蜜、泪汪汪的夸张情感厚厚地裹住浪漫关系。

狄更斯最好的短篇小说是《耶诞圣歌》，今天仍然深受读者喜爱。对于他最好的长篇小说，每个人似乎都有不同的看法。他的后期作品从《荒凉山庄》（*Bleak House*）开始比他早期的作品情节更为复杂，并且对当代社会的批评更加强烈。也许他对当代社会的最强烈的批评是他的小说《艰难时世》（*Hard Times*）。我建议从注释版本阅读狄更斯，例如诺顿评述版。如果你想阅读狄更斯的评论文章，我推荐 F. R. 利维斯（F. R. Leavis）和 Q. D. 利维斯（Q. D. Leavis）编写的《狄更斯：小说家》(*Dickens: The Novelist*)。至于狄更斯的传记，我推荐克里斯托弗·希伯特（Christopher Hibbert）的《查尔斯·狄更斯传》(*The Making of Charles Dickens*，也叫《查尔斯·狄更斯：文学巨人传》，*Charles Dickens: The Making of a Literary Giant*)。

狄更斯是生活的伟大肯定者和赞美家。这不正是所有艺术家的终极目标吗?

十六、哈代

狄更斯常写城市生活，而托马斯·哈代（Thomas Hardy）则写乡村生活。哈代写了一系列关于英国西南部地区韦塞克斯（Wessex）的小说。像狄更斯一样，哈代编织的情节激动人心。

哈代生于 1840 年，比狄更斯晚约 30 年。在 19 世纪 90 年代，哈代的小说由于违反维多利亚时代的道德准则而遭到批评。《无名的裘德》(*Jude the Obscure*) 被斥为《淫秽的裘德》(*Jude the Obscene*) 后，哈代放弃了小说写作。哈代一直活到 1928 年，他在后期专注于诗歌创作，被认为是他那个时代重要的诗人之一。哈代认为自己主要是诗人，他说写小说只是为了赚钱。哈代的主要作品有《德伯家的苔丝》(*Tess of the d'Urbervilles*)、《远离尘嚣》(*Far From the Madding Crowd*)、《无名的裘德》、《还乡》(*The Return of the Native*) 和《卡斯特桥市长》(*The Mayor of Casterbridge*)。

哈代结婚两次。他和第一任妻子日渐疏远，不再和睦，但当第一任妻子 1912 年去世时，他感触颇深，感情在诗中满溢而出。他的第二任妻子是他的秘书，一个比他年轻很多的女人。哈代死后，他的第二任妻子出版了他的两卷本传记，显然传记大部分都是由哈代本人写的，所以也许应该称之为自传。

哈代不来自上流社会（他的父亲是位泥工和建筑工），他的同情好像属于工人阶级人物，而非贵族人物。《远离尘嚣》的男主角是牧羊人盖伯瑞尔·奥克（Gabriel Oak），而反派则是出身名门的军人法兰克·特洛伊（Frank Troy）。根据维基百科所说："哈代在伦敦从没有过归属感。他对阶级划分和其卑微的社会地位很敏感。"乔治·梅雷迪思（George Meredith）建议哈代不要出版他的第一部小说《可怜的男人与女人》（*The Poor Man and the Lady*），因为该书"对于富人来说太讽刺了"[①]。

哈代以对人类状况持相当黑暗不幸的观点而闻名于世，《远离尘嚣》中的许多人物遭遇不幸。哈代曾经说过，我们应该把"最坏的"看完。如果和维多利亚时代其他作家相比，他的世界观则只有黑暗；如果与现代作家相比，人们会被他的满怀希望、没有病态、没有愤世嫉俗而触动。

哈代将盖伯瑞尔·奥克描述为"慷慨和真实的"[②]，他将其中一个女性角色（范妮·罗宾，Fanny Robin）描述为"温柔之人"[③]。你能想

① Wikipedia article on Meredith.

② Ch. 38.

③ Ch. 45.

象一个像福斯特或劳伦斯这样的现代作家，使用这样的短语吗？有人可能会说，哈代是最后一位品行端正、单纯质朴的作家，最后一位“慷慨真实”的作家。

哈代的道德是传统的西方道德。他称颂盖伯瑞尔的无私奉献：“将他包围的众多利益中，影响到他个人幸福的并不是他眼中最具吸引力、最重要的。”[①] 哈代因芭丝谢芭（Bathsheba）遵循自己的感受指责道：“她的罪责在于她好不费心于通过对后果进行小心细致的调查来控制感受。”[②] 哈代的道德感同苏格拉底和耶稣的共同之处比同福斯特和劳伦斯的更多。哈代不像福斯特一样赞赏东方神秘主义，不像福斯特一样讨论心灵成长，也不像劳伦斯一样敦促我们关注身体的智慧。

我推荐《远离尘嚣》一书，该书情节愉悦，有对美丽乡村生活的描述，并展现了有趣的思想观点。

十七、罗伯特·路易斯·史蒂文森

史蒂文森（Robert Louis Stevenson）主要因其儿童经典小说《金银岛》（*Treasure Island*）被人记住。尽管该书的知名度在褪去，但史蒂文森可能会名声崛起，因为他作品中的神秘元素、禅宗元素得到了更多赏识。著名禅宗作家之一 R. H. 布莱斯（R. H. Blyth）从不疲于引用史蒂文森的寓言故事。史蒂文森崇高的精神及其幽默的态度

① Ch. 43.

② Ch. 29.

不应该让我们轻视他，而应该更尊重他。

史蒂文森著作的主题之一是道德模糊，“在同一个人身上共同存在善恶的品质”[1]。例如，《金银岛》的主要人物之一，朗·约翰·西尔弗（Long John Silver）最初性善，后来变邪恶，再变好。但是史蒂文森作品中道德模糊的最著名的例子是《化身博士》（*The Strange Case of Dr. Jekyll and Mr. Hyde*）的主角。

史蒂文森被列为新浪漫主义者。他不关注现代生活的细节（像埃米尔·左拉所做的那样），而是描写早期时代（像沃尔特·斯科特那样）。也许他最好的作品是《杜里世家》（*The Master of Ballantrae*）和《赫米斯顿的韦尔》（*Weir of Hermiston*，尽管该书没有完成）。除了写小说，史蒂文森还写旅行记和文学随笔。

史蒂文森于 44 岁辞世，葬于萨摩亚岛。他为自己写了碑文——一首语调积极、禅味浓浓的诗歌，一首对生与死皆给予肯定的诗歌：

在广阔、璀璨的星空下，
请掘一座坟墓让我长眠。
我曾快乐活着，也欣然死去，
我躺下，留下一个遗嘱。

这是你将为我雕刻的诗：

---

① “The Sea Cook: A Study in the Art of Robert Louis Stevenson,” by W. W. Robson, in *On the Novel*, edited by B. S. Benedikz.

“他躺在他的渴望之地，
如同水手从海上回到故乡，
猎人从山中返回家园。”

还有哪个作家以如此质朴的语言取得过更多成就？

十八、康拉德

约瑟夫·康拉德（Joseph Conrad）出生于波兰贵族家庭，但一生多数时光在英国生活，用英语写作。康拉德早年是位水手，后来升迁为船长，他有许多小说都是航海故事。正如普鲁斯特描写法国贵族的垂死世界，康拉德写的是航海船的垂死世界。普鲁斯特的著作吸引着文人墨客，而康拉德的作品却有着广泛的吸引力，康拉德深受非文学人士的喜爱。尽管他的散文有时花哨，但总是清晰的。

康拉德最闻名的作品之一是中篇小说《黑暗之心》（*Heart of Darkness*）。对于该书有一些优秀的鉴赏和研究，比如将其和约瑟夫·坎贝尔的神话英雄论相比较的一篇文章。[①] 由艾伯特·格拉德（Albert Guerard）编写的《小说家康拉德》（*Conrad the Novelist*）一书不仅有关于《黑暗之心》的有价值的随笔，也有关于康拉德所有著作的随笔。

康拉德另一部流行的中篇小说是《秘密的分享者》（*The Secret*

① “Myth and Archetype in *Heart of Darkness*,” by James Mellard, *Tennessee Studies in Literature*, 13 (1968): pp. 1–15.

Sharer)。他的小说中,《吉姆老爷》(*Lord Jim*)尤受好评,而《特工人员》(*The Secret Agent*)和《在西方的注视下》(*Under Western Eyes*)两本书因对俄国人的心理描写,以及对无政府主义者/恐怖分子的心理描写而受到称赞。

十九、鲁德亚德·吉卜林

吉卜林(Rudyard Kipling)于1865年生于印度,并在那里度过早年生活。他的父亲是艺术家、艺术老师、博物馆馆长,他为吉卜林的几本书画了插画。他母亲的娘家名叫麦克唐纳(MacDonald,家里人是苏格兰人),她的一个姐姐和画家爱德华·伯恩-琼斯(Edward Burne-Jones)结婚,另外一个姐姐是英国前任首相斯坦利·鲍德温(Stanley Baldwin)的母亲。

吉卜林5岁的时候,他的父母将他和姐姐送去英国,和陌生人一起膳宿,而父母他们留在了印度。没有了在印度围绕着他的顺从的仆人,没有了疼爱他的父母。吉卜林后来称他的住所为"忧伤小屋",他在那里度过了七年不快乐的生活,然后在英国寄宿学校度过了比较快乐的四年;他学生时代的生活是《斯托基公司》(*Stalky & Co*)的写作基础。

16岁时,吉卜林回到印度,父亲给他在一家报社找了一份工作。20岁时他出版了一册诗集;22岁时出版了一册短篇小说集,名为《山中的平凡故事》(*Plain Tales From the Hills*);随后发表更多短篇小说合集(吉卜林是一位多产作家)。他的声望在印度日渐增长,甚至在英国也享有盛名。

在印度生活七年后，吉卜林决定去英国追求文学生涯。他从印度游历到英国，途经缅甸、中国香港、日本和美国；后来他在《四海之崖》（*From Sea to Sea*）中描述了他的旅行。1889 年，他抵达伦敦，年仅 23 岁，却在英国被誉为新一代天才。24 岁时，他快速地大量编写短篇小说和诗歌，促使罗伯特·路易斯·史蒂文森说："以这样的速度，他的作品很快就能填满全世界人类居住的地方……吉卜林是目前从我出现以来，最有前途的年轻人。"①

吉卜林决定在长篇小说写作上试试手，在接下来的十二年里写了四部长篇小说，且同时继续短篇小说和诗歌创作。他的第一部长篇小说《消失的光芒》（*The Light That Failed*）是关于一位成功的画家逐渐失明的故事。他的第二部长篇小说《九十万卢比》（*The Naulahka*）是和美国出版商沃尔科特·巴莱斯蒂尔（Wolcott Balestier，他和巴莱斯蒂尔成为密友，巴莱斯蒂尔在 1891 年突然离世后，吉卜林娶了他的妹妹凯莉）合作撰写的。第三部是《勇敢的船长》（*Captains Courageous*）是关于在新英格兰捕猎鳕鱼的故事。（"对我而言这有些奇特，"奥斯卡·王尔德说，"有人能用一整部小说来写

---

① Letter to Henry James, Dec. 29, 1890; quoted in *Kipling: The Critical Heritage*, ch. 10, p. 65. 春风得意的吉卜林给在印度的父母发了封电报，"创世纪 45:9，"上面写道，"快点，上去找我父亲，告诉他，你的儿子约瑟夫（吉卜林的真名是约瑟夫·鲁德亚德·吉卜林）这样说：上帝已让我成为埃及的主：快下来到我这里来，别耽误。"吉卜林横穿太平洋从印度到英国旅行的一个原因是要和萨摩亚的罗伯特·路易斯·史蒂文森见面，但是吉卜林没能成功到达萨摩亚，也从未见过史蒂文森。

捕猎鳕鱼——不过我想是因为我不喜欢鳕鱼吧。”[①]）他的第四部是《基姆》（*Kim*，1901），也常被称为他的最佳小说，该书是关于一个游历整个印度的男孩的故事，他参与了英国的间谍活动以及藏传佛教。吉卜林的长篇小说没有像他的诗歌和短篇小说那样引起很多公众关注，所以他最终认为长篇小说不适合他。

正如安德鲁·兰（Andrew Lang）说的，很少有作家能短篇和长篇都成功。莫泊桑（Maupassant）成功于短篇小说，但他的长篇小说却很一般。坡的短篇小说很成功，但他没有尝试写过一部长篇小说。契诃夫成功于短篇小说和戏剧，但没有尝试写过一部长篇小说。而霍桑是在短篇和长篇都取得成功的少数人之一。[②]也许我们应该将吉卜林和莫泊桑相比较：两人都是短篇小说大师，而长篇小说却不够成功。但莫泊桑只写散文，而吉卜林的散文和诗歌声望并存。

吉卜林在41岁时获得了诺贝尔奖，他是第一位接受该奖的英国作家，同时直至今日，也是有史以来获得该奖最年轻的人。亨利·詹姆斯（Henry James）说：“吉卜林在我眼里是我所知道的最完整的天才（与高智商不同）。”吉卜林的诗歌和短篇小说得到了广泛的阅读，其中许多短语都成为日常用语，如“白人的负担”和“苏伊士以东的某个地方”，或者成为书名，如《失职的上帝》（*The God That Failed*）和《残酷的和平战争》（*A Savage War of Peace*）。他的儿童书籍——如《原来如此》（*Just So Stories*）和《丛林之书》

① Lord Birkenhead, *Rudyard Kipling*, Ch. 11, “The End in Vermont,” p. 164.

② See Lang’s essay in *Kipling: The Critical Heritage*, ch. 12.

（*The Jungle Book*）——尤其受欢迎。第一次世界大战期间在法国时，一名后来遇难的法国士兵要他解释《丛林之书》的想法从何而来。[1]1899 年，当他病重时，全世界都在等待着噩耗，皇帝甚至给他发了一个电报。

记者经常想采访他，所以他学会保持沉默。当居住在佛蒙特州（Vermont）看到记者走近时，他躲到邻居家的谷仓。“你怎么不叫他们见鬼去呢？”他的邻居问。“不能那样做。他们会全篇大肆报道的。”[2] 比起记者，他更不喜欢传记作者，并称传记为“更高端的食人行为”。他写道：

> 请莫问与吾书
> 无关的问题。

他收入殷实，在佛蒙特州（靠近伯瑞特坡罗，Brattleboro）多蒙斯顿城（Dummerston）盖了一个大房子，他称之为 Naulahka[3]；他在佛蒙特州住了四年。后来，买了一个英国旧庄园，贝特曼庄园，他在那里度过了最后 30 年。在贝特曼庄园，他有自己的小溪，用于给自家发电。他从赖德·哈格德（Rider Haggard）那获得农耕建议，赖德是农业专家，也是《所罗门王的宝藏》（*King Solomon's Mines*）、

---

① Lord Birkenhead, *Rudyard Kipling*, Ch. 17, p. 267.

② Lord Birkenhead, *Rudyard Kipling*, ch. 10, p. 148. 德勋爵（Birkenhead）说吉卜林“对隐私的渴望……经常被说成是神经质的、反常的”。（第 148 页）

③ Naulahka 这个词来自巴基斯坦拉合尔堡的一处建筑物。正确的拼写好像是 Naulakha。

《她》（*She*）及其他小说的作者。吉卜林和他的家人都喜欢哈格德讲述自己在非洲岁月的故事。像吉卜林一样，哈格德经历过丧子之痛，并一直没痊愈。在其晚年，哈格德说，他和吉卜林“思想一致……与吉卜林促膝长谈现在已经是我生命里所剩的最大的乐趣之一”[①]。

吉卜林对实际问题感兴趣，1897 年开始驾驶汽车，当时小汽车功率为 6 马力，每小时能行驶 15 英里。[②] 他经常询问店主和工程师，然后把他所了解到的知识写在他的故事里。他的好奇心被描述为“不知足”，他的记忆力“惊人”。[③] 和他同时代的赫伯特·乔治·韦尔斯（H. G. Wells）一样，吉卜林编写关于未来技术的故事：1903 年，他撰写了《无线电》（*Wireless*），该书是关于使用无线电与一个世纪前的时空进行交流的故事；1904 年，他写了一个乘坐一架几乎自动驾驶的飞机飞越大西洋的故事《夜间邮报》（*With the Night Mail*）；1907 年，他写了一部有关一家广播公司管理世界的书籍《轻而易举》（*As Easy as A. B. C.*）。吉卜林对过去也如对未来一样有着浓厚的兴趣，他写了两本把英国历史变成小说形式的书：《普克山的帕克》（*Puck of Pook's Hill*）和《报答与仙女》（*Rewards and Fairies*）。

晚年时期，吉卜林的人气有所下降。他似乎与现代人的品位有些脱节。他是大英帝国的坚定捍卫者，并相信英国人可以比印度人

---

① *The Age of Kipling*, edited by John Gross, “A Matter of Vision,” pp. 131, 134.

② Lord Birkenhead, *Rudyard Kipling*, Ch. 16, p. 236.

③ Lord Birkenhead, pp. 326, 327; see also p. 206, where his memory is described as “astounding”.

更好地治理印度。[①] 他也反对爱尔兰的自治。吉卜林蔑视民主，认为强者应该单独执政。他抱怨英国人在足球和板球上浪费时间，他认为他们应该用模拟战等方式的军事训练替代这些运动。[②] 儿女双亡、不快的婚姻加上疾病缠身使他的生活陷入黑暗中。

在 1942 年出版的一篇文章中，奥威尔（Orwell）称吉卜林为“帝国主义侵略分子”，并表示“五代文人中，每一个开悟的人都藐视他”。在这样一个被黑暗与邪恶笼罩的时期，吉卜林“活泼的本土气息”很不合时宜。当帝国主义备受冷眼时，吉卜林则极力拥护。当多数知识分子开始质疑西方文明时，吉卜林则认为，西方社会有义务统治、教育和开化非西方社会：

> 肩负起白人的重担——
> 派出你们最优秀的后代——
> 捆绑起你们的子孙，流放
> 去服侍你手下俘虏的需要，
> 在沉重的马具中等待，
> 那些急躁而野蛮的，

① Birkenhead, p. 218. 吉卜林认为，“现代生活环境变得如此复杂，以至任何政府都无法完美地完成自己的任务，以至有着悠久‘强人独统’（a strong man governing alone）领导传统的印度行政部门是迄今为止全世界最好的行政组织系统”。（德勋爵，第 222 页）

② Birkenhead, p. 224. 吉卜林对于英帝国的乐观情绪逐渐被布尔战争破坏，被“如此强大的帝国垂死挣扎着击败了少量布尔农民的场面”（第 229 页）所破坏了。一个强大势力受挫于游击战争。

刚被你抓住的阴沉的人，

他们半是恶魔，半是孩童。

吉卜林哀叹日本和印度等国的民主趋势，捍卫像俄罗斯这样的非民主国家。

他对日本连连摇头，并说“日本是第二个不可能一人掌政的东方国家”（第一个国家可能是印度）。他藐视印度国会政党的喋喋不休，担忧美国国会的野蛮。将来，他会是那些一看见丑陋的墨索里尼神殿就下跪的众人之一。[①]

为吉卜林辩护一下，应该注明他向来是反对纳粹主义的。而且他有预测未来发展的本事，比如，他就预测到了世界大战。

吉卜林从未放松过自己对德国的畏惧（德勋爵写道）。1908年：“你对日耳曼人的说法完全正确，而我担心时间会比我们所想的要短。”两年后写道：“我们正惬意地露宿在英国的火山边，告诉彼此一场危险的德国战争结束了……而同时，那个日耳曼人生气了，正尽快拼命地采取措施。”[②]

---

① Ch. 15, pp. 217, 218.

② Ch. 16, p. 252. 德勋爵说，随着吉卜林年龄的增长，他产生了一种“对德国人的憎恨，这使得‘玛丽·波斯特盖尔’一类凶残故事的形成……他对德国人的不信任由来已久，当他第一次意识到一场文明大屠杀即将到来时就产生了”。（第227页）

约 1930 年，吉卜林“总是说到即将到来的战争，对此他明确地预言到了”[①]。

> 希特勒的到来毫无疑问地表明他长期以来对德国侵略意图的精辟见解：“狼人已经累了。他已经做了 12 年的人，并且从人类得到了他所需要的一切。至少他无法再获得更多了，因此现在是他变形的时候了。用不着一年，由于他的自尊所需，他会闹着要回他的殖民地。大家静静等待吧！”[②]

德勋爵（Lord Birkenhead）撰写了一部优秀的吉卜林传记，查尔斯·卡林顿（Charles Carrington）所著的篇幅稍长的传记也值得一提。吉卜林写了一本自传，《谈谈我自己》（*Something of Myself*）。[③]“The Kipling Society”网站是极好的资源（www.kipling.org.uk）。

二十、爱德华·摩根·福斯特

同戴维·赫伯特·劳伦斯和弗吉尼亚·伍尔夫（Virginia Woolf）一起，爱德华·摩根·福斯特（E. M. Forster）是 20 世纪初英国小说界的

---

① Ch. 22, p. 325.

② Ch. 25, pp. 342, 343.

③ 如果你想阅读吉卜林的自传，考虑托马斯·平尼编辑的《我自己和其他自传体作品的一些事》，剑桥大学出版社 1990 年版（Thomas Pinney, *Something of Myself and Other Autobiographical Writings*, Cambridge: Cambridge University Press, 1990）。

重要人物之一。生于 1879 年的福斯特早年就开始写作，但也在年纪尚轻时就停止小说创作。31 岁时他已经出版了四部小说：《天使不敢涉足的地方》（*Where Angels Fear to Tread*）、《最漫长的旅程》（*The Longest Journey*）、《看得见风景的房间》（*A Room With a View*）和《霍华德庄园》（*Howards End*）。在他漫长的余生，他只写了两部小说：《印度之行》（*A Passage to India*），该作是他最受好评的作品之一，以及《莫瑞斯》（*Maurice*），该书涉及同性恋主题，直到福斯特去世后才得以出版。

也许福斯特停止写小说是因为他是同性恋，不能同情异性恋人物，不能公开表达他对同性恋的感觉。也许他停止写小说是因为像弗吉尼亚·伍尔夫这样的精明批评家所认为的他小说失败——虽然它场景真实和思想深刻，但它并没有形成一个艺术整体。福斯特是一位优秀的散文家和评论家，著有《小说面面观》（*Aspects of the Novel*）。他是伟大的思想家，所以就不能成为伟大的艺术家吗？是他对小说的结构太了解而不信仰小说吗？

福斯特是最先欣赏戴维·赫伯特·劳伦斯天赋的英国作家之一，他在劳伦斯备受争议的时候大唱赞歌。像劳伦斯一样，福斯特利用自己在印度和亚历山大港的经历写了几本游记。

像福斯特欣赏劳伦斯一样，福斯特自己被伟大的美国评论家莱昂内尔·特里林所欣赏和赞美。当福斯特在美国见到特里林时，他说："这就是让我出名的人。"①

---

① 我推荐一位评论家，名为劳伦斯·布兰德（Laurence Brander），他撰写过福斯特、阿道司·赫胥黎、萨默塞特·毛姆、乔治·奥威尔（George Orwell）等的研究文章。

福斯特称赞简·奥斯汀生动幽默，称赞沃尔特·惠特曼（Walt Whitman）深刻的神秘主义。福斯特迷们（我是其中之一）认为他的小说是幽默和深度的奇妙组合。福斯特做了每一位伟大的知识分子必定会做的事：他尊重文化，使文化有趣味，并追求精神成长。

二十一、戴维·赫伯特·劳伦斯

戴维·赫伯特·劳伦斯（David Herbert Lawrence）生于 1885 年，死于 1930 年，是现代文学最璀璨的明星之一，却没有享有他应得的声誉。与卡夫卡、普鲁斯特和乔伊斯的小说相比，劳伦斯的小说更加传统，更有可读性，不那么古怪离奇。

若论多产作家，那非劳伦斯莫属：他写过短篇小说、长篇小说、诗歌、戏剧、翻译、游记、文学评论、哲学作品以及无数信件。他最好的小说之一是《儿子与情人》（*Sons and Lovers*），该书描述他身为矿工儿子的成长经历。看不惯自传体小说的评论家们说劳伦斯的最佳著作是《虹》（*The Rainbow*）和《恋爱中的女人》（*Women in Love*）。

劳伦斯 27 岁时遇见了一位教授的妻子弗瑞达·威克利（Frieda Weekley）。弗瑞达当时 33 岁，有三个小孩。她来自一个德国贵族家庭，婚前名字是弗瑞达·冯·里希特霍芬（Frieda von Richthofen，她与著名的王牌霍芬男爵，即“红男爵”有亲缘关系）。弗瑞达抛弃子女，和劳伦斯私奔到德国。他们一直相守约 20 年直到劳伦斯离世。劳伦斯最著名的小说之一，《查泰莱夫人的情人》（*Lady Chatterley's Lover*）写的是一个上层社会女人和一个工人阶级男人之间的风流韵事。

在英国，劳伦斯的小说被视为色情书而遭斥责和抵制。他和弗瑞达大部分时间都在国外度过，劳伦斯谈到了他“野蛮的朝圣”（savage pilgrimage）。劳伦斯和弗瑞达在德国南部度过蜜月，然后步行翻越阿尔卑斯山到达意大利，此次旅行为劳伦斯第一本游记《意大利的黄昏》（*Twilight in Italy*）奠定了基础。后来他们居住在西西里岛及其周边，在那里劳伦斯写了一本游记名为《大海与撒丁岛》（*Sea and Sardinia*）。然后他们离开欧洲，经停斯里兰卡和澳大利亚，最后在新墨西哥的陶斯安顿下来。他们在澳大利亚的逗留为劳伦斯的小说《袋鼠》（*Kangaroo*）提供了素材。几次游历墨西哥之后，他撰写了《墨西哥的早晨》（*Mornings in Mexico*）。劳伦斯的健康状况促使他返回意大利，在那里他创作了最后一本游记《伊特鲁里亚人的灵魂》（*Sketches of Etruscan Places*）。

他作品的主题是我们要听从我们的身体：

> 我伟大的宗教信仰是对血液、对肉体的信仰。我们的思想会出错，但我们的血液所感受到的……却总是真实的。智力只有一点，是一份约束。我为何要在乎知识？我只想回答我的血肉之躯，直接回答，没有思想或道德或其他种种的无聊干扰。[①]

劳伦斯不仅仅倡导不受约束的性行为，就他的身体而言，他自己并不是赢家，他还敦促我们听从身体以满足心理需求，培养精神

① Letter to Earnest Collings, January 17, 1913.

成长，充分发挥潜力，以成为完整的人。劳伦斯强烈批评现代西方社会，指责它扼杀人性。他称赞原始社会——接近自然，亲近身体的社会，比如伊特鲁里亚社会（Etruscan society）和阿兹特克社会（Aztec society）。劳伦斯渴望成为一名先知艺术家，并提出一种对人类、爱情等的新观点，甚至号召他的朋友和他一起建立一个社区。他反对维多利亚风俗，也反对维多利亚时代作家的华丽风格，他简短的句子让人们想起福斯特。

和其他作家一样，劳伦斯了解神秘学，这在他的中篇小说《狐狸》（*The Fox*）一书中可见一斑。了解劳伦斯的一个好办法是阅读《狐狸》以及由哈罗德·布鲁姆（Harold Bloom）编辑的一本书《布鲁姆的主要短篇小说作家：戴维·赫伯特·劳伦斯》（*Bloom's Major Short Story Writers: D. H. Lawrence*）。英国评论家弗兰克·雷蒙德·利维斯（F. R. Leavis）曾著书《小说家戴维·赫伯特·劳伦斯》（*D. H. Lawrence: Novelist*），该书是对劳伦斯作品的最佳研究之一。

我强烈推荐《戴维·赫伯特·劳伦斯：人事记录》（*D. H. Lawrence: A Personal Record*），是由劳伦斯的早年密友杰西·钱伯斯·伍德（Jessie Chambers Wood）所写的一部感人易读的回忆录。他晚年的一位朋友，凯瑟琳·卡斯威尔（Catherine Carswell）撰写了《野蛮的朝圣：叙述戴维·赫伯特·劳伦斯》（*Savage Pilgrimage: A Narrative of D. H. Lawrence*）；利维斯称卡斯威尔的传记“值得称赞，不可或缺”①。如果你想要更现代的传记，考虑杰弗里·迈耶斯（Jeffrey Meyers）所著的《戴维·赫伯

① *D. H. Lawrence: Novelist*, "Introduction," footnote 3, p. ix.

特·劳伦斯传记》（*D. H. Lawrence: A Biography*）。迈耶斯也写了海明威、菲茨杰拉德、康拉德等人的传记。

哈罗德·布鲁姆说,20 世纪的英国诗人中，劳伦斯仅次于哈代。[①] 劳伦斯的游记被列为最好的英文作品。埃德蒙·威尔逊（Edmund Wilson）说，劳伦斯对美国文学的研究作品是“有关该主题的少数一流作品之一”。爱德华·摩根·福斯特称劳伦斯是“我们这代人中最有想象力的小说家”。劳伦斯是博学多才、大胆创新、思想深刻、创造丰富的杰出融合体。

二十二、萧伯纳和韦尔斯

乔治·萧伯纳（George Shaw）生长于都柏林的一个音乐世家。萧伯纳搬到伦敦以后，成了一个音乐批评家，并且卷入 19 世纪 80 年代风靡欧洲的瓦格纳热。后来，他改行从事戏剧批评，并成了易卜生的热情崇拜者。萧伯纳 40 岁时，以一个戏剧家和政治活动家的身份初露锋芒。他相信，戏剧创作应该效法易卜生，以戏剧为工具，推动社会改革。萧伯纳在戏剧、文章和戏剧前言中充分表达自己的思想。他不是一个“纯粹”的艺术家，他使艺术服务于哲学和政治。

萧伯纳相信，政治问题不可能由体制的改革来解决，只能通过人的进化来解决。他写道：“我们的唯一希望是进化。我们必须用超人来取代人。”他相信优生学，即试图通过选择性生养来改善人类

---

① See the Introduction to *Bloom's Major Short Story Writers: D. H. Lawrence.*

的学说。他梦想着一个超人的社会，梦想着“一个人人都是克伦威尔的英国，一个人人都是拿破仑的法国，一个人人都是恺撒的罗马帝国”。

萧伯纳相信，民主是一个失败，正如君主制是一个失败一样。他认为，民主仅仅在没有经历过民主的人中间受到欢迎，也就是说，民主在受制于专制主义和寡头政治制度的人们那里受到欢迎。一旦人们真正尝试了民主，他们就会对其丧失信心。萧伯纳相信，罪犯不应该被监禁，因为是他们的本性使他们犯罪，而他们的本性是不能被改变的。他相信，罪犯应该被处死，并认为死刑是“相当有道理和很有必要的”。他相信，文明社会的人必须争取生存的权利；他说：“只要生存的权利不面对经常的挑战，它就会被滥用。”[①] 萧伯纳是无神论者，他反对人的生命是神圣的这一思想。他从生物学角度看待人，而不从宗教的角度看待人。

萧伯纳是仅次于莎士比亚的最受欢迎的英语戏剧家。他的剧作充满诙谐智慧、令人感到轻松愉快，却缺乏激情和深刻情感。在喜剧和悲剧之间，萧伯纳更擅长于前者。萧伯纳的写作风格和他的剧作内容一样，轻松而活泼。他试图创造活泼的、大众化的戏剧，以表达严肃的思想。

萧伯纳的同时代人赫伯特·乔治·韦尔斯（H. G. Wells）是一个多产的、很受欢迎的作家，他的作品有虚构的，也有非虚构的。韦尔

---

① See *Man and Superman*, “The Revolutionist’s Handbook and Pocket Companion” and *On the Rocks*, preface. “Shaw’s Man and Superman,” by J. Stamm (*American Imago*, winter 1965) is an interesting sketch of Shaw.

斯是科幻小说的先驱。和萧伯纳一样，他反对基督教，并信奉一种基于社会进步的“宗教”。他也和萧伯纳一样相信，没有政府对生育的控制，进步是不可能的。他说：

> 唯一真正和永久的补救世界的方法是阻止低于一定标准的人群的繁衍，并鼓励极为优秀的人群的繁衍……这样，人才能超出于动物之上；这样，人才能超出于人之上。①

韦尔斯相信，国家应该联合起来，组成大国，整个世界最终应该成为一个国家。

二十三、切斯特顿和贝洛克

萧伯纳和韦尔斯是世俗派代表，而吉尔伯特·基思·切斯特顿（G. K. Chesterton）和希莱尔·贝洛克（Hilaire Belloc）代表天主教派。萧伯纳和韦尔斯试图让人变得更好，而切斯特顿和贝洛克认为我们应该接受人的本性，有缺陷的罪人。切斯特顿和贝洛克常与萧伯纳和韦尔斯进行公开辩论（韦尔斯抱怨说“和贝洛克先生辩论就像和一场冰雹争吵一样”）。萧伯纳称这个二人组为“切斯特贝洛克”（Chesterbelloc）。切斯特顿和贝洛克倡导一种经济理论，即分配主

---

① *Mankind in the Making*, “The Problem of the Birth Supply.” Those interested in Wells should read the last third of his *Anticipations*; also the introduction and chapter eight of his *Experiment in Autobiography*.

义，也就是无限所有权，反对资本主义（少数所有）和社会主义（国家所有）。他们既忙于记者工作又是多产的作家。

切斯特顿撰写基督教的辩论，如《回归正统》（*Orthodoxy*）和《永存者》（*The Everlasting Man*），已为广大读者所用。他受基督教拥护者 C. S. 刘易斯（C. S. Lewis）的尊崇。切斯特顿写的系列短篇小说的主角是一个侦探兼神父、名叫布朗的人，明白罪恶普遍存在，并试图让自己从罪犯的角度思考。切斯特顿对狄更斯的研究引发了一场狄更斯复兴。

贝洛克生于法国，父亲是法国人，母亲是英国人，父亲在他 2 岁时去世，他在英国长大。贝洛克撰写了无数篇传记（黎塞留、克伦威尔、拿破仑等），传记中他拥护天主教信仰；他也撰写了几本军事历史书。贝洛克是一个不知疲惫的行路者，他在《通向罗马之路》（*The Path to Rome*）一书中记叙了他从法国中部步行至罗马的旅程；他也写了其他游记，比如《诺娜巡游》（*The Cruise of the Nona*，该书是关于环英国航行的）和《比利牛斯》（*The Pyrenees*）。

二十四、伊夫林·沃和格雷厄姆·格林

新一代中，其他天主教作家表现突出，包括伊夫林·沃（Evelyn Waugh）和格雷厄姆·格林（Graham Greene）。沃的早期小说诙谐讽刺。1930 年，沃皈依天主教，他的宗教信仰在其小说《旧地重游》（*Brideshead Revisited*）和结合他"二战"期间当兵的经历所写的三部曲《荣誉之剑》（*Sword of Honour*）中表现明显。沃写了一部

天主教烈士埃德蒙·坎皮恩（Edmund Campion）的传记，以及罗纳德·诺克斯（Ronald Knox）的传记（和沃一样，诺克斯皈依天主教，诺克斯撰写宗教及犯罪方面小说）。沃还写了一部海伦娜女皇（Empress Helena）的历史小说，她是一位天主教圣人，是康斯坦丁（Constantine）的母亲。沃是美国保守派、天主教徒威廉·F. 巴克利（William F. Buckley）喜爱的作家。评论家埃德蒙·威尔逊（Edmund Wilson）称沃是“自萧伯纳以来唯一一位一流的英国喜剧天才”[①]。沃的游记广受好评，他有几本游记（还有两本小说）涉及非洲。他的亲人中有不少作家：他的父亲（亚瑟）、他的哥哥（亚历克）、他的儿子（奥伯伦）和他的孙子（亚历山大）。

格雷厄姆·格林漫长的一生度过了20世纪大多数时间：他生于1904年，死于1991年。格林早年（22岁）就皈依天主教，但后来渐渐远离天主教。50年代时，他不再参加弥撒。政治主题成为他的小说重点，他对美国的外交政策表示不满，对卡斯特罗（Castro）的共产主义表示赞同。格林到处旅游，并受英国特务机关雇用，他的许多小说都是以国外为背景。比如，《问题的核心》（*The Heart of the Matter*）是以塞拉利昂（Sierra Leone）为背景，涉及间谍活动和宗教主题。如果你想更多了解格林（还有沃、切斯特顿、贝洛克），可以阅读安·科尔（Ian Ker）的书《英国文学中天主教的复兴，1845—1961》（*The Catholic Revival in English Literature, 1845-1961*）。

---

① Wikipedia, quoting *Classics and Commercials, A Literary Chronicle of the Forties*, by Edmund Wilson, page 140, Vintage Books, New York, 1962.

二十五、萨默塞特·毛姆

另一位比格林年长一些的杰出的英国作家是威廉·萨默塞特·毛姆（W. Somerset Maugham），他的最佳小说是《人生的枷锁》（*Of Human Bondage*）。在他职业生涯早期，作为小说家和剧作家，毛姆都取得成功。1908 年，“他有四部戏剧同时在伦敦上映，杂志《笨拙》（*Punch*）刊登了一则漫画，内容是莎士比亚对着户外广告牌，紧张得啃咬指甲盖”。不过尽管他很受欢迎，毛姆却从未被评论家们誉为他那个时代最伟大的作家之一；毛姆说自己是“二流作家中的一流”。

像格林一样，毛姆效力于英国特务机关，并将个人经历写于作品中，他的小说《阿兴登》（*Ashenden*）影响了之后的间谍小说，如詹姆斯·邦德（James Bond）系列（正如坡的侦探小说影响了后期的侦探小说一样）。毛姆在商业上的成功使他能到处旅游——参观大英帝国的边境，倾听民间故事，收集各式资料。据说他惹恼了一群人，这些人不喜欢他对自己的描述。毛姆前往太平洋研究自己有关高更的小说《月亮和六便士》（*The Moon and Sixpence*）。

毛姆的短篇小说很精彩，我强力推荐《边防哨》（“The Outstation”）、《不可征服》（“The Unconquered”）、《雨》（“Rain”）、《书信》（“The Letter”）等。他的散文思路清晰，作品具有高度的可读性；他的作品是非实验性的，既不时尚也不晦涩难懂。乔治·奥威尔说：“对我影响最大的现代作家是萨默塞特·毛姆，我非常欣赏他能直截了当地讲故事，没有过多修饰。”如果你想阅读了解毛姆本人，可以考虑摩根（Ted Morgan）写的传记，或者毛姆自己的作品《总结》（*The Summing Up*）。

二十六、伍德豪斯和克里斯蒂

也许 20 世纪最受欢迎的英国作家是 P.G. 伍德豪斯（P. G. Wodehouse）和阿加莎·克里斯蒂（Agatha Christie）。他们二人都生于 19 世纪末期，直到 20 世纪末期都还不断写出畅销书。二者也都写书娱乐读者，不在于要改变或者启发读者。

伍德豪斯在写作方面有喜剧天赋。他的父亲在香港是位法官，早年时候，伍德豪斯极少看到自己的父母。他让人想起一个孤孤单单，没有目标，只想开心玩耍的孩子。伍德豪斯有极高的文学天赋和文化修养。作为一位文体家，没有人能和他匹敌。他的作品非常轻松愉快，以至他的一位评论家称他是英文字母的“表演跳蚤”。他的风格似乎就是嘲弄风格，他的文化似乎就是嬉戏文化。他最出名的作品是关于一位名为吉夫斯（Jeeves）的男仆和其老板伯蒂·伍斯特（Bertie Wooster）的一个系列故事和小说。这个系列中有《独特的吉夫斯》（*The Inimitable Jeeves*，1923）和《继续，吉夫斯》（*Carry On, Jeeves*，1925）。

阿加莎·克里斯蒂因其神秘感取得了巨大的名气。她因《斯泰尔斯庄园奇案》（*The Mysterious Affair at Styles*，1920）开始了她的写作生涯。她的早期作品受福尔摩斯探案集的影响，就像福尔摩斯故事受坡的《莫格街凶杀案》(*Murders in the Rue Morgue*)影响一样。在她最著名的作品中有《东方快车谋杀案》(*Murder on the Orient Express*, 1934)和《幕》(*Curtain*, 1975),书中她的侦探赫尔克里·波洛(Hercule Poirot)离开了舞台。

克里斯蒂在作品第一页就抓住你的注意力,并能让你的注意力保持到最后一页,你想知道解决难题的方法,你想知道是谁做的。没有啰唆的语言,没有华丽的辞藻,没有题外话,正如他们在政治上所说的那样,克里斯蒂"专注信息"(stays on message)。每一页写的都是一种快乐,一种信手拈来的快乐。作者的足智多谋,推理论证在文中大量出现,让人吃惊,可能有人会将作者与棋手进行比较。克里斯蒂极少向我们展示她自己,她很少暴露自己,她的作品客观,不主观。

由于克里斯蒂的作品很简明,所以适合大声朗读,也由于其作品的清晰,所以适合年轻读者和想学英语的外国人阅读。她的作品使年轻人相信阅读是件愉快的事。

克里斯蒂的作品文字体面,注重礼仪,很有品位。她不用好莱坞流行的粗俗语嘲弄贵族。

但她的小说的弱点也是显而易见的:其故事人物不立体,不栩栩如生,故事完全虚构。作品的感受或思想不够深刻,读者既不会被其感动,也不会受其启发,仅仅是阅读娱乐。作者没有创造一个世界,而仅是制造出一个谜团。

许多其他神秘作家很受欢迎,包括英国作家多萝丝·塞耶斯(Dorothy Sayers),美国作家达希尔·哈米特(Dashiell Hammett)和雷蒙德·钱德勒（Raymond Chandler）。在更近代的同类型作家中，还有美国的约翰·D. 麦克唐纳（John D. MacDonald）和唐纳德·韦斯特莱克（Donald Westlake），这些作家中，人们会发现一种喜剧风格，让人想起伍德豪斯。像克里斯蒂所为，这些作家没有设法引起读者的好奇，而是试图让读者开心大笑。

然后还有试图制造悬念的惊险小说的作者。苏格兰作家约翰·巴肯（John Buchan）因其《三十九级台阶》（*The Thirty-Nine Steps*）一类的小说而闻名，巴肯还写了一部苏格兰英雄蒙特罗斯（Montrose）的传记，受到好评，以及一部自传《记忆守住门》（*Memory Hold-the-Door*，又名《朝圣者之路》，*Pilgrim's Way*）。伊恩·弗莱明（Ian Fleming）创作了以詹姆斯·邦德为主要人物的流行间谍小说，弗莱明自己在“二战”期间是一位情报员。阿利斯泰尔·麦克林（Alistair MacLean）撰写了动作小说，很受欢迎，比如《冰站斑马》（*Ice Station Zebra*）。麦克林的一些著作引用了自己在英国海军的经历。

二十七、阿纳托尔·法朗士

阿纳托尔·法朗士（Anatole France）更倾心的是浪漫艳遇，而不是乌托邦式的雄伟理想。法朗士有很多情人。在他看来，爱情使生活丰富多彩、激动人心，他用笛卡儿式的语言说：“我爱，故我在。”然而，法朗士的爱情艳遇却没有为他带来幸福。在他的晚年，法朗士抱怨说，他连一天、一个小时也没有幸福过。他从没有满足的时候，总是在为自己力不能及的东西奋斗。[①]

法朗士跟萧伯纳和韦尔斯不同，他敬重风格，他总是小心翼翼地遣词造句。他对作品总是不断地修改。他说："我坚持校对八次，我最宝贵的工具是剪刀加糨糊。"不同于普鲁斯特，法朗士写出来的都是短句和短篇。法朗士的作品很易读，他在1890—1930年间很受读者欢迎。

法朗士相信，法国具有最优秀写作风格的作家是蒙田、拉伯雷（Rabelais）和勒珊（Racine）等较老的作家。他认为，跟这些较老的作家相比，19世纪的法国作家，如夏多布里昂（Chateaubriand）和福楼拜（Flaubert）都显得矫揉造作。法朗士认为，最好的文体家是那些不刻意追求风格的作家，是那些自由并自然写作的人。他说，19世纪作家的作品中"处处写满了'刻意'二字……他们拼命地争取效果……他们的目标是成为文体家"[②]。

法朗士除了写短篇和长篇小说外，还写过很多批评文章和一部贞德传。法朗士相信，文学和文学评论都不应该以达到客观和非个人化为目的。在法朗士看来，所有艺术作品都表现作者的精神世界。他问道："《神曲》（*Divine Comedy*）要不是其作者但丁（Dante）的

---

① See Brousson, *Anatole France Himself*. 高龄的歌德也认为自己经历了极少的幸福。歌德说："在我七十有五的有生之涯中，我从未有过一个月的真正值得欣慰的时光。生活除了辛劳和烦恼，别无其他。"

② See N. Ségur, *Conversations With Anatole France*, "Versailles and the Romantic Spirit". 法朗士关于法文叙述风格的简洁跟托克维尔的一致。托克维尔认为，法文叙述文的黄金时代是17世纪，那时"风格仅仅是思想的工具"。后来，法国作家为了风格而追求风格。按照托克维尔的说法，最优秀的法国作家以简洁明快为目标（See *Correspondence and Conversations of Alexis de Tocqueville With N. W. Senior*, 8/26/50）。

伟大灵魂之表现，我们对它有什么可崇拜的呢？”在他自己的批评文章中，法朗士描述他自己的情感和意见，决不试图伪装客观。他这样写道：“一个好的批评家是这样一个人：他把自己的灵魂糅合在伟大作品之中。客观的批评和客观的艺术一样，都没有存在的余地。”①

法朗士的虚构作品通常带有讽刺意味，令人感到轻松，其中很多都基于历史知识，年代和地点都比较遥远。比如，他的小说《诸神渴了》（*The Gods Are Athirst*）就是基于他对法国革命的长期研究。法朗士相信，文学应该使生活理想化，应该避免恶俗，他指出，古希腊艺术就使生活理想化。法朗士不喜欢左拉（Zola）的严酷现实主义，他写道：“我当然不会剥夺［左拉的］可恶名声。在她之前，从未有一个人将一堆秽物上升到如此的高度。”②

法朗士的虚构作品有很多，在质量上有反复。他最好的短篇小说可以编成一本极好的书，但他的有些短篇小说却只是二流的。他的某些长篇也只是二流的，如《西尔维斯特·伯纳德之罪》（*The Crime of Sylvestre Bonnard*）、《企鹅岛》（*Penguin Island*）。我推荐一本诙谐的、读来令人享受的书，这就是布鲁逊（Brousson）的《阿纳托尔·法朗士其人》（*Anatole France Himself*），书中有法朗士对很多问题的评论。泰尔登–莱特（Tylden–Wright）写的传记《阿纳托尔·法朗士》，也很简练、有趣。

---

① See *On Life and Letters*, vol. 1, preface, and *The Crime of Sylvester Bonnard*, “May”.

② See *On Life and Letters*, vol. 1, “*La Terre*” and “George Sand and Idealism in Art”.

二十八、莫泊桑

莫泊桑（Maupassant）像法朗士一样，也是语调轻松愉快、风格简洁明晰、直截了当的作家。法朗士喜爱莫泊桑的故事，他说莫泊桑“具有法国作家所具有的三大特点：第一，清晰；第二，清晰；第三，还是清晰”[①]。与法朗士相比，莫泊桑的故事更少学者气息，更多生活气息。法朗士的故事常以遥远的年代和地点为背景，莫泊桑的故事则常以他所生活的年代和地方为背景。

莫泊桑的母亲是福楼拜的好朋友，事实上，莫泊桑有可能是福楼拜的亲生儿子。当莫泊桑二十几岁的时候，福楼拜花了几年的时间教他小说艺术的技巧；很少有哪个作家对另一个作家有这样直接的影响。福楼拜教莫泊桑成为细心的观察者，教他在所见事物中发现独有的特点，教他发现被别人所忽视的东西。终于，在 1880 年莫泊桑 30 岁的时候，他发表了《羊脂球》(*Boule de Suif*)，表明他确实掌握了小说艺术。福楼拜说：“我的弟子写的《羊脂球》是一部叙述、喜剧和观察的杰作。”《羊脂球》成功以后，莫泊桑辞去了他的文职工作，专门从事小说创作，一生共写作 300 多篇短篇小说。后来，他染上梅毒症，42 岁辞世。

莫泊桑的故事在质量上不像乔伊斯的故事那样一贯比较好。乔伊斯的目标是成为文学巨人，莫泊桑则没有那样的雄心。莫泊桑的

---

① *On Life and Letters*, vol. 1, “M. Guy de Maupassant and the French Story–Tellers”.

写作来得太草率了些，他对文学没有足够的尊敬。他的畅销和他在经济上对写作的依赖使他写得太多。他的故事技巧性强，但不深刻；娱乐性强，但没有哲理。他并不探索人类本性的终极能力。莫泊桑的弱点在他的长篇小说，如《皮埃尔与让》（*Pierre and Jean*）和《漂亮朋友》（*Bel-Ami*）中，更加明显。正如乔伊斯所说："我不能说［《漂亮朋友》］是一部杰作。像莫泊桑的所有作品一样，它只是一个袖珍小品。"[①] 尽管如此，莫泊桑最好的短篇小说仍然具有最好的短篇小说应有的质量，可以肯定，他的声望还会在以后很长时间内延续不衰。我推荐《羊脂球》、《苍蝇》（*Mouche*）和《泰里尔太太的王国》（*Madame Tellier's Establishment*）。

由于莫泊桑很受读者欢迎，很多人试图通过翻译他的书而获利。没有一本标准的英文版莫泊桑著作。他的短篇小说的题目和契诃夫短篇小说的题目一样，被翻译得五花八门、各式各样。为了避免混乱，翻译者应该注明法文原文的题目。读者要小心那些未注明译者姓名的译本。

二十九、福楼拜

福楼拜（Flaubert）不如莫泊桑那样受读者偏爱，但批评家们却对他更加重视。福楼拜比莫泊桑深刻，却不如莫泊桑活泼、可爱。莫泊桑热爱生命，福楼拜却厌恶生命。"我最大的安慰就是，"福楼

---

① See Power, *Conversations With James Joyce*, 15.

拜写道，“早日离开这个世界，而且不去另一个世界，那个世界可能比这个更糟。”福楼拜赋予他最广为人知的人物包法利夫人他自己的这一对日常生活的厌倦态度，他曾说：“包法利夫人，她就是我。”①

福楼拜性格中抑郁、自虐的一面使他以一种极为痛苦的方式写作。如果说莫泊桑的写作来得太容易，福楼拜的写作则来得太艰难。他会在一个句子上花上几天的时间。他说：“从风格这个东西被发明的那一天起，没有一个人像我这样如此痛苦地追求它。”②福楼拜对内容和风格都极为小心谨慎，比如，他为了写《萨朗波》（*Salammbo*）一书，花了好几年的时间研究迦太基。他也花了几年的时间为写作《布瓦尔和佩库歇》（*Bouvard and Pecuchet*）作准备。然而，现在《萨朗波》和《布瓦尔和佩库歇》已被人遗忘。

福楼拜的一生都献给了文学。和其他伟大作家一样，福楼拜认真学习经典，却对文学批评毫无兴趣。他说：“一个人当不了艺术家才去当批评家，就像一个人当不了士兵才去当间谍一样。”福楼拜在书的世界里如鱼得水，在琐事的天地里却寸步难行。他写道：“目前在我和这个世界之间，有那么大一条裂痕，以致于我有时候在听到最简单、最自然的话语时，都会觉得大吃一惊。”③

现代读者对福楼拜的长篇小说，除了《包法利夫人》（*Madame*

---

① See *Selected Letters*, letter to George Sand, #98, and Steegmuller, *Flaubert and Madame Bovary: A Double Portrait*, III, 4.

② Steegmuller, *Flaubert and Madame Bovary: A Double Portrait*, Ⅲ, 2.

③ See *Dictionary of Platitudes*, p. 179 (Rodale Press, London, 1954), and *Selected Letters*, 9/45.

Bovary）以外，都兴趣不大。福楼拜的最佳作品是他的短篇小说《一颗简单的心》（“A Simple Heart”）、他的长篇《庸见词典》（*Dictionary of Platitudes*）和他的私人信件。斯迪姆勒所作《福楼拜和包法利夫人》（*Flaubert and Madame Bovary*）是一部优秀的传记作品。福楼拜的外甥女卡罗琳·康曼维尔（Caroline Commanville）写的《亲切回忆》（*Intimate Remembrances*）是一本很好的简略传记，这本书显示出简略传记作品的优越性。①

三十、其他法国作家

司汤达（Stendhal）的长篇小说《红与黑》（*The Red and the Black*）和《帕尔马修道院》（*The Charterhouse of Parma*）一度享誉甚高。然而，司汤达也像其他早期小说家那样，逐渐销声匿迹了。甚至在 19 世纪，有些读者就怀疑司汤达作品的质量了，如福楼拜。但是，尽管司汤达有缺点，他还是比其他早期的小说家，如斯科特和雨果，要深刻和有趣得多。司汤达的作品中比小说更有意思的是他的论文《论爱情》（*On Love*）和他的一些自传性作品。②

巴尔扎克（Balzac）的名声从未高过司汤达，现在则比司汤达

---

① 《亲切回忆》（*Intimate Remembrances*）可以在《福楼拜全集》第 2 卷（M. W. Dunne, *The Complete Works of Flaubert,* vol. 2, 1904）中找到。对福楼拜感兴趣的读者应该读他的《通信选集》（*Selected Letters*， edited by R. Rumbold)。

② See Steegmuller, *Flaubert and Madame Bovary: A Double Portrait*, III, 3. Anatole France also doubted the quality of Stendhal’s works (see Brousson, *Anatole France Himself*, “Oh, Gobineau!”).

跌落得更低。巴尔扎克描写某一类人物，农民、医生、贵族等。巴尔扎克不像最优秀的作家所做的那样，描写人类本性的普遍现象。正如纪德所说："25 岁以前读读巴尔扎克还是不错的，25 岁以后再读就很困难了。你得在大杂烩里折腾多久才能找到点有意义的东西啊！"[①] 巴尔扎克有的短篇小说，如《滑稽故事》(*Droll Stories*)，读起来还是很有意思的。

巴尔扎克对神秘学、史威登堡（Swedenborg）、催眠术、颅相学等有浓厚的兴趣，他在《路易·朗贝尔》(*Louis Lambert*)、《驴皮记》(*The Magic Skin*) 和《塞拉菲达》(*Seraphita*) 三部小说中探讨了这些主题。巴尔扎克在一部精彩的短篇小说《沙漠中的热情》("A Passion in the Desert") 中讨论了催眠术和意志力，该书也许是巴尔扎克的最佳介绍。如果你想阅读巴尔扎克的简短研究，我推荐斯蒂芬·茨威格（Stefan Zweig）所著的《三巨匠：巴尔扎克、狄更斯、陀思妥耶夫斯基》(*Three Masters: Balzac, Dickens, Dostoyevsky*) 一书中的巴尔扎克。[②]

在小说成为一种重要文学样式之前，法国产生了几位第一流的戏剧家。考耐利（Corneille）和雷贤（Racine）的戏剧创作有一种高贵而华丽的风格，很为当时的贵族观众所欣赏。他们的拿手好戏是悲剧。他们的悲剧对通过翻译阅读他们作品的现代读者很少能引起

---

① *Pretexts*, "The Ten French Novels..." (edited by J. O'Brien; Dell Publishing Co., Inc., 1959)

② 我所找到的最佳的一篇有关巴尔扎克的评论文章是将巴尔扎克的《塞拉菲达》(*Seraphita*) 和梅尔维尔的《比利·巴克》(*Billy Budd*) 相比较的文章《梅尔维尔的塞拉菲达：比利·巴克，水手》(John S. Haydock, "Melville's Seraphita: Billy Budd, Sailor", originally published in Melville Society *Extracts*, No. 104, March 1996, pp. 2–13)。

共鸣。另外，莫里哀（Molière）的喜剧却仍然颇有市场。比如，《厌世者》（*The Misanthrope*）就很有趣也很深刻，比任何别的描写理想主义者的文学作品都更成功。《厌世者》像莫里哀的许多喜剧作品一样，深藏着一种严肃的基调。歌德说："莫里哀如此之伟大，我们每一次读到他，都被他所重新震惊。他是一个特立的人——他的喜剧接近于悲剧。"①

三十一、三位西班牙作家

西班牙黄金时代的三位作家值得特别提出：塞万提斯（Cervantes）、卡尔德隆（Calderon）以及格拉西安（Gracian）。塞万提斯的《唐·吉诃德》（*Don Quixote*）在西方文学史上，是最受欢迎、最受尊崇的作品之一。尽管它的名声在近代有所减弱，但《唐·吉诃德》仍然是一部读来有趣的书。除了《唐·吉诃德》以外，塞万提斯还写过戏剧和短篇小说。他的短篇《狗的对话录》（"The Colloquy of the Dogs"）被称为现代心理分析学之先驱。卡尔德隆尽管不如塞万提斯有名，但人们说到杰出戏剧家时总会提及他。卡尔德隆的名作《人生如梦》（*Life Is a Dream*）在今天还是一部令人不能忘怀的作品。格拉西安写了一部寓言小说《评论》（*El Criticon*），但他最受欢迎的作品是一本300句的格言集，这本格言集的英文名为《处世的艺术》（*The Art of Worldly Wisdom*）。格拉西安对于人世的悲观主义引起叔本

---

① *Conversations With Eckermann*, 5/12/25.

华的共鸣，叔本华将其作品翻译成了德文。

三十二、华盛顿·欧文

华盛顿·欧文（Washington Irving）是最先取得国际声望的美国作家之一。他出生并生长在纽约市，26 岁时，他出版了一篇讽刺文章《纽约外史》（*History of New York*）。他使“哥谭市”（Gotham，纽约市的别称）和“荷兰籍纽约人”（Knickerbocker，纽约人的别称）这两个名词得以普及。

他最有名的书是《见闻札记》（*The Sketch Book*），1820 年出版，其中有短篇故事《瑞普·凡·温克尔》（“Rip van Winkle”）和《睡谷的传说》（“The Legend of Sleepy Hollow”）。《见闻札记》中有几篇涉及圣诞节传统，欧文让美国人庆祝圣诞节的方式定型。该书中有许多篇章引人入胜，也有一些是甜言蜜语。欧文的作品优雅考究，但缺乏理智或情感深度。

欧文撰写过历史作品，包括乔治·华盛顿和哥伦布的传记，还有游记，包括有关阿罕布拉（Alhambra）的一本书。欧文身兼数个外交职务，19 世纪 40 年代，他担任美国援西班牙大臣。他游遍欧洲，与沃尔特·斯科特、狄更斯、坡以及其他作家熟识。欧文因健谈而闻名，且是“世上最受欢迎的宾客之一”[①]。

1832 年最终返回美国时，欧文写了三部关于美国西部的书，包

① Wikipedia article on Irving.

括《在大草原上旅行》(*A Tour on the Prairies*)。他在哈得逊河边桑尼赛德(Sunnyside)买了一处住所，他在那居住多年，现在成了博物馆。

三十三、詹姆斯·费尼莫·库柏

像欧文一样，库柏(James Fenimore Cooper)在19世纪初具有国际声誉。库柏经常被誉为美国的浪漫主义小说家斯科特。他的父亲是一名议员，也是纽约库柏斯敦镇(Cooperstown)的建立者，詹姆斯在那长大。虽然我们把他与印第安人的战争联系在一起，但他还是海洋小说的先驱(罗伯特·路易斯·史蒂文森称他为“木头和波浪的库柏”)。像梅尔维尔(Melville)一样，库柏才十几岁时就做水手，既在商船上，也在军舰上服务过。

库柏最著名的小说《最后的莫希干人》(*The Last of the Mohicans*)出版于1826年，那时他37岁，该书是《皮袜子故事集》系列的一部分，其中描写了边疆居民纳蒂班坡(Natty Bumppo)和其印第安朋友钦加哥(Chingachgook)。库柏常写一些政治主题的文章，渐渐和几位批评家产生争吵，后控告他们诽谤。他在欧洲居住了几年，写了三部关于欧洲的小说，包括以威尼斯为背景的《刺客》(*The Bravo*，1831)，该书表现了作者对威尼斯贵族政府不乐观的态度。

库柏的作品受到雨果、巴尔扎克、康拉德及其他许多作家的欣赏。舒伯特(Schubert)弥留之际的最大愿望就是多读几本库柏的小说。像斯科特一样，库柏现在没有几个读者，更没有几个粉丝了。

三十四、霍桑

纳撒尼尔·霍桑（Nathaniel Hawthorne）出生于一个声名显赫的新英格兰家庭，他有一个祖先就是塞勒姆审巫案的法官。霍桑出版了两本短篇小说集：《重讲一遍的故事》（*Twice-Told Tales*）和《古屋青苔》（*Mosses From an Old Manse*）。他还著有两本重述希腊神话的书：《给男孩女孩的一本神奇的书》（*A Wonder-Book for Girls and Boys*）和《探戈林故事集》（*Tanglewood Tales*）。他最著名的作品是《红字》（*The Scarlet Letter*），之后又写了另外三部小说：《七角楼房》（*The House of the Seven Gables*）、《福谷传奇》（*The Blithedale Romance*）及《玉石雕像》（*The Marble Faun*）。除了《玉石雕像》故事发生在意大利，他的几部小说都是以马萨诸塞州为背景。

霍桑称这四本书是“浪漫故事”，而非“小说”，因为它们不求真实，他的作品有时被归类为“黑色浪漫主义”。梅尔维尔说霍桑的故事“被黑暗笼罩，十倍黑”。霍桑对罪恶的痴迷使得他和积极阳光的先验论者意见不合，爱默生曾说：“他的作品不利于任何事情。”

霍桑的散文高雅优美，正如坡所认为的，霍桑的风格“以纯粹自居”。

尽管他和朗费罗（Longfellow）、梅尔维尔、爱默生、梭罗以及其他人很友好，但他并不合群，据维基百科记载：“霍桑几乎是病理上的害羞，聚会时都保持沉默。”霍桑于1864年去世，享年59岁，爱默生当时说：“我想他再也承受不了痛苦的孤独感了，并因此而死。”霍桑婚姻幸福，并有三子，但他的妻子却说：“他是我所认识的最讨厌被人触碰的人。”

霍桑是一名海关人员——先在波士顿，后在塞勒姆（Salem），最终在英国的利物浦工作。利物浦的工作待遇尤其优厚，这就使得霍桑和妻子能到意大利旅游（这些游历启发他创作《玉石雕像》）。富兰克林·皮尔斯（Franklin Pierce）总统任职期间，他一直在利物浦工作，这位总统是他在鲍登学院（Bowdoin College）认识的，并为其撰写了竞选传记。

三十五、朗费罗

亨利·沃兹沃斯·朗费罗（Henry Wadsworth Longfellow）1807年出生于缅因州坡特兰。他的祖父佩雷·沃兹沃斯（Peleg Wadsworth）曾在革命战争中担任过总统，其父亲是鲍登学院的托管人。朗费罗自己就读于鲍登学院，并在那里遇到了霍桑。大四的时候，他如此告诉父亲：

> 我最渴望日后文学上的卓越，我的整个灵魂因此而炽热地燃烧着，每一个世俗的想法都被此包围……如果有朝一日我能名震四海，一定是我在文学的广阔天地施展才华所得。[①]

① Wikipedia article on Longfellow.

从鲍登学院毕业后，朗费罗在欧洲待了三年学习现代语言。他在马德里与华盛顿·欧文相识。回到美国后，他在鲍登学院担任现代语言教授，但是这份工作没能满足他崇高的理想。

他又一次启程去欧洲学习斯堪的纳维亚语，之后成为哈佛大学教授。“作为一名教授，朗费罗很受欢迎，尽管他不喜欢‘经常陪男孩们玩耍’，更不喜欢‘管闲事处理别人的心思’。”

像欧文一样，朗费罗的作品大多温暖贴心，多愁善感。他被认为是和威廉·库伦·拜伦（William Cullen Bryant）、约翰·格林里夫·惠蒂埃（John Greenleaf Whittier）、詹姆斯·拉塞尔·洛威尔（James Russell Lowell）以及奥利弗·温德尔·霍姆斯（Oliver Wendell Holmes）一行的“炉边诗人”（Fireside Poets）之一。朗费罗的作品在当时非常受欢迎，许多美国人牢记他的诗歌，如《保罗·里维尔的夜奔》（“Paul Revere's Ride”）。他在欧洲也很受欢迎，据报道《迈尔斯·斯坦迪什的求婚》（*The Courtship of Miles Standish*）在伦敦仅一天就卖了一万本。他最著名的作品之一《海华沙之歌》（*The Song of Hiawatha*）是一首以印度传说为背景的叙事诗。荣格在其《转化的象征》（*Symbols of Transformation*）一书中探讨了《海华沙之歌》的精神意义。朗费罗花费多年时间翻译《但丁》，也翻译了米开朗基罗的诗歌。他有两次婚姻，两个妻子都英年早逝，而他自己也饱受复发性抑郁症的折磨。

朗费罗的诗歌非常受读者喜爱，以至于1877年人们庆祝他的70岁生日像庆祝某个国定假日一样。“1879年，一位女性崇拜者途径他坎布里奇（Cambridge）的家，不知道和自己说话的人是谁，这位崇拜者问朗费罗：‘这是朗费罗出生的地方吗？’朗费罗告诉她不是。这位崇拜者又问他是否在此去世。他回答‘还没’。”[①] 朗费罗于1882 年去世。

三十六、坡

埃德加·爱伦·坡（Edgar Allan Poe）是一位伟大的作家，因为他用心，用自己的经验写作，他忠实自己。他的作品充满能量，富有活力，别具一格。他从不模仿，但被人模仿。他给亚瑟·柯南·道尔（Arthur Conan Doyle）的侦探小说灵感，启发了像儒勒·凡尔纳（Jules Verne）和赫伯特·乔治·韦尔斯这样的科幻作家。在其事业巅峰期，他是一位著名的评论家，也是第一批认可霍桑才华的评论家之一。罗素·洛厄尔（James Russell Lowell）称坡是“对美国作家所写的想象力文学最具辨别力、最冷静、最无畏的评论家”[②]。坡的诗，如《乌鸦》（“The Raven”）和《安娜贝尔·李》（“Annabel Lee”），获得的人气比批评多。爱默生称其为“叮当诗人”（the jingle man），而哈罗德·布鲁姆则称其诗是“可怕的诗”[③]。

今天人们更多因坡的短篇小说而非他的评论或诗歌记住他。坡的小说可以分为恐怖小说和推理小说。戴维·赫伯特·劳伦斯（哈罗

---

① Wikipedia article on Longfellow.

② Quinn, Arthur Hobson (1941), *Edgar Allan Poe: A Critical Biography*, p. 432; cited in Wikipedia article on Poe.

③ *Bloom's Major Short Story Writers: Edgar Allan Poe*, Introduction, p. 9.

德·布鲁姆称其为“坡的最佳评论家”[①])偏爱他的恐怖小说。在坡的恐怖小说中，劳伦斯对《厄舍古屋的没落》(“The Fall of the House of Usher”，常被称为坡的最佳小说)以及《丽姬娅》(“Ligeia”)尤感兴趣。劳伦斯认为推理小说，如《莫尔格街凶杀案》(“The Murders in the Rue Morgue”)和《金甲虫》(“The Gold-Bug”)，“机械呆板”而不予理会。

坡有推理和解谜的天赋。当狄更斯的《巴纳比·拉奇》(*Barnaby Rudge*)的第一部在美国出版时，坡很快就找出了凶手，使狄更斯惊叫道：“那人一定是个魔鬼！”[②]坡自豪于自己能解开任何编码书写系统，他挑战《宇宙》(*The Universe*)杂志发去了一组他解不开的代码。《金甲虫》探讨代码，该书启发了在“二战”中帮助破解日本密码的威廉·弗里德曼(William Friedman)。

坡不满足于小谜题，他试图解决世界最大难题：宇宙本身。年轻时，他通过望远镜在门廊观察群星，随着年龄的增长，他也跟上了天文学的发展。他还研究了柯勒律治等人的哲学著作。在最后几年里，他写了《尤里卡》(*Eureka*)，该书将哲学和宇宙学相结合。他之所以选择以《尤里卡》为书名，是因为他认为他已经解决了宇宙的难题。“我提出的，”他写道，“将(及时)彻底改变物理和形而上学学科的世界。我说得很冷静，但我是认真的。”[③]坡确实有深刻的哲学见解，他的一些天文学理论是领先于那个时代的(例如，他

① *Bloom's Major Short Story Writers: Edgar Allan Poe*, Editor's Note, p. 8.

② Marie Bonaparte, *The Life and Works of Edgar Allan Poe*, ch. 17, p. 100.

③ Marie Bonaparte, *The Life and Works of Edgar Allan Poe*, ch. 20, p. 155.

预见到大爆炸理论）。

戴维·赫伯特·劳伦斯在其《美国经典文学研究》（*Studies in Classic American Literature*）一书中用了一章写坡。劳伦斯提出坡描写了由于过度爱或过度恨而造成的性格崩溃和自我丢失。坡的人物在激情中迷失他们自己，他们找不到自己，他们找不到中心。坡没能实现成熟后的超脱，也没能提出精神成长的愿景。在他的诗歌《安娜贝尔·李》中，坡这样描述一份过度、稚嫩、不现实的爱情：

> 很久很久以前，
> 在一个滨海的国度里，
> 住着一位你或许认识的少女，
> 她的芳名叫安娜贝尔·李，
> 这少女活着没有别的愿望，
> 只为和我两情相许。
>
> 那会儿我还是个孩子，她也未脱稚气，
> 在这个滨海的国度里，
> 可我们的爱超越一切，无人能及——
> 我和我的安娜贝尔·李……

坡描写无节制、不健康的爱情，一份早早结束的爱情。他的人物都“扼杀已爱”。

普鲁斯特描绘过度的依恋，达到痴迷程度的爱情，但是和坡不一样的是，普鲁斯特也指出了通往智慧、成熟、超然的道路。他描写精神成长，而坡没有。他承受并克服磨难，而坡仅仅承受。

坡能描述恐惧因为他经历过，他能描述精神的不稳定因为他经历过。他害怕孤独，尤其是晚上，如果他晚上写作，他姑妈会坐在一边陪伴。[①] 在他的最后几年，他时而清醒，时而癫狂。坡童年时遭遇的创伤——坡 2 岁时父亲抛弃了他们，3 岁时母亲去世——给他留下了永久的伤痛。

玛丽·波拿巴是拿破仑·波拿巴的后裔，弗洛伊德的弟子，写了一篇有关坡的生平和作品的长文章。她的书能当成是弗洛伊德观点的入门。我建议大家先读坡的《莫尔格街凶杀案》，然后读波拿巴对该书的分析。另一种认识坡的方式是阅读《黑猫》（“The Black Cat”），然后读詹姆斯·加尔（James Gargano）的随笔《〈黑猫〉：堕落的重审》（“‘The Black Cat’: Perverseness Reconsidered”）。[②]

也许波德莱尔（Baudelaire）是坡最出名的学生，他将坡的作品翻译成法语，并帮助坡在欧洲取得人气。坡的病态倾向在波德莱尔心里产生了共鸣，波德莱尔说他喜欢坡，“因为坡和我相像”[③]。读者们经常会喜欢那些感觉起来和自己相似的作家。

坡精神上的不稳定以及嗜酒成性使他英年早逝，他死于 1849 年，年仅 40 岁。去世前不久，他和好友在里士满待了一下午。一颗流星从他头上划过，引发了一个有关征兆的笑话，他死后不久，他

---

① Marie Bonaparte, *The Life and Works of Edgar Allan Poe*, ch. 20, p. 154.

② *Texas Studies in Literature and Language*, Vol. 2, No. 2 (Summer 1960), pp. 172–178.

③ See Louis Untermeyer, *Makers of the Modern World*, “Baudelaire”.

的朋友们都认为那颗流星确实就是一个征兆。[①] 也许那颗流星是人类世界和无生命世界之间联系的一个实例，坡在其《厄舍古屋的没落》这样的书籍中描绘过这种联系。

三十七、惠特曼

沃尔特·惠特曼（Walt Whitman）是最有天赋的美国作家之一，具有独特的原创风格和深刻的神秘世界观。他的代表作《草叶集》（*Leaves of Grass*），开始是短篇，后逐渐成为一个长篇作品。我推荐最初版本，即 1855 年版的《草叶集》，该版由马尔科姆·考利（Malcolm Cowley）编辑，企鹅经典出版。但即使是这本短篇也常晦涩难懂，有些难以阅读。惠特曼在他最顶峰时是最棒的，但他心醉神迷的精彩时刻不能串联成哲学，他的天才飞行之旅也不能形成一个艺术整体。

惠特曼被认为是美国作家的精粹，美国文学在他的作品中首先找到了自己的声音。但是像尼采、叔本华等人一样，惠特曼在国内的声誉没有在国外高。惠特曼有许多著名的 19 世纪的书迷都是英国人——罗塞蒂（Rossetti）、斯温伯尔尼（Swinburne）等。也许惠特曼作品里独特的美国特征在英格兰比在美国更有吸引力、更新鲜、更异域。但是惠特曼的美国同时代人中也有一些人喜欢他的作品，包括爱默生和梭罗。爱默生是第一个赏识惠特曼才华的人，称《草叶

---

① Marie Bonaparte, *The Life and Works of Edgar Allan Poe*, ch. 22, p. 200.

集》“是美国迄今为止所创造的最杰出的才华和智慧……（我）很想安排一下我的工作，然后去纽约拜访你以表达我的敬意”。

惠特曼没有上过大学。10岁时，他成了一名印刷工学徒，12岁时，就开始在印刷厂工作。惠特曼的父母既没文化也不富有。简言之，惠特曼就是有些人所认为的莎士比亚的样子：没有接受过正规教育的一位伟大作家，怀有天赋并受自己的生活经验滋养的伟大作家，因为缺乏正规教育而创造力得以发挥的伟大作家。

也许是教育的缺乏使得惠特曼的语气天真无邪。他和读者之间的联系与其他任何作家都不一样。在他的诗歌《穿越布鲁克林渡口》（“Crossing Brooklyn Ferry”）中，惠特曼对未来读者说话就好像作者和读者在同一间屋子里：

> 你们看着这河流和天空的感觉，我也这样感觉过；
>
> 正如你们每个人都是芸芸众生中的一个，我也曾是其中的一个；
>
> 正如你们为欢腾的河流和闪光的潮水而心情振奋，我也曾经振奋过；
>
> 正如你们靠着栏杆站立，与湍急的河流一道匆匆前行，我也曾在那里站立过；
>
> 正如你们眺望无数船的桅杆和汽船的粗烟筒，我也曾眺望过。

惠特曼是纽约市的诗人，正如梅尔维尔是无边大海的诗人，而吐温是半开化时期的诗人，是密西西比河的诗人一般。

三十八、梅尔维尔

赫尔曼·梅尔维尔（Herman Melville）来自一个历史悠久的名门望族。他的外祖父是萨拉托加之战（the Battle of Saratoga）的英雄之一，而他的祖父则参与了波士顿茶党（the Boston Tea Party）。当梅尔维尔只是个孩子时，家族衰落，迫使他去当海员。他在一艘商船上待了一段时间，又做了一段时间老师，1841 年，他加入了一次捕鲸航行，当时他 21 岁。当船停靠在太平洋的一个岛上时，梅尔维尔离开了船队，并在当地人中短暂生活了一段时间。最终他乘坐一艘军舰回到了美国。

和当地人生活的这段经历为他的第一本书《泰比》（*Typee*）提供了素材，这本书大受欢迎，并让梅尔维尔成为一名家喻户晓的作家。他的第二本书《奥穆》（*Omoo*）继续讲述他的太平洋冒险故事，但没有《泰比》畅销（两本书都被归为小说，但都大量引用了梅尔维尔的亲身经历）。

梅尔维尔获得声望，被称为“在野人中生存过的人”，但是他并不满足，他希望被视为一位严肃的作家，因为他有文学抱负。他的第三本书《玛迪》（*Mardi*）中，故事人物都去当水手，然后开始哲学探讨。评论家们对此嘟囔抱怨，梅尔维尔的名气大受影响。

在他后来的两本书《雷德本》（*Redburn*）和《白外套》（*White-Jacket*）中，梅尔维尔将他崇高的理想暂时搁起，而是设法恢复自己的名气。他谈及这两本书时，称其为“两本为钱而写的书——就像其他男人锯木头一样被迫而为”。《雷德本》取材于他在商船上的经历（梅尔维尔说该书是“垃圾”，他“写这书是为了买烟抽”）。《白外套》取材于他在战舰上的经历。

他的第六本书《白鲸》（*Moby Dick*），是在他 31 岁时完成的，融入了他在捕鲸船上的经历。《白鲸》一书，梅尔维尔不顾当时读者的品位，却得到了不朽的赞誉。该书是他的登峰造极之作——是一部个性、戏剧、象征主义和哲理的混合体。也许他是受与霍桑之间的友谊启发，也许是受启发于他对莎士比亚作品的大量阅读。莎士比亚对梅尔维尔的影响显而易见，体现在他对罪恶、命运和预言的情有独钟。

然而甚至在《白鲸》一书中，梅尔维尔的哲学探讨也略显笨拙，而他的诗歌也有些冗长晦涩。伦纳德·伍尔夫（Leonard Woolf）说梅尔维尔书写出了“最恶劣的英语”，伯纳德·德沃托（Bernard Devoto）说：“尽管梅尔维尔能写出精彩的诗歌，但他的书常会陷入激情澎湃，眼花缭乱的空谈。”①

公众对《白鲸》反应冷淡，就如对《玛迪》一样。梅尔维尔的下一本小说《皮埃尔》（*Pierre*）所得到的反应甚至更冷淡，32 岁时，他的文学生涯举步维艰。尽管他又写了两部小说——《伊斯雷尔·波特》（*Israel Potter*）和《骗子》（*The Confidence Man*），但他后期作品多为诗歌和短篇小说。

---

① See Devoto's essay in *Twentieth Century Interpretations of Adventures of Huckleberry Finn*.

也许他最著名的小说是《书记员巴特尔比》（“Bartleby, the Scrivener”）。梅尔维尔因其作品所受的批评而受到打击，在《书记员巴特尔比》中，他描写了一位拒绝写作的书记员。

72 岁时，梅尔维尔去世，并在书桌上留下了他的手稿——小说《水手比利·巴德》（*Billy Budd*），该书是他最受赞誉的作品之一。他去世的时候，在美国没有人记得他，但在英国还有一些仰慕者。他在美国的名声到 20 世纪 20 年代逐渐壮大，那时美国正意识到自己是一个独特的文明，美国文学正开始在美国各大学得以教授，学者们也开始寻找能代表美国文明的作家。

我强烈推荐爱德华·艾丁格关于《白鲸》的荣格心理学研究著作，这是一本精彩的文学分析书，也是很好的心理学入门书。如果你想读梅尔维尔的传记，可以考虑安德鲁·德尔班科（Andrew Delbanco）的《梅尔维尔：他的世界和作品》（*Melville: His World and Work*）。

在梅尔维尔最后几年，他在书桌上一直放着席勒的一句话：“永远忠于你年轻时的梦想。”年轻时的梅尔维尔梦想文学的不朽，并努力实现这一梦想，现在他已拥有了他所追求的不朽。今天许多读者欣赏梅尔维尔的机智、学识和活力。

三十九、马克·吐温

马克·吐温（Mark Twain）是最受欢迎的美国作家之一，每个人都喜爱像《汤姆·索亚历险记》（*Tom Sawyer*）、《哈克贝利·费恩历险记》(*Huck Finn*)及《傻瓜威尔逊》(*Pudd'nhead Wilson*)这样的小说。除了撰写小说，吐温也写了许多让人喜爱的短篇小说及许多游记。吐温吸引着那些想要重新找回少年时代精神的成年人，吸引着那些想重新找回未开化世界精神文明的读者。他无忧无虑、极富幽默感，以至于很容易让我们将其等闲视之，而忘记他是有宏伟抱负和杰出才能的。

吐温生于1835年，在密西西比河上的密苏里州汉尼拔长大（汉尼拔是吐温最负盛名的作品《汤姆·索亚历险记》和《哈克贝利·费恩历险记》的背景环境）。他的父亲是一个小镇的律师和法官。他的哥哥创办了《汉尼拔杂志》(*Hannibal Journal*)，吐温12岁时就开始给报纸写稿。像惠特曼一样，吐温学会了排字和印刷工艺。18岁至22岁之间，吐温在纽约、费城、圣路易斯和辛辛那提四个城市做过印刷工。

当他重返密苏里时，遇见了一位汽船船长，于是决定也做一名船长。"吐温用两年多的时间研究学习了2000英里的密西西比河，然后于1859年拿到汽船船长执照。"[①] 他在水上的工作经历是其作品《密西西比河上的生活》(*Life on the Mississippi*)的依据。

吐温说服弟弟也学习驾船。弟弟在一次汽船爆炸事故中遇难了。在遇难前一个月，吐温做了一个有征兆的梦。他于是对神秘学产生了浓厚的兴趣，倾向于相信来生之说，并成为心灵研究学会的早期成员（该研究学会的成员包括威廉·詹姆斯、亚瑟·柯南·道尔、叶芝和荣格）。

---

① Wikipedia article on Twain.

内战爆发后，河道交通减少，因此船只驾驶员的需求也减低了。所以 26 岁的吐温和哥哥一起踏上了西去之路。他试过做矿工，也为各类报纸写过故事和游记。他的西部冒险给《艰苦岁月》（*Roughing It*）注入了灵感。他的第一部成功之作是《卡拉韦拉斯县驰名的跳蛙》（"The Jumping Frog of Calaveras County"，1865）。

1866 年，一家加利福尼亚报社派他去夏威夷采访。很快他就开始向他人介绍自己的游历。1867 年，一家报社资助了他一次欧洲和中东之旅，该旅行成为作品《傻瓜国外旅游记》（*Innocents Abroad*）的写作基础。第二次欧洲之行是《国外旅游记》（*A Tramp Abroad*）的依据。他于 1870 年结婚，在纽约的水牛城一家报社工作了两年，然后搬到哈特福特（Hartford），他和家人在哈特福特居住了 17 年之久（他在哈特福特的旧宅现在是一个博物馆）。

吐温不仅是位幽默作家，对历史也感兴趣，无数次阅读卡莱尔的《法国革命》（*French Revolution*），写了一本关于圣女贞德的严肃的书，他将此书视为自己的最佳作品（《贞德传》，*Personal Recollections of Joan of Arc*）。他对莎士比亚的争议很感兴趣，像惠特曼一样，他相信这位来自斯特拉特福德（Stratford）的人并不是真正的作家。他对科学感兴趣，经常参观尼古拉·特斯拉（Nikola Tesla）实验室。在小说《亚瑟王宫廷的康涅狄格州的美国佬》（*A Connecticut Yankee in King Arthur's Court*）中，他描绘了一位向中世纪社会介绍现代科学的时间旅行者。他获得了多项发明专利，"取得最大商业成功的是一个自粘剪贴本，页面上的干胶黏剂只需在使用前弄湿即可"。

吐温试图推出一台自动排版机却一败涂地，负债累累。他还在一家出版企业亏了钱（和沃尔特·斯科特一样）。为了偿还债务，他作世界巡回演讲（弗洛伊德在维也纳听过他的演讲）。此次演讲之旅成为他的另一本游记《赤道漫游记》（*Following the Equator*）的依据。

随着年龄的增长，他的政治见解变得更激进。他批评传教士和帝国主义者，捍卫本国人民的权利。他批评美国在菲律宾的政策，支持俄罗斯的暴力革命。他还支持妇女的权利和工会组织。

1909 年，吐温说："1835 年我随哈雷彗星而来。明年他会再度光临，我希望能随其一起离去。若我不能同哈雷彗星一起离开，那将会是我人生中最大的遗憾。主无疑说过：'现在有这样两个不可理喻的怪胎；他们同来，也必须同去。'"他死于 1910 年，彗星划过的第二天。他的两部小说《王子和贫儿》（*The Prince and the Pauper*）和《傻瓜威尔逊》探讨了同一天出生的人之间的神秘联系。他去世后 100 年（正如他所规划的），即 2010 年他的自传得以出版发行，并成为一本畅销书。

他的真名叫塞缪尔·克莱门斯（Samuel Clemens），其笔名"马克·吐温"是一种常见的航运表达方式，意思是指水深安全在测深线的第二个标记处（第二个标记处是 2 英寻，或者 12 英尺）。吐温在纽约州埃尔米拉市（Elmira）的墓穴有 12 英尺高的墓石。

四十、亨利·亚当斯

亨利·亚当斯（Henry Adams）出生于一个产生过总统和大使的杰出家族，是美国最重要的文学家之一。他周旋于政界、文化界、社会各界。他熟悉权力手段，是位经验丰富的记者，并富有旅行经验。他在几种不同的文学流派中都取得了荣誉。他撰写的有关 19 世纪初的美国历史受到高度重视，他写了两本小说《民主》(*Democracy*) 与《艾舍尔》(*Esther*)，撰写了一部关于中世纪的文化研究作品《圣米歇尔和查特斯修士》(*Mont Saint Michel and Chartres*)。但他主要被人们铭记的作品是他的自传《亨利·亚当斯的教育》(*The Education of Henry Adams*)。他人生最伤心的事就是他妻子克鲁瓦（Clover）在 42 岁时自杀了（她在父亲去世后变得郁郁寡欢）。克鲁瓦吸引了很多人。约翰·海伊（John Hay）在给亚当斯的一封信中这样描述了她：

> 她那聪明勇敢的精神，敏锐的高智商，蔑视一切卑劣的傲气，以及社交魅力让府上成为华盛顿前所未有的地方，也让数百人爱她，崇拜她。

很明显，亨利·詹姆斯也迷上了克鲁瓦，并用她作为其作品《黛丝·米勒》(*Daisy Miller*) 和《贵妇画像》(*Portrait of a Lady*) 中女主人公的原型。

四十一、亨利·詹姆斯

像亨利·亚当斯一样，亨利·詹姆斯（Henry James）出生于一个富有显赫的美国家庭。亚当斯的哥哥布鲁克斯（Brooks）是位杰出的文人，同样，詹姆斯的哥哥威廉也是一位著名的哲学家、心理学家。和其读者比较，亨利·詹姆斯更受评论家的欢迎。评论家称赞他后期的三部小说：《金钵记》（*The Golden Bowl*）、《奉使记》（*The Ambassadors*）和《鸽之翼》（*The Wings of the Dove*）。而读者却更喜欢其早期作品如《华盛顿广场》（*Washington Square*）和《黛丝·米勒》。他的这些早期作品风格较后期作品更清晰、更可读。也许詹姆斯的最佳小说是他中年时的作品《贵妇画像》，该书深受评论家及读者的喜爱。詹姆斯大部分成年生活是在英格兰度过的，美国人在欧洲的遭遇是他小说里的重复主题。

詹姆斯生前，人们对其作品褒贬不一。1890 年，他的小说《悲剧缪斯》（*The Tragic Muse*）没有得到响应。他发誓放弃小说创作，转而开始戏剧写作。但是 1895 年，当他的戏剧《盖伊·汤姆维尔》（*Guy Domville*）没有引起反响之后，他又重拾小说创作之笔。詹姆斯还是一位多产的非小说类文学作家，他尝试写过自传（曾写了三卷自传），旅游文学（《意大利时间》现在仍受欢迎，*Italian Hours*），以及文学评论。他的《小说艺术》（*Art of Fiction*）经常被引用，他曾以一本书的篇幅研究霍桑。

四十二、杰克·伦敦

杰克·伦敦（Jack London）是美国的冒险家，于 1876 年出生于加利福尼亚州。他的大部分时间都在文明的边缘度过，他的许多书与阿拉斯加和夏威夷有关。他关注人与动物之间、人与元素之间的争夺——生存之争。他的小说情节紧凑、咄咄逼人，与当代读者产生了共鸣。后来，他因给杂志写稿而变得富有。随着年龄的增长，他开始为钱写作，他剽窃其他作家的素材，而其作品质量也下降了。他在 40 岁时就死了。伦敦的评论家坚持认为他的小说只是一系列的剧集，而非一个有机整体。他最闻名的作品有《野性的呼唤》（*The Call of the Wild*）、《海狼》（*The Sea-Wolf*）、《白牙》（*White Fang*）和自传式作品《马丁·伊登》（*Martin Eden*）。他对神秘学感兴趣，其小说《星空漫步者》（*Star Rover*，或名为《幻灵夹克》，*The Jacket*）就涉及了化身和离体体验。

四十三、海明威

也许最后一代伟大的美国作家是海明威（Hemingway）、福克纳和沃尔夫这一代人。有些人把斯科特·菲茨杰拉德（F.Scott Fitzgerald）和约翰·多斯·帕索斯（John Dos Passos）这两个名字加入这个三人组合。海明威 20 多岁时就是个名人。他的自由风格吸引了其同时代人，他的冒险生活捕获了公众的幻想。但是他风格的新颖性逐渐淡化，作品中绝望的语调使一些读者渐失兴趣，他的一些后期作品，如《渡河入林》（*Across the River and Into the Trees*），受到评论家严厉批评。“我不喜欢海明威”，这样的话逐渐变得普遍。

但是只要人们关注他最好而非最坏的作品，关注他的优点而非弱点，海明威的声望无疑会恢复的。他曾是一位伟大的文学家，一个去过很多地方，有着丰富经验和感受的伟大的记者。T. S. 艾略特说，他“相当敬重”海明威的作品，因为“在我看来他谈论自己当时当下的真实感受”。[①]乔伊斯高度称赞海明威的书是“一个洁净、明亮的地方”，并称其为史上最好的短篇小说之一。

海明威的《老人与海》(*Old Man and the Sea*)是一部伟大的中篇小说，也许比《白鲸》还要好。海明威的散文比较简洁，比梅尔维尔的散文要出众一些。他的故事也比梅尔维尔的故事要更能打动人心。《老人与海》中的老人，圣地亚哥(Santiago)热爱并敬重大鱼。因此，该书和《白鲸》截然相反，《白鲸》中的亚哈(Ahab)憎恨白鲸而最终耗尽生命。圣地亚哥对海洋生物有些许敬爱，他称之为“兄弟们”，而亚哈对整个世界深恶痛绝。海明威的中篇小说是现实和虚构的完美结合。而梅尔维尔也许是一位更入木三分的作家——他擅长微妙的心理描写，擅长营造玄秘的意境。海明威的英雄是我们这个时代的英雄：他没有高贵的出身或是极高的天赋；而是一名普通人，一名工人，通过自己的坚持，以不屈不挠的精神，接受苦难从而取得成功。海明威和梅尔维尔两人都从真实事件中编写故事，都将事实一再拉伸发展到极致，但也都把故事编得“听起来真实可靠”。海明威崇拜康拉德，他的《老人与海》也许受过康拉德的小说《青春》(“Youth”)的启发。

作为文体家，海明威旨在简单和真实。他的风格是典型的现代风格，因为它缺乏文章结构、语法结构、语法清晰度。只要他的措辞清晰、真实，他不在意如何把它们糅进文章里，或者它们如何

① Quoted in *Hemingway and Faulkner in Their Time*, by Earl H. Rovit and Arthur Waldhorn.

用语法来串联。人们可能会归因为对拉丁语研究的淡薄，或是受新闻业的影响（海明威本人是名记者）。举个例子，我们来看看海明威描写麦康伯夫妇（Mr. and Mrs. Macomber）和他们的向导威尔逊（Wilson）同行的文字："她窝在座位里，而麦康伯前倾坐着跟威尔逊交谈，威尔逊侧着身子，隔着椅背说话。"请注意这些词语如何不顾语法结构混在一起，但总体效果是清晰和生动的。这个句子很难图解出来，并且说出每个单词的语法功能，但这句子不难理解。海明威喜欢简单，他批评梅尔维尔和梭罗的作品太书面化。

海明威不像卡夫卡那样用想象写作。他写自己的真实经历，他写自己还是孩子时在密歇根度过的几个夏天，写他"一战"时在意大利前线的经历，写他在法国的岁月（他在法国认识了格特鲁德·斯泰因、埃兹拉·庞德以及其他作家），写西班牙和西班牙内战，写非洲之旅、佛罗里达群岛和古巴。海明威沉浸在死亡和暴力中，常会描写战争、斗牛和狩猎。1961 年，他 62 岁，当时他的身体受了伤，记忆开始减退，于是他举枪自杀。

如果你想读更多有关海明威的作品，可以考虑普林斯顿大学教授卡洛斯·贝克（Carlos Baker），他的作品有海明威传记、评论以及书信选。最翔实的海明威传是迈克尔·雷诺兹（Michael Reynolds）写的一部五卷作品。著名的美国评论家都写海明威，例如，阿尔弗雷德·卡津（Alfred Kazin）在《在本土上》（*On Native Grounds*）、埃德蒙·威尔逊在《创伤与箭》（*The Wound and the Bow*）、莱斯利·菲德勒（Leslie Fiedler）在《美国小说中的爱与死亡》（*Love and Death in the American Novel*）中都写到海明威。

如果你想快速了解海明威，可以读他的短篇小说《杀手们》（“The Killers”）和罗伯特·佩恩·沃伦（Robert Penn Warren）与克林斯·布鲁克斯（Cleanth Brooks）关于该书的评论文章。书和文章都可以在《小说鉴赏》（*Understanding Fiction*）中找到，《小说鉴赏》是由沃伦和布鲁克斯编选的一部优秀短篇小说及其评论集。《诗歌鉴赏》（*Understanding Poetry*）是由两人编选的另一部值得关注的文集。沃伦凭借自身能力成为一位杰出诗人和小说家，代表作是《国王的人马》（*All the King's Men*），该书主角是路易斯安那州的政客休伊·朗（Huey Long）。布鲁克斯是一位杰出的评论家，曾写过数篇极受好评的有关诗歌的研究性文章。

四十四、托马斯·沃尔夫

沃尔夫（Thomas Wolfe）早亡，似乎有一个黑暗命运笼罩着他，他的生活紧迫而狂野；他于 1938 年去世，年仅 37 岁。海明威的风格是悠闲平淡，而沃尔夫的是浪漫诗意。海明威旨在实话实说，而沃尔夫倾向夸张表达。沃尔夫写得最多的城市是海明威不喜欢的地方纽约。尽管他英年早逝，但沃尔夫的作品比海明威或福克纳的基调更积极肯定。海明威有时绝望，但沃尔夫没有时间绝望，沃尔夫就像一个不得不很快离开这个世界的人一样喜爱这个世界。他甚至热爱死亡，就像神秘主义者有时候的那样。沃尔夫接纳世界万物。

沃尔夫打动人的地方是他的主观性，他对自己灵魂需求的专注。但他对外部世界也很了解，创造了许多让人记忆深刻的人物和场景。福克纳称沃尔夫为当时美国最佳小说家。对于描写生命的奇迹，没人能超过沃尔夫。然而，评论家们对沃尔夫常常态度冷淡，也许是因为他的作品比结构更富激情。

如果你想阅读沃尔夫的书，我推荐他第一部也是最著名的一部小说《天使，望故乡》（*Look Homeward, Angel*），该书说的是他早年在北卡罗来纳州阿什维尔市的生活，以及他在北卡罗来纳大学的生活。沃尔夫也写了几部优秀的短篇作品，如《迷失的男孩》（“The Lost Boy”）和《大地之网》（“The Web of Earth”）。如果你想阅读沃尔夫传，可以考虑著名的林肯州传记作家戴维·赫伯特·唐纳德（David Herbert Donald）撰写的《望故乡》（*Look Homeward*）。也可考虑沃尔夫自己的自传体作品，如《上帝的孤独人》（“God's Lonely Man”）和《一部小说的故事》（*The Story of a Novel*）。如果你想读一篇关于沃尔夫的优秀评论，我建议《托马斯·沃尔夫与死亡》（“Thomas Wolfe and Death”）。[①]

沃尔夫预料自己会早早过世：“深夜有人和我交谈，要我燃烧生命最后的火焰；深夜有人和我交谈，说我一定会死……风渐起，川遂流。”

四十五、福克纳

福克纳（Faulkner）的作品比海明威和沃尔夫的作品更加晦涩难

---

① *Thomas Wolfe: Three Decades of Criticism*, edited by Leslie A. Field, “Thomas Wolfe and Death,” by J. Russell Reaver and Robert I. Strozier.

懂。他不像海明威和沃尔夫那样快速成名，但他的风格很符合现代品位，至少今天他的名气和海明威或沃尔夫是等同的。福克纳的名气延展至欧洲，他的书迷中有法国哲学家萨特。萨特说绝望是福克纳作品的显著基调——对过去的痴迷，而无法看见未来。萨特说福克纳是“一个迷失的人”，就像格特鲁德·斯泰因（Gertrude Stein）告诉海明威他的年代是“迷失的一代”。

沃尔夫关注自己的灵魂，而福克纳望向外面的世界，试图描写他在故土密西西比所认识的人。他的早期作品和晚期作品都没有受到高度评价。他最好的作品都是写在中期的，如《喧哗与骚动》（*The Sound and the Fury*）、《八月之光》（*Light in August*）及《押沙龙，押沙龙！》（*Absalom, Absalom!*）。

福克纳创作《喧哗与骚动》时很投入，如果读者能克服一开始的障碍，就可以从中得到很多乐趣。我推荐诺顿评述版，还有沃尔普（Volpe）的书《威廉·福克纳的读者指南》（*A Reader's Guide to William Faulkner*）。有了这些书的帮助，《喧哗与骚动》中的难点就能冰消雪融。福克纳把每天的生活描写得很生动，这使得他的人物比真人还要真实。

四十六、弗兰纳里·奥康纳

像福克纳一样，弗兰纳里·奥康纳（Flannery O'Connor）也来自南方，写的也是关于南方的生活。奥康纳是爱尔兰天主教徒，有坚定的宗教信仰。但她极具幽默感，作品的可读性强，她既是一位真正的艺术家，也是一名真诚的信徒。奥康纳用暴力和迫近的死亡将自己的故事人物——或许还有她的读者——从他们的精神麻木状态中唤醒。奥康纳一生饱受死亡的威胁：她患有狼疮，并于 39 岁去世。

尽管她著有两部长篇小说，但她的短篇小说更负盛名，且《短篇小说全集》(*Complete Stories*) 在 1972 年荣获“美国国家图书奖”。她的代表作是《好人难寻》(“A Good Man Is Hard to Find”)。但也许了解奥康纳最好的途径是阅读《虚假黑鬼》(“The Artificial Nigger”)，然后读乔伊斯·卡罗尔·欧茨（Joyce Carol Oates）就此书写的一篇评论。[①]

四十七、洛夫克拉夫特

霍华德·菲利普斯·洛夫克拉夫特（Lovecraft）是个独子，也是个多病的孩子，很少上学，他的母亲常在家伴其左右。他高中没读完，除了写作再没其他职业。“成人洛夫克拉夫特枯瘦憔悴，一双乌黑的眼睛嵌在毫无血色的脸上（他很少在黄昏前出门）。”[②] 他阅读广泛，坡是其最喜爱的作家之一，他也阅读尼采的书。他大部分时光是在罗德岛的普罗维登斯度过的。他大部分时间独居，不过他有一个庞大的通信网络，其中许多人是同行，恐怖及奇幻作家。据说除

① “The Action of Mercy,” Joyce Carol Oates, *The Kenyon Review*, Winter, 1998, pp. 157–160.

② Wikipedia article on Lovecraft.

了伏尔泰，他写信的数量是历史上最多的。

一位名为 S. T. 乔西（S. T. Joshi）的洛夫克拉夫特学者从洛夫克拉夫特的信件中创作了一本书《一个可见世界的主：书信里的一部自传》（*Lord of a Visible World: An Autobiography in Letters*）。乔西还编辑了一本名为《深不可测的洞穴：洛夫克拉夫特的十八篇回忆》（*Caverns Measureless to Man: 18 Memoirs of Lovecraft*）。同时，乔西写了两卷本洛夫克拉夫特传《我是普罗维登斯：H. P. 洛夫克拉夫特的人生》（*I Am Providence: The Life and Times of H. P. Lovecraft*），原版一卷名为《H. P. 洛夫克拉夫特的人生》（*H. P. Lovecraft: A Life*），也出版了缩减版名为《一位梦想家和空想家：当年的 H. P. 洛夫克拉夫特》（*A Dreamer & A Visionary: H. P. Lovecraft in His Time*）。

老一辈作家像塞万提斯、菲尔丁和狄更斯为大众创作，而现代小说在文化素养高的人和文化素养一般的人之间分离。像普鲁斯特和乔伊斯这样的高雅作家对读者要求很多，而像洛夫克拉夫特和罗伯特·E. 霍华德（Robert E. Howard）这样的通俗作家甚至更受青少年的喜爱。洛夫克拉夫特从不写长篇小说；他为《怪谈》（*Weird Tales*）和《惊奇故事》（*Amazing Stories*）这样的通俗杂志写短篇和中篇小说。

洛夫克拉夫特的故事受早前恐怖作家的启发，如坡，也来源于他自己内心邪恶的灵感。

> 在 8 岁时就被焦虑之情征服……年轻时就开始，人们相信洛夫克拉夫特夜晚受过惊吓……他认为自己晚上被可怕的“夜

间孤魂”吓过。他的许多后期作品被认为都是直接来源于这些恐惧。①

洛夫克拉夫特对普罗维登斯有深厚的感情，对其地点、历史以及建筑有很强的感受，他写出华丽的散文，小说也引人入胜。像罗斯金（Ruskin）一样，洛夫克拉夫特喜爱老旧，反感新鲜。有时他称自己为“古文物研究者”。他发行了 13 期自己的杂志，名为《保守派》（*The Conservative*）。洛夫克拉夫特赞成斯宾格勒，认为现代西方世界是颓废的，维基百科提到了他的“反现代世界观”。

洛夫克拉夫特于 1937 年死于癌症，年仅 46 岁。“由于他终身对科学的好奇，他将自己直到临终前的病情记录在了日记里。”他对科学的爱好在小说中可见一斑，他常嘲笑“大众迷信”，试图用物质解释鬼魂和其他神秘现象。

洛夫克拉夫特和两位著名的恐怖 / 幻想作家罗伯特·E. 霍华德和克拉克·阿什顿·史密斯（Clark Ashton Smith）通信。他们从未谋面，也许是因为洛夫克拉夫特住在普罗维登斯，而霍华德住在得克萨斯，史密斯在加利福尼亚。霍华德因野蛮人柯南相关小说而闻名。

L. 斯普拉格·德·坎普（L. Sprague de Camp）撰写了洛夫克拉夫特和霍华德的传记，并继续编写霍华德的作品，如《柯南历险记》（*Conan the Adventurer*）。德·坎普写过几部历史小说，如《伊斯塔门的龙》（*The Dragon of the Ishtar Gate*）。他的许多书是和妻子凯瑟

① Wikipedia article on Lovecraft.

琳·克鲁克·德·坎普（Catherine Crook de Camp）合作完成的。

洛夫克拉夫特有篇散文名为《文学里的超自然恐怖》（“Supernatural Horror in Literature”），研究了这一流派的发展。埃德蒙·威尔逊说洛夫克拉夫特的文章“确实是有才之作……他在该领域阅读全面——善于哥特式小说风格——作品里尽显其才智”。洛夫克拉夫特这样开始他的文章：

> 人类最古老最强烈的情感是恐惧感，而最古老最强烈的恐惧感是对未知的恐惧。没有心理学家会争论这些事实，而为了一直以来这个离奇可怕的故事的真实性和尊严，他们所承认的事实必须以一种文学形式确定下来。

洛夫克拉夫特讨论了神怪小说的四位“现代大师”：洛德·邓萨尼（Lord Dunsany）、蒙塔古·罗德斯·詹姆斯（M.R.James）、亚瑟·梅琴（Arthur Machen）以及阿尔杰农·布莱克伍德（Algernon Blackwood）。

四十八、邓萨尼和托尔金等

邓萨尼（Dunsany）也许是唯一一位像坡一样影响过洛夫克拉夫特的作家。洛夫克拉夫特谦虚地写道：“作品中有‘坡’的部分也有‘邓萨尼’的部分——但哎呀——我洛夫克拉夫特的部分在哪里呢？”邓萨尼出生于一个爱尔兰贵族家庭，多年生活在1080年建成的爱尔兰最古老的邓萨尼城堡中。他是爱尔兰文学复兴的一部分，他向艾比剧院进行捐赠，同叶芝、格雷戈里夫人（Lady Gregory）、培德莱克·科拉姆（Padraic Colum）、乔治·威廉·罗素（George William Russell，“A. E.”）、奥利弗·圣·约翰·戈加蒂（Oliver St. John Gogarty，“Buck Mulligan”）等是朋友。他的青春时代在英格兰和爱尔兰度过，他有些亲戚是英国人。在邓萨尼晚年，他多数时间生活在英格兰，在那里和吉卜林为友。邓萨尼热爱狩猎和运动，他参加了布尔战争和第一次世界大战。

邓萨尼的小说《精灵王之女》（*The King of Elfland's Daughter*），根据维基百科，该书“被许多人认为是邓萨尼最好的小说，也是奇幻小说领域的经典之作”。有时被归类为奇幻小说家的乔治·路易斯·博格斯（Jorge Luis Borges）将邓萨尼和卡夫卡相提并论。洛夫克拉夫特听过邓萨尼的演讲，印象深刻。罗伯特·E. 霍华德也是邓萨尼迷。邓萨尼发起了“俱乐部故事”——在一家绅士俱乐部说些荒诞不经的故事，这些故事收录在了《约瑟夫·乔肯斯先生的旅行故事》（*The Travel Tales of Mr. Joseph Jorkens*）和其他书中。科幻小说作家亚瑟·查尔斯·克拉克（Arthur C. Clarke）撰写了受邓萨尼启发的《俱乐部故事》（“Club Tales”），并收录在《白公鹿故事集》（*Tales from the White Hart*）。L. 斯普拉格·德·坎普同弗莱彻·普拉特（Fletcher Pratt）合作完成关于俱乐部故事的书《加瓦根酒吧的故事》（*Tales From Gavagan's Bar*）。

也许所有奇幻作家中最受欢迎的是约翰·罗纳德·瑞尔·托尔金（J. R. R. Tolkien），代表作是《指环王》三部曲。托尔金是牛津大学盎格鲁－撒克逊文学教授，他的学生们说听他背诵《贝奥武夫》（*Beowulf*）是“难忘的经历”。他和 C. S. 刘易斯是密友，刘易斯也是牛津大学教授，奇幻作家。托尔金和刘易斯都是虔诚的基督徒，托尔金是天主教徒，刘易斯是英国国教徒。托尔金的《指环王》很多部分都是在“二战”时期创作的，托尔金说该书“因战争而得以加快完成”，他称自己的作品是“一部指环的伟大战争史”。在托尔金的三部曲中，夏尔城和魔多城大战，就像英格兰对战纳粹德国一样。

对托尔金和刘易斯都产生影响的是前辈奇幻作家乔治·麦克唐纳（George MacDonald）。麦克唐纳的朋友有马克·吐温、约翰·罗斯金、沃尔特·惠特曼及其他杰出作家；他也是刘易斯·卡罗尔的导师。麦克唐纳因其奇幻小说和童话故事具有精神指导性而在当时家喻户晓。曾经一时，麦克唐纳担任部长一职，他的一些作品涉及基督教主题。麦克唐纳说：“我不是为孩子写作，而是为那些有着童心的人写作，不论他们是 5 岁，或是 50 岁，或是 75 岁。”他的两个最有名的故事是《金钥匙》（“The Golden Key”）和《智慧女人》（“The Wise Woman”）；他的两本最出名的小说是《李莉斯》（*Lilith*）和《公主与哥布林》（*The Princess and the Goblin*）。

刘易斯·卡罗尔的作品深受儿童和成人的喜爱。卡罗尔的著名故事《爱丽丝梦游仙境》（*Alice's Adventures in Wonderland*）和《走到镜子里》（*Through the Looking Glass*），结合了疯狂的幻想和精明的机智。我推荐马丁·加德纳的注释版《爱丽丝》，或诺顿评述版《爱丽丝》。

四十九、克拉克和海莱茵

亚瑟·查尔斯·克拉克（Arthur C. Clarke）受邓萨尼的奇幻小说和赫伯特·乔治·韦尔斯的科幻小说影响。克拉克出生在英格兰，也在那里长大，但成年后，为了他喜爱的潜水运动，很多时间在斯里兰卡度过。克拉克最受赞誉的小说中有《童年的终结》（*Childhood's End*）和《与拉玛相会》（*Rendezvous With Rama*）。小说中，克拉克预测优等种族由于接触先进的外星文明会演变。克拉克也撰写非小说类作品，如《太空的承诺》（*The Promise of Space*）。克拉克对佛教和超自然现象很感兴趣。

另一位知名的科幻小说家是罗伯特·海莱茵（Robert Heinlein）。海莱茵在密苏里长大成人，后来多数时光在加利福尼亚度过。他最负盛名的作品有《异乡异客》（*Stranger in a Strange Land*）、《严厉的月亮》（*The Moon Is a Harsh Mistress*）和《爱情尚早》（*Time Enough for Love*）。海莱茵是裸体主义者，是自由恋爱的倡导者，他的作品很受20世纪60年代嬉皮士的欢迎。他是将社会理论和硬科学混合的“社会科幻小说”的先驱。像克拉克一样，海莱茵也能预测技术对社会的影响，他“预见到州际高速（《让道路滚动不息》，*The Roads Must Roll*）、忧虑核能发电（《爆炸总会发生》，*Blowups Happen*）、描写国际原子能僵局（《不如人意的方案》，*Solution Unsatisfactory*，即冷战），还有许多其他次要点的书”。海莱茵为年轻读者创作了许多书。一些美国宇航员年轻时阅读海莱茵的书，后来登陆月球时还引用他的语句。

五十、亚瑟·梅琴和阿尔杰侬·布莱克伍德

洛夫克拉夫特最喜欢的作家之一是亚瑟·梅琴（Arthur Machen）；洛夫克拉夫特欣赏梅琴“精通抒情和富有表现力的散文风格”。洛夫克拉夫特的小说《敦维奇小镇的恐怖》（“The Dunwich Horror”）就是受梅琴的中篇小说《大神潘恩》（*The Great God Pan*）影响。史蒂芬·金（Stephen King）称梅琴的中篇小说“也许是英语中最好的恐怖故事”。梅琴其他的崇拜者中有王尔德、叶芝、亚瑟·柯南·道尔、阿莱斯特·克劳利（Aleister Crowley）和博格斯（Borges）。通过博格斯，梅琴影响了魔幻现实主义。

梅琴的自传体小说《梦之丘》（*The Hill of Dreams*）常被誉为他的杰作。这部小说中，一位年轻的梦想家想象罗马时期的威尔士，之后他到伦敦碰碰他当作家的运气。梅琴来自威尔士（蒙茅斯郡），他对这个地方很有感情，常把小说背景设置在这里。

梅琴接受神秘学，鄙视理性主义和唯物主义。他是“金色黎明的赫尔墨斯教团”（The Hermetic Order of the Golden Dawn）的成员，该教团产生于共济会（Freemasons）和玫瑰十字会（Rosicrucians）。该教团其他成员包括叶芝、布莱姆·斯托克和阿尔杰农·布莱克伍德（Algernon Blackwood）。

洛夫克拉夫特是布莱克伍德的书迷，并说“阿尔杰农·布莱克伍德诸多水平参差不齐的作品中也许能找到他这个时代或任何一个

时代最好的鬼怪文学”。布莱克伍德热衷野外生活，喜爱滑雪、爬山等。他最著名的小说之一《柳树》（“The Willows”）是关于多瑙河上的一次独木舟之旅的。他特别喜欢瑞士的阿尔卑斯山，所以死后他的骨灰就撒在那儿。

像坡和叔本华一样，布莱克伍德认为神秘学揭秘了现实的一个新方面，导致了一个新世界观以及人类文化的变革。布莱克伍德写道：

> 我想我最根本的兴趣就是藏匿于我们所有人之中的其他力量的迹象和证据；换句话说，就是人类能力的延伸……我相信我们的意识可能会改变并发展，有了这样的变化，我们可能会认识到一个新的世界。

根据维基百科，布莱克伍德的小说《朱利叶斯·瓦隆》（*Julius LeVallon*）和《聪明的信使》（*The Bright Messenger*）都是“关于轮回转世，以及人类意识可能有一个全新神秘演化”的作品。亨利·米勒称《聪明的信使》是“精神分析方面最杰出的小说，让其主题相形见绌”。布莱克伍德是位深刻的思想家，他能照亮人性，阐明神秘学。

五十一、塞林格和约翰·威廉姆斯

生活在读者时空的极富想象力的作家有着一种魅力，这是来自不同时空的作家，无论他们有多伟大也都无法拥有的魅力。生活在读者时空的作家能和读者的亲身经历产生联系，能描述出读者熟悉的世界，能用读者的语言说话。现代美国最有想象力的作家之一就是杰罗姆·戴维·塞林格（J. D. Salinger）。塞林格早期的作品《故事九篇》（*Nine Stories*）和《麦田里的守望者》（*The Catcher in the Rye*）质量都很高；但其后期作品，如《哈普华兹 16 号，1924 年》（*Hapworth 16, 1924*），有些令人失望。

塞林格有些早期作品是他在“二战”期间当兵时写的。塞林格同时代作家约翰·威廉姆斯（John Williams），畅销小说《斯通纳》（*Stoner*）的作者也是同样情况。塞林格使用通俗语，而威廉姆斯则用简单、直接的语言。塞林格成长于纽约及纽约预备学校，而威廉姆斯成长于得克萨斯州，小说《斯通纳》有着普莱恩斯市的气息。塞林格是位隐士，而威廉姆斯是丹佛大学的英文教授，《斯通纳》的主角是位大学教师。塞林格的作品处处幽默，而威廉姆斯的小说缺乏幽默，情节简单。然而，威廉姆斯的作品有趣、可读、感人。阅读《斯通纳》，会让人忘了这是一本小说，好像比真实生活更真实，人们能和故事人物产生联系，好像他们真实存在。评论家莫里斯·迪克斯坦（Morris Dickstein）评价《斯通纳》“比一部经典小说还要珍贵——是一部完美的小说，情节曲折，语言优美，感人至深，让人惊艳”。除了《斯通纳》，威廉姆斯还创作了历史小说《奥古斯都》（*Augustus*），该书是 1973 年美国国家图书奖的并列获奖作品，还写了《屠夫十字镇》（*Butcher's Crossing*），该书以拓荒时代的堪萨斯州为背景。

五十二、美国批评家

诺曼·波德雷兹（Norman Podhoretz）是美国评论家和散文家。波德雷兹写了一本书，名为《血腥十字路口：文学与政治交汇的地方》（*Bloody Crossroads: Where Literature and Politics Meet*），其中介绍了一些当代作家的精美文章，如索尔仁尼琴、昆德拉和基辛格。波德雷兹是少数几个可以被称为学者的美国作家之一，他为普通读者而非学者创作，他从作者和读者两个角度注意写作风格。他是最初的新保守主义者之一，有时他的政治观点会影响他的文学，比如在他关于希伯来先知的书中，他就对当代政治发表言论。在我们这个时代，文化往往被右派和左派政治化。智力生活的政治化被称为“知识分子的叛国”。

波德雷兹从号称美国知识分子领军者之一的莱昂内尔·特里林借用了短语“血腥十字路口”。特里林比任何一位美国作家都要敬重文学价值，他试图指出一条通往健康文学生态的道路，他写过一些优秀作品，这些作品被收录在《自由的想象》（*The Liberal Imagination*）一类书中。

特里林多年在哥伦比亚大学执教，雅克·巴尔赞（Jacques Barzun）是他的同事。巴尔赞出生在一个有教养的法国家庭，后来到美国就读哥伦比亚大学。巴尔赞的专业是文化史，他精通视觉艺术、音乐、文学、哲学等。他尤其对法国作曲家柏辽兹，美国哲学家威廉·詹姆斯感兴趣。他常写到高等教育，帮助设计了哥伦比亚大学范围广泛、以古典文学为导向的总课程——就像巴尔赞自己那样涉猎广泛。巴尔赞常谴责现代文化。他最受欢迎的一本书是一个册子，名为《从黎明到颓废：西方文化生活五百年，1500 年至今》(*From Dawn to Decadence: 500 Years of Western Cultural Life, 1500 to the Present*)。

西蒙·沙玛（Simon Schama）是出生在英国的哥伦比亚大学教授。尽管没有巴尔赞涉及广泛，沙玛也写历史和艺术史。他制作了一部受欢迎的纪录片《英国历史》(*A History of Britain*)，以及另一部纪录片《西蒙·沙玛的艺术感染力》(*Simon Schama's Power of Art*)。他写过有关伦勃朗（Rembrandt）、法国大革命、荷兰文化的辉煌时代，以及其他主题的书。

也许 20 世纪最著名的美国文学评论家是埃德蒙·威尔逊。威尔逊是位外行评论家，并非专业的，他认为评论应该是文学，而不是科学。他在各类期刊上发表了许多评论，后来将这些文章收录成书。他最负盛名的文集之一是《阿克塞尔的城堡》(*Axel's Castle*)，该书论及像乔伊斯和普鲁斯特这样的现代作家。他还出版了一本社会主义研究性的书，名为《去芬兰站》(*To the Finland Station*)，以及众多自传体小说。威尔逊的个人生活有些大起大落，他有过四次婚姻。据说，每次他和其中一位前妻，评论家玛丽·麦卡锡（Mary McCarthy）吵架，他就会到自己的书房，把门锁上，而妻子则会在门缝处塞满烧着的纸张。

当以赛亚·伯林（Isaiah Berlin）和威尔逊见面时，他惊讶地发现威尔逊“矮胖敦实，面红耳赤，大腹便便，像足了胡佛总统”[①]。当

---

① Quoted in "Missionary: Edmund Wilson and American Culture," by Louis Menand, *New Yorker*, August 8, 2005.

人们和伟大的作家见面时，他们通常会惊讶地发现他们看起来不像伟大的作家，而只是普通老百姓。例如，有个和托尔斯泰见面的人，原以为要见一位仪表堂堂的预言家，却吃惊地发现托尔斯泰是位拄着拐杖，弯腰驼背的老头儿。普鲁斯特和阿纳托尔·法朗士见面时，面前这位留着山羊胡、鼻子像蜗牛壳一样扭曲的普通人，也让他吃惊不已。文学中的自我和日常中的自我是不一样的，文学自我比日常自我要伟岸得多。如果我们熟识文学自我，那么日常自我会让我们意外。相反，如果我们对日常自我很熟悉，那么就会对文学自我惊讶不已。正如普鲁斯特所说的，我们不相信昨晚和我们一起去歌剧院的人会是个天才。

威尔逊的朋友弗朗西斯·斯科特·菲茨杰拉德去世后，威尔逊好像对美国文学、美国文学的潜能失去了信心。伟大的一代慢慢褪去。唯一一个对威尔逊感兴趣的美国作家是塞林格。

和威尔逊同时代的弗兰克·雷蒙德·利维斯（F. R. Leavis）也许是他那个时代重要的英国评论家。利维斯从诗歌评论开始自己的职业生涯（《英国诗歌的新方向》，*New Bearings in English Poetry*），进而转向英语小说评论（《伟大的传统》，*The Great Tradition*）。利维斯以一种宗教的严肃态度评论英国文学，他对于像斯特恩这样幽默诙谐的作家无丝毫用武之地。他最喜爱的小说家之一是戴维·赫伯特·劳伦斯，据波德雷兹所说，利维斯对劳伦斯作品的评论“听起来更像是祈祷而非批评”[①]。利维斯崇拜美籍转成英籍的作家托马斯·斯

① *The Bloody Crossroads*, “F. R. Leavis: A Revaluation,” p. 87.

特尔那斯·艾略特（T. S. Eliot），他教会利维斯欣赏玄学派诗人，而对像雪莱这样的浪漫主义诗人则评论苛刻。艾略特的评论属于现代最受推崇的评论之列。跟随艾略特的提示，利维斯试图画一幅英国文学示意图（因为我正尝试画张文学地图）。纽约知识分子，如特里林、波德雷兹和菲利普·拉夫（Philip Rahv）曾仔细研究过利维斯。[①]

五十三、昆德拉等

捷克作家米兰·昆德拉（Milan Kundera）无疑是20世纪最优秀的作家之一。自从1975年搬至法国，昆德拉创作了好几部法语作品。他对英语把握充分，并对自己作品的英文翻译字斟句酌。由于其父亲是音乐家，所以昆德拉对音乐很有造诣，常在书中谈及音乐。他的作品经常描写共产主义社会的生活，也常有露骨的性描写。他有索尔仁尼琴的深刻，但他又比索尔仁尼琴更具有娱乐性。昆德拉的作品往往苛刻、残忍，然而，昆德拉的苛刻不像索尔仁尼琴那样走向极端；他的苛刻不影响他颇具可读性并娱乐读者。昆德拉有品位。他的小说或许可称为"思想小说"或"理想小说"，它们因袭了奥地利小说家罗伯特·穆叟（Robert Musil）和赫尔曼·布劳克（Hermann Broch）的传统。

穆叟的代表作是他那部没完成的大部头《没有个性的人》（*The Man Without Qualities*）。尽管他在英语国家从没出名过，但穆叟在其他国家很受敬重。当托马斯·曼被问及"谁是我们这个时代最杰出的

---

① 拉夫的文章几乎和特里林的文章不相上下；我推荐拉夫的《文学和第六感》（*Literature and the Sixth Sense*，该书没有涉及神秘学，尽管书名有点暗示）。

作家”时，曼回答的名字只有穆叟。

布劳克的代表作是他的三部曲《梦游者》（*The Sleepwalkers*）和《维吉尔之死》（*Death of Vergil*）。《梦游者》谈及的是现代欧洲信仰的缺失，虚无主义的出现。《维吉尔之死》探讨的是罗马诗人的临终时刻——他担心自己的诗歌不忠实于残酷的现实等。布劳克他本人好像在生命的最后几年质疑文学的价值，他更喜欢花时间创作非小说类作品，帮助犹太难民。布劳克自己就是犹太人，他差点没能逃离纳粹集中营。像穆叟一样，布劳克在英语国家不为人知；但却被广泛认为是 20 世纪最伟大的小说家之一。

斯蒂芬·茨威格出生于一个富有、被同化的犹太家庭，在维也纳长大成人。他以四海为家，尽管和锡安主义的发起人西奥多·赫茨尔（Theodor Herzl）和睦相处，但他谴责锡安主义。广义上说，茨威格是欧洲文化的拥护者，他说他的伊拉斯谟传（biography of Erasmus）其实是一部隐秘的自传。希特勒掌权时，茨威格离开了奥地利，并最终在巴西安顿下来。1942 年，由于纳粹东征西讨，欧洲文明日益衰竭，茨威格沮丧至极，和妻子双双自杀身亡。有人也许会说布劳克倒戈反对文学是因为文学当时和现实不搭，而茨威格转而反对现实是因为现实和文学不相称：对于现代作家来说既要肯定现实又要肯定文学是很艰难的。埃里希·海勒（Erich Heller）曾说歌德是“最后一个伟大的诗人，他在生活和工作中不断努力拯救诗歌的生命和生命的诗意”[①]。

---

① *The Disinherited Mind*, p. 32.

尽管茨威格以其小说闻名，但他也写了麦哲伦、苏格兰玛丽女王（Mary Queen of Scots）等人的传记（之前我提及过茨威格的《三巨匠：巴尔扎克、狄更斯、陀思妥耶夫斯基》)。临终前，茨威格完成了一部自传《昨日的世界》(*The World of Yesterday*)。

五十四、中东及印度诗人

伽比尔（Kabir）被誉为印度被引用语句最多的作家。他生活在15世纪初印度北部，以织布为生。他的诗歌被泰戈尔和（最近）美国诗人罗伯特·布莱（Robert Bly）翻译成英语。伽比尔相信神秘主义，他回避宗教礼节，并找到此时此刻宗教的真正精神：

> 仆人，你在哪里寻求我？
>
> 瞧！我在你身边。
>
> 我既不在寺庙里也不在清真寺里，我既不在克尔巴（Kaaba）也不在凯拉什（Kailash)。
>
> 我既不按照礼节仪式，也不练瑜伽和放弃信仰。
>
> 如果你是一个真正的寻求者，你将立刻看到我，你将一会儿就遇见我。
>
> 伽比尔说："哦，圣人啊！上帝是一切呼吸的呼吸。"

另一位相信神秘学的诗人是鲁米（Rumi)，他生活在13世纪初期。鲁米多数时光是在土耳其的肯尼亚（Konya）度过的，他用波斯语写作。鲁米一生中最重要的事情之一就是和一位名叫夏姆斯（Shams）的神秘人关系甚密。把鲁米的作品翻译成英语的最著名的译者是科尔曼·巴克斯（Coleman Barks）。鲁米能引起现代读者的共鸣，他在美国被誉为最受欢迎的诗人。

哈菲兹（Hafiz）也用波斯语写作。他生活在14世纪早期的伊朗。他的诗歌在西方早已闻名遐迩，并且启发了歌德创作《西东诗集》（*West-östlicher Diwan*）。当今最著名的哈菲兹作品译者是丹尼尔·拉丁斯基（Daniel Ladinsky）。和伽比尔及鲁米一样，哈菲兹相信玄学，能把不同的信条合并在一起。

伊朗的另一位著名的诗人是奥马尔·哈亚姆（Omar Khayyam），他生活在1075年前后。奥马尔是一位卓有成就的数学家和天文学家，他的诗歌《鲁拜集》（*Rubaiyat*）被现代人熟知。该书最有名的翻译来自爱德华·菲茨杰拉德（理查德·勒·加里恩，Richard Le Gallienne，也翻译过此书）。

罗宾德拉纳特·泰戈尔（Rabindranath Tagore）将伽比尔的书翻译成英语，他在1913年获得了诺贝尔奖。尽管泰戈尔也写过小说，但他最出名的是他的诗歌，如《吉檀迦利》（*Gitanjali*）。该书有些晦涩难懂，但却有非常优美、含义深刻的文字，书中关于死亡主题的文字尤为出众：

> 我知道这日子将要来到，当我眼中的人世渐渐消失，生命默默地向我道别，把最后的帘幕拉过我的眼前。
>
> 但是星辰将在夜中守望，晨曦仍旧升起，时间像海波的汹

涌，激荡着欢乐与哀伤。

当我想到我人生的终点，时间的屏障便破裂了，在死的光明中，我看见了你的世界和这世界里弃置的珍宝。最卑下的地位也是极其稀有的，最卑微的生命也是世间少有的。

我追求而未得到和我已经得到的东西——让它们过去吧。只让我真正地拥有那些我所轻视和忽略的东西。

泰戈尔受其同辈人的高度赞誉，包括叶芝和纪德，甚至今天他在印度也是非常受欢迎的。泰戈尔不仅是位诗人，他还是位很有天赋的音乐家和画家。

五十五、洛尔卡

像泰戈尔一样，西班牙诗人费德里科·加西亚·洛尔卡（Federico García Lorca）是一位音乐家、艺术家，也是一位诗人。青年时期，洛尔卡因其音乐天赋而闻名，随着年龄的增长，他的画作有时也得以展出，但现在他的名声在于其文学作品、诗歌和戏剧。洛尔卡是20世纪诗歌界最主要的人物之一，但其作品在英语国家并不广为人知，也许是因为诗歌难以翻译吧。

有些语言——英语、法语等——好像太古老而倦怠了，产出的诗歌极少，诗剧更少。当阅读洛尔卡的作品时，人们会惊叹西班牙语仍有如此多的能量、活力和乐律；洛尔卡不仅写诗，也写诗剧。泰戈尔的语言（孟加拉语）好像也有一种音乐能量，而这种能量无法在英语、法语等语言中寻见，泰戈尔的诗歌被各类人唱诵。

也许不是语言变老变倦怠了，也许是灵魂变老变倦怠了。西班牙精神的创造力不仅在诗歌（洛尔卡）中显而易见，也在哲学（奥尔特加）和视觉艺术（毕加索）中可见一斑。20 世纪，欧洲中心似乎疲惫不堪时，欧洲外围似乎仍具有创造力：西班牙对现代文化的贡献相当可观。爱尔兰对现代文化，尤其是文学的贡献也相当大。中欧和东欧作家，如昆德拉和索尔仁尼琴似乎有着欧洲文明的古老中心所没有的力量。

1919 年，21 岁的洛尔卡进入马德里大学。尽管他几乎没有出版过作品，但他通过大众朗读会获得了广泛的声望。“诗歌是用来背诵的，”洛尔卡说，“只存在书中则没有生命。”24 岁时，洛尔卡和作曲家曼努埃尔·德·法雅（Manuel de Falla）合作创作了《吉普赛民谣》（*Gypsy Ballads*）和其他作品。

30 岁时，洛尔卡全球闻名，但他对“我的吉普赛情谊的神话”很不满。由于饱受一种情绪危机，他到美国和古巴寻求安慰。这次旅程启发了他的诗歌集《诗人在纽约》（*Poet in New York*），该书表达了洛尔卡对现代城市文明的恐惧。像歌德一样，洛尔卡自童年时起就钟爱木偶，33 岁时，洛尔卡写了两部木偶剧。但甚至是这些木偶剧也笼罩着幽幽的哀伤。

34 岁时，洛尔卡成立了一个戏剧团，接下来的三年间，他的剧团为西班牙人民表演了经典的西班牙戏剧《洛佩·德·维加》（*Lope de Vega*）、《卡尔德龙》（*Calderón*）、《塞万提斯》（*Cervantes*）等。当人们听到木偶剧、戏剧和诗歌朗读会时，会再一次惊讶于电视、电影等到来之前的不同世界。

35 岁时，吸取舞台经验，洛尔卡撰写了一部戏剧三部曲，这也许是他最有名的作品。当他 38 岁时，西班牙内战爆发，洛尔卡被民族主义者枪杀，这也实现了他在作品中对于自己遭暴力死亡的预言。

五十六、佩索阿

像洛尔卡一样，20 世纪重要的葡萄牙作家费尔南多·佩索阿（Fernando Pessoa）在英语国家不为人知。美国诗人埃德温·霍尼格（Edwin Honig）把洛尔卡和佩索阿两人的作品翻译成英语。另一位重要的翻译佩索阿作品和研究佩索阿的作家是理查德·泽尼思（Richard Zenith）。佩索阿最闻名的作品之一是《惶然录》（*The Book of Disquiet*）。

佩索阿童年有段时间在南非度过，他在那儿学的英语。他有些文学作品是葡萄牙语，有些是英语。在他的一生中，出版的作品有葡萄牙语也有英语。成年后，他生活在里斯本，以用英语和葡萄牙语翻译商务信件为生。

佩索阿经常去里斯本的各大咖啡店和饭店，在纸片或菜单上草草写诗和一些思考。回到家后，他会将这些字迹模糊的纸片塞进抽屉。他 1935 年去世，当时 47 岁，却留下了大约 25000 张文学纸片。许多作品都是碎片的、不完全的。佩索阿对诗歌和散文都很精通。

佩索阿崇拜惠特曼，其作品有一些神秘元素、一些禅元素，就像惠特曼的作品一样。然而在佩索阿的作品中，人们也能找到悲观主义黑色线条，这让人更多想到卡夫卡而非惠特曼。有人也许会说佩索阿更擅长写禅，而非以禅生活。佩索阿的人生年表中，人们会看到这样的词目，如“1933 年，经历严重的抑郁症”。佩索阿的生活没有爱情，很孤独；他从未结过婚。他说自己属于这样的一代人，即“失去了对过去的一切尊重和未来的一切信念或希望”。[①]

佩索阿认为文学不是生活的表现，而是生命的替代品，是生命的一种释放。理查德·泽尼思将他描述为“无情地脱离物质生活”[②]。佩索阿有着丰富的想象力，他创造了几个虚构人物或笔名，用他们不仅写传记，还写文学作品。佩索阿的许多作品都是用他的各种笔名写的，在这点上，佩索阿让人想起也用笔名创作的克尔凯郭尔。

佩索阿对神秘学很感兴趣，将一些有关神秘事件的作品翻译成葡萄牙语，练习占星术，并与一位杰出的英国神秘术士阿莱斯特·克劳利（Aleister Crowley）通信。

佩索阿的散文作品有一些让人印象深刻的哲学文字，比如这段：

> 18 世纪下半叶以来，一个可怕的、逐渐恶化的疾病侵袭了我们的文明……贵族势力的毁灭造成了无情和冷淡的艺术氛围……古典理想的破灭使每个人都有可能成为艺术家——蹩脚的艺术家……邪恶的社会中，邪恶的恐怖行为玷污了我们的灵魂。高尚的灵魂衰败了，卑鄙大行其道，腐朽掌控着整个世

---

① Richard Zenith, *Fernando Pessoa & Co.: Selected Poems*, Introduction.

② Richard Zenith, *Fernando Pessoa & Co.: Selected Poems*, Introduction.

界……灵魂与生俱来的唯一的依托只是放弃。[1]

人们会想起叶芝的经典名言："最好的缺乏坚定的信仰，而最差的却激情澎湃。"

佩索阿在一篇文章中描述到葡萄牙将很快会产生一位伟大的诗人，这个诗人会对欧洲文学作出重要贡献。也许这种伟大命运、巨大潜力的感觉启发了佩索阿创作出伟大的文学作品。

佩索阿的作品中有很多令人惊叹的语句。尽管你也许不觉得他的作品内容吸引人，但他能用风格抓住你的注意力，你知道自己在一位伟大的文学天才面前。像大多数伟大的文学天才一样，佩索阿全身心投入文学中。"我的命运，"他写给一位名叫奥菲莉娅的秘书，"属于另一个法则，而你甚至都觉察不出该法则的存在。"[2]

五十七、艾萨克·巴什维斯·辛格

辛格（Isaac Bashevis Singer）出生并生长在一个波兰犹太社区。1935年，33岁的他从波兰搬至美国。但即使住在美国，辛格仍继续用意第绪语（Yiddish）写作，他的许多作品都是先刊登在报纸和杂志上，后被译成英语，以书的形式出版。辛格有时也把自己的作品译成英语。

辛格对波兰犹太人历史有浓厚的兴趣。他的第一部小说《撒旦

① *The Book of Disquiet*, translated by Alfred Mac Adam, #470.

② *The Keeper of Sheep*, translated by Edwin Honig, Introduction.

在戈雷》(*Satan in Goray*)讲的是发生在1628年的一场大屠杀，他后期的一部小说《奴隶》(*The Slave*)也是关于这个时期的。尽管他写过无数小说，然而他的名气主要在他的短篇小说。他是短篇小说专家，也阅读莫泊桑、契诃夫等的书。

辛格最著名的短篇小说之一是《市场街的斯宾诺莎》(“The Spinoza of Market Street”)。该书含有人们对短篇小说所期待的各种元素：历史感、思想深刻、人物生动、幽默的细节。该故事能在《艾萨克·巴什维斯·辛格故事集》(*The Collected Stories of Isaac Bashevis Singer*)中找到，辛格自己为这本故事集挑选的故事。

辛格最著名的故事是《傻瓜吉姆佩尔》(“Gimpel the Fool”)，该故事描写了一个圣洁的人物，他备受虐待但仍然热爱世界。即使是写一个严肃主题，辛格也表现得机智、坚毅、活泼。吉姆佩尔意识到死亡并时刻准备死亡：

> 在我躺着的小屋门口，有块拖死尸的厚木板。那个挖墓的犹太人已经准备好铲子。墓穴在等待，虫子饥肠辘辘；寿衣准备就绪——我把他们装在我乞讨的袋子里……当时间到来，我会快乐离去。

吉姆佩尔快乐地接受死亡是所有文化中圣人的典型。

辛格的父亲是位犹太教教士，他自己也对犹太教研究颇深。尽管20岁刚出头时，他和父亲的世界决裂，并“不再参加任何犹太宗教仪式，甚至圣日当天的仪式”[①]。他在波兰犹太文学世界有些联系——他的两个兄长是作家——年纪轻轻就获得了文学名声。晚年，他的两部作品被拍成电影：小说《敌人，一个爱的故事》（*Enemies, a Love Story*）和短篇小说《燕特尔》（“Yentl”）。

辛格热衷素食。“说到（动物），”他写道，“所有人都是纳粹，对于动物来说，这永远是特雷布尔卡村……如果上帝传来声音说，‘我反对素食主义！’我会说，‘好吧，我支持！’这就是我对此方面的强烈感受。”[②]

五十八、古代作家

古代诗歌如果读译本是读不出滋味来的。为了欣赏古代诗歌，读者必须读原文，而这要求读者花几年的工夫学习古代语言。20 世纪以前，西方教育大多集中于古代语言的学习。那些懂希腊语和拉丁语的人才算是受过教育的人；那些不懂古代语言的人，就不算受过教育。然而，现在只有少数学者懂希腊语和拉丁语。古代诗歌也从此逐渐被人遗忘。

很少的未被遗忘的古代诗人之一荷马。荷马以一种别的诗人，如维吉尔和弥尔顿，都未能做到的方式吸引读者。荷马的著作无论读任何译本都让人感到是一种享受。爱尔兰作家派德雷克·寇兰姆（Padraic Colum）编了一个极好的关于荷马的简读本，名为《少年荷

① Wikipedia article on Singer.

② Wikipedia article on Singer.

马》(*The Children's Homer*)，但是它是一本成人和少年都会喜爱的书。如果你想读完整的关于荷马的著作，我强力推荐罗伯特·菲格尔斯（Robert Fagles）的译本。

诗歌是原始宗教仪式的派生物，诗歌因此而在文学史上较早出现；诗歌先于文章。随着文明的成熟，最好的作家都转向文章，叙述体小说在古代文明的后期普及起来。朗格斯（Longus）的《达芬尼斯和科娄》(*Daphnis and Chloe*）是有田园背景的令人陶醉的爱情故事。歌德说："一个人每年都读（《达芬尼斯和科娄》）也没关系……每年都重温一下故事给他的美丽印象。"[①] 尼采最爱读的一本书是彼得纽斯（Petronius）的《塞提里孔》(*Satyricon*)，这本书开低俗的玩笑，但令人轻松愉快。福楼拜最爱读的一本书是阿普列乌斯（Apuleius）的《金驴记》(*The Golden Ass*)，这本书就其松散的形式与低俗的幽默方面与《塞提里孔》如出一辙。阿普列乌斯接受炼金术士的思想，荣格学派作家玛丽－露易丝·冯·弗朗兹（Marie-Louise von Franz）在《金驴记》一书中得到许多心灵上的至理名言，并用一整本书来探讨这些道理。朗格斯用希腊语写作，彼得纽斯和阿普列乌斯则都用拉丁语。

① *Conversations With Eckermann*, 3/20/31.

第四章

历史

一、通史

推荐一本书《简明世界史》(*A Little History of the World*)，作者是知名艺术史学家恩斯特·贡布里希（Ernst Gombrich）。这本书是关于世界史的简明综述，包含的很多细节和逸事让叙述更加生动，具有较高可读性。本书是针对青少年的，对于成人同样也值得一读。本书已经赢得了一致的肯定，自1936年出版以来成为全世界最受欢迎的畅销书之一。贡布里希直到他人生的最后阶段才开始致力于《简明世界史》的英文翻译。在2011年“9·11”事件之后他停止了英文版翻译的工作，因为“9·11”事件摧毁了他对文明的信念。(他的外孙女完成了翻译工作)

贡布里希的《艺术的故事》(*Story of Art*) 也是针对年轻人，同样非常受欢迎，可能是最好的艺术史类的书。学艺术史的学生还应该看下贡布里希的《艺术与错觉》(*Art and Illusion*)。

我推荐威廉姆·麦克尼尔（William McNeill）和他儿子小麦克尼尔（J. R. McNeill）的《人类之网：鸟瞰世界历史》(*The Human Web:*

A Bird's Eye View of World History），这是一本一流著作，博学风趣，简明丰富。贡布里希的《简明世界史》提到苏格拉底、莎士比亚以及哥白尼等。《人类之网：鸟瞰世界历史》与《简明世界史》互有所长，可取长补短。

威廉姆·麦克尼尔是芝加哥大学的教授，他最著名的著作为《西方的兴起：人类社会共同体史》（*The Rise of the West: A History of the Human Community*，1963）。其他著作包括《威尼斯：欧洲的枢纽》（*Venice: The Hinge of Europe*）和《西方文明史：指南》（*History of Western Civilization: A Handbook*）。麦克尼尔还写了一个关于汤因比的传记，埃里·凯杜里（Elie Kedourie）称之为"一个翔实、客观、杰出的作品"。

小麦克尼尔是一个环境历史学家，代表作是《阳光下的新事物：20世纪世界环境史》（*Something New Under the Sun: An Environmental History of the Twentieth-Century World*）。人们可能会把麦克尼尔父子称为"大历史"作家。

二、布克哈特

雅各布·布克哈特（Jacob Burckhardt）是19世纪主要历史学家之一。布克哈特生于瑞士，在巴塞尔做过教师，曾与尼采共事并交友。布克哈特以"文化历史之父"著称。早期的历史学家多注重政治历史和军事历史，布克哈特则注重人生的各个层面，包括宗教、艺术和文学。

布克哈特最著名的著作是《意大利文艺复兴时期的文化》(*The Civilization of the Renaissance in Italy*)，荷兰历史学家赫伊津哈称它为“那部超然的杰作”。世上鲜有绝佳之手笔和绝佳之题目的结合，而这部非同寻常的作品正是这种结合的体现。这本书的前三部分尤其好——易读而有趣、深刻而充满哲理。书中有关莱昂·巴蒂斯塔·阿尔伯蒂(Leon Battista Alberti)的两页尤其令人难以忘怀。

阿尔伯蒂是一个“复兴之人”(或译“全才”，英文中 Renaissance man 是指兴趣广泛、知识丰富的人——译者注)，他的兴趣无所不在。布克哈特描述了阿尔伯蒂怎样学习音乐、法律、物理、数学、绘画和文学方面的知识，布克哈特说：“他认真钻研各类艺术家、学者和工匠的学问，连鞋匠手艺的秘密和特性也不放过；他在各个领域里都学有所成，并达到娴熟灵巧的程度。”[①] 阿尔伯蒂极其热爱生活；布克哈特谈及“他全方位地接触周遭的生活时所表现出的那种强烈的敏感。在看到挺立的大树和起伏的玉米地时，他热泪盈眶；他称那些英俊、威严的老人为‘自然之光’，并怎么也看不够”[②]。对生活如此热爱和对现实如此赞叹的态度是文艺复兴的本质。

按照布克哈特的说法，在中世纪“人仅作为一个民族、一个国家、一个家庭或一个社团的成员而意识到自己的存在”，而在意大利文艺复兴时期，“人成了一个精神的‘个体’”。[③] 布克哈特认为，个性在文艺复兴时期的人文主义者那里达到其顶点，这些人文主义者

---

① *The Civilization of the Renaissance in Italy*, II, 2.

② *The Civilization of the Renaissance in Italy*, II, 2

③ *The Civilization of the Renaissance in Italy*, II, 1.

弃基督而敬古人，他们在写作和生活方面都慕古仿古。

布克哈特的《希腊文化史》（*History of Greek Culture*）一书和他有关意大利文艺复兴的那本书同样有趣，这本书也讨论了个性问题。布克哈特认为，希腊人有一种高度发展的个性，而当时的其他社会则以群体、等级制度和道德戒律的力量压制个性。①

除了《意大利文艺复兴时期的文化》和《希腊文化史》这两本书以外，布克哈特还写了《康斯坦丁时代》（*The Age of Constantine*），该书以罗马历史上一段衰退时期为主题。

三、赫伊津哈

约翰·赫伊津哈（Johan Huizinga）是 20 世纪的重要历史学家之一。赫伊津哈认为自己是继承布克哈特历史研究之传统的文化历史学家。赫伊津哈所着重研究的是一段布克哈特所忽略的历史时期：中世纪。赫伊津哈最著名的作品是《中世纪的衰落》（*The Waning of the Middle Ages*）。在这部著作中，赫伊津哈指出中世纪晚期是一个疲沓、悲观和颓废的时期。这本书思想深刻、可读性强，堪称优秀历史学著作。该书尽管篇幅不长，却涉及了中世纪生活的多个层面，如哲学、文学、绘画、骑士精神、爱情生活，等等。赫伊津哈在书中还描述了中世纪人的虔敬之心怎样表现在宗教仪式和其他外在形式上。中世纪人对圣人和圣人的遗骸颇具敬意：“1392 年，法国国

① Frederick Ungar Publishing Co., New York, 1963; translated from the abridged version (1958) of the two-volume German edition.

王查尔斯六世（Charles Ⅵ）在一次盛大宴席上，向皮埃尔·底艾利（Pierre d'Ailly）赠送他的先人圣路易的肋骨；他把圣路易的整条肋骨赠送给叔叔百利（Berry）和伯根底（Burgundy），又把一根骨头分赠给几位教士；这些教士在宴会后平分了这份厚礼。”[①]

赫伊津哈在另一本书《人与思想》（*Men and Ideas*）中也讨论了中世纪。《人与思想》是文章集，其中大部分都是好文章。在一篇题为《文化历史之任务》（*The Task of Cultural History*）的文章中，赫伊津哈指出，历史应该使过去复活，应该给读者一种对某一历史时期身临其境的感觉。赫伊津哈对现代历史研究和传记写作中的浪漫主义和试图把历史娱乐化的倾向嗤之以鼻。他写道：“世界上没有任何一种文学效果能与纯粹的、冷静的历史品位相媲美。”[②]

赫伊津哈的其他文章被收集在一本题为《17 世纪荷兰文明史及其他》（*Dutch Civilization in the Seventeenth Century and Other Essays*）的书中。这本书的大部分文章不是为了一般读者所写的，而是为了赫伊津哈的同胞荷兰人和他的一些同时代人而写的。赫伊津哈之钟情于荷兰使人联想起奥尔特加之钟情于西班牙。在一篇题为《历史思想之审美因素》（“The Aesthetic Element in Historical Thought”）的文章中，赫伊津哈宣布他对“历史思考中审美因素的重要性坚信不疑”，他反对历史应当试图科学化的说法。他说：“历史学家试图重新经历像我们一样的人所曾经历的一切……

---

① *The Waning of the Middle Ages*, ch. 12.

② *Men and Ideas*, “The Task of Cultural History”.

真正的历史研究激发我们的想象，并激励我们形成观念、画面和景象。”[①]

赫伊津哈的《在明日之影中》(*In the Shadow of Tomorrow*)不是一部历史著作，而是一个西方文明史的分析。它讨论了从道德无政府状态到艺术颓废等诸多不断困扰西方的问题。尽管这本书有时令人想起奥尔特加的《大众的反叛》，但相比较而言，它不如奥尔特加的书与我们的时代联系得紧密，因为其中很大一部分是对法西斯的批判。尽管如此，《在明日之影中》仍不失为有趣、简短而可读的好书。这里，赫伊津哈注意到，现代教育和新闻媒体都对文化有害而无益："我们的时代面临着一个令人气馁的事实，这就是：文明社会所自吹自擂的两大成就——普及教育和现代宣传媒体，不像是在提高文化水平，而是在制造文化衰弱和文化颓废的症状。"[②]

在观察现代艺术时，赫伊津哈发现，在现代文学和现代绘画当中都有一种非理性的趋势。文学和绘画变得越来越令人费解。赫伊津哈说，通观历史，诗歌一直都保持了"与理性表达的某种关系……直到〔19〕世纪的最后几年，我们才发现诗歌在有意偏离其理性之轨道"[③]。

赫伊津哈对美国和美国历史格外感兴趣。他著有《世人与美国民众》(*Man and the Masses in America*)和《美国生活及其思想》

---

① *Dutch Civilization in the Seventeenth Century and Other Essays*, "Two Wrestlers With the Angel".

② *In the Shadow of Tomorrow*, ch. 7.

③ *In the Shadow of Tomorrow*, ch. 18.

(*Life and Thought in America*),这两本书往往合集出版。这两本书的研究对象是 1925 年以前的美国和现代社会的一般现象,包括报纸、电影和文学。作者对形成美国历史的经济力量倾注了相当的关注。

赫伊津哈在许多著作中都讨论了文化中的游戏因素。最后,当他的生命即将结束、他被纳粹关押起来时,他把这些想法整理出来,写了一本书,名为《游戏人:文化之游戏因素》(*Homo Ludens: A Study of the Play Element in Culture*)。《游戏人》一书有很多有趣的思想,但是这些思想的表达是相当学术味道和相当枯燥的。赫伊津哈认为,游戏是人类生活的基本现实之一,并是诗歌、音乐、哲学,甚至是法学和战争的基本出发点。任何想要深入钻研人类深层本性的人和任何对人类之所以发动战争和创造文化感兴趣的人,都应该认真考虑赫伊津哈的这一思想。赫伊津哈在这里所讨论的不只是游戏,他讨论的是人类的本性,是人类本性中的根本动力。他写道:"所谓一种社会的刺激,游戏式的竞争精神比文化本身还要古老,它如同一种真正的酵素充满所有的生命体。神圣的游戏生出宗教仪式;玩耍生出诗歌,并滋养诗歌;音乐和舞蹈纯粹就是游戏……因此,我们不得不得出这一结论:文明在最早阶段是一种游戏。文明不是来自游戏……文明一直在游戏中并作为游戏而出现,它从未离开过游戏。"①

赫伊津哈关于伊拉斯谟的书是一本未完成的著作,也许是因为

① *Homo Ludens: A Study of the Play Element in Culture*, ch. 11.

伊拉斯谟本人没有多少鼓舞人心的事情吧。

四、汤因比

阿诺德·汤因比（Arnold Toynbee）于19世纪末出生于英国，他的大部分作品产生于20世纪。汤因比最广为人知的著作是他的《历史研究》（*A Study of History*）。汤因比在这本书中阐述了这一观点：统治阶级对反抗的劳动阶级失去控制之时即文明开始衰退之日。按照汤因比的分析，统治阶级试图通过建立大一统的国家制度以维持秩序，但这个办法只能保证暂时的成功。与此同时，劳动阶级在大一统的国家制度中建立起一种宗教，这种宗教逐渐以一统的教会形式出现。大一统的国家制度逐渐解体，而宗教之统治得以存活。这个一统的宗教统治便如此而成为新文明的种子。汤因比的这一理论基于罗马帝国之衰亡和基督教之兴起的历史事实，但他坚持认为这是普遍的历史规律。汤因比狂热信奉基督教，他的历史理论往往反映他对宗教的虔诚。汤因比跟黑格尔一样，也相信历史中运行着一种具有神性的规律。

汤因比所生活的时代是欧洲的历史地位发生重大变化的时代，他对这些变化感到强烈的震惊。在汤因比年轻的时候，欧洲位于世界巅峰，其殖民地遍布世界各洲。然而，到了第二次世界大战结束的时候，欧洲就丢失了大部分的殖民地，并且失去了在世界上的统治地位。然而，尽管西方不再像以往那样在世界上占统治地位了，西方的影响仍然是巨大的。汤因比预见到“整个世界的急剧西方化”[①]。但是，西方文化曾经只属少数精英分子所有，它一旦逐渐流散于一切社会阶层和所有国家，它的质量就下降了，它流散得越为广泛，它的质量就越为低劣。

非西方国家进退两难：要么模仿西方，采用一种劣等的西方文化，并同时失去自己的生命力和创造力；要么闭关自守，以避西方之影响。汤因比指出，日本先尝试了后者，又尝试了前者；先尝试了闭关自守，又尝试了模仿西方。虽然日本在物质上获得了成功，但这个成功是以损失其生命力和创造力为代价的。汤因比分析说，一个国家即使像日本那样成功地效法了西方，它也只是“在无从释放新的创造能量的基础上仅仅扩大被模仿国机器生产的货物数量”[②]，其他便一无所获。因此，当西方世界陷入一种困境，即陷入精神危机时，非西方世界也陷入在困境之中。

汤因比认为，扩大联合国的权力至关重要，联合国可由此而逐渐成为世界的政府。在汤因比看来，文明的最大希望是在一个宗教的基础上，即在基督教的基础上，发展世界政府，以至建立世界文明。

除了《历史研究》和《审判文明》(*Civilization on Trial*)，汤因比还写了《希腊文化：一段文明史》(*Hellenism: The History of a Civilization*)。这本书语言简洁、条理清晰，总结了从荷马时期到罗马帝国衰亡时期的古代文明，书中对经济和军事事件有侧重描述。汤因比还写了，或者不如说，还编撰了《世界的一半：中国和日本

① *Civilization On Trial*, ch. 6.

② *Civilization On Trial*, ch. 10.

的历史与文化》（*Half the World: The History and Culture of China and Japan*），这本书对中国和日本作了精彩的介绍。

五、古代历史

古代史研究应该从俄国历史学家罗斯托富泽夫（Rostovtzeff）开始。罗斯托富泽夫写了一部两卷本的《古代世界历史》（*History of the Ancient World*）；此书的第一卷讲的是美索不达米亚、埃及和希腊史，其题目是《东方与希腊》（*The Orient and Greece*），第二卷讲的是罗马史，比第一卷更有意思。罗斯托富泽夫的著作堪称思想深刻、结构严谨之佳作。

虽然罗斯托富泽夫不为一般人所知，但他在学者当中享有很高的声誉。了解他及其作品的阿纳尔多·莫米利亚诺（Arnaldo Momigliano）说“罗斯托富泽夫有着不可思议的天赋，能让过时的东西生动起来”。莫米利亚诺这样描述罗斯托富泽夫：

> 一个具有很强体力和异常记忆的人，充满激情，自高自大，能用六种语言演讲，并能在很多方面和人争论不休。[①]

他在威斯康星州的学生称他为“粗野的家伙”。

赫伊津哈恭敬地引用罗斯托富泽夫的语句。

---

① Momigliano, *Studies on Modern Scholarship.*

> 罗斯托富泽夫以一个亟待回答的问题结束了他的《罗马帝国社会与经济史》一书，而我们对这个问题至今还没有找到答案：“要强行地将一个高级的文明延至一个低劣的阶层而不降低其标准和严重损害其质量，这可能吗？每一种文明当它开始向民众渗透时，它就一定开始衰退了，难道不是这样吗？”①

注意罗斯托富泽夫的《罗马帝国社会与经济史》（*Social and Economic History of the Roman Empire*），尽管这是一本好书，也是他最著名的作品，但该书艰涩难读，没有奇闻趣事，也没有知名人士。该书是写给专业学者的，并不是写给外行人看的。

尽管我喜欢罗斯托富泽夫的两卷本《古代世界历史》，但有些读者也许想要更多细节。这样的读者应该考虑尼古拉斯·哈蒙德（Nicholas Hammond，也被称为 N. G. L. 哈蒙德）写的《到公元前 332 年的希腊历史》（*A History of Greece to 322 B. C.*）。“二战”期间，哈蒙德是希腊的游击战士，后来他写了《冒险进入希腊：与游击队一起，1943—1944》（*Venture Into Greece: With the Guerrillas, 1943-44*）。哈蒙德对马其顿尤其感兴趣，还写了很多关于菲利普、亚历山大大帝等名人的作品。

另一位值得一提的哈蒙德是梅森·哈蒙德（Mason Hammond），《安东尼君主制》（*The Antonine Monarchy*）、《古代世界的城市》（*The City in the Ancient World*）等书的作者。“二战”期间，梅森·哈蒙德

---

① *Men and Ideas*, “The Task of Cultural History”.

是“古迹卫士”（Monuments Men）的成员，他们试图找到被纳粹偷走的艺术作品。

C. W. 西拉姆（C. W. Ceram）所著的《上帝、坟墓和学者：考古学的故事》（*Gods, Graves & Scholars: The Story of Archaeology*）是一部有关发现和发掘古代城市的书。如果你想看看古物实用的一面，可以考虑 L. 斯普拉格·德·坎普撰写的《古代工程师》（*Ancient Engineers*）。

菲斯泰尔·德·古朗士（Fustel de Coulanges）在《古代城市》（*The Ancient City*）一书中，从文化人类学的角度观察了希腊和罗马，书中介绍了作为古代社会基础的原始宗教思想。这本书易读易懂，既能帮助读者了解古希腊人和古罗马人，也能帮助读者从广义上了解初始的人类。它描述了原始人怎样崇拜祖先、每一个原始家庭怎样有了自己的宗教、个人怎样隐没在家庭之中，以及长子怎样继承家庭的宗教。它还描述了古代城邦怎样始于原始家庭和古代政治家怎样像原始家庭的父亲一样，既是君主又是牧师。

讨论西方经典著作，若不提 18 世纪的英国历史学家爱德华·吉本（Edward Gibbon）和他的名著《罗马帝国的衰亡》（*The Decline and Fall of the Roman Empire*）就不算完整。吉本以写作风格和亵渎宗教的态度著称。他的文章多冗长沉闷、措辞过于讲究，但它能教给人很多英语知识。假如读者想认识一下吉本，那就应该读他的《罗马帝国的衰亡》第十五章，这一章涉及早期基督教。

希腊历史学家希罗多德（Herodotus）常被称为“历史之父”。他的著作《历史》（*Histories*）涉及波斯和希腊之间的战争，以及其他古代历史主题。他的书易读、有趣，故事传说俯拾即是。

跟希罗多德相比，修昔底德（Thucydides）以更严肃、更冷静、更实际的态度对待历史。修昔底德著有《伯罗奔尼撒战争史》（*The Peloponessian War*）。这本书描写的是雅典和斯巴达及其盟友之间的战争，修昔底德本人就是这场战争的参加者。大概除了塔西佗（Tacitus）以外，修昔底德在古代历史学家中算是享誉最高的了。他的作品哲理深刻、风格轻松、趣味无穷。他对人类社会的观察不诉诸情感，冷静而淡漠，令人想起马基雅维利。他注意到发生在伯罗奔尼撒战争期间的希腊精神的变化：

> 在整个希腊世界中存在着一种普遍的性格堕落。简单而朴素的处事方法是高贵本质的体现，而这竟被认为荒谬可笑，并很快就不复存在了。[①]

伯罗奔尼撒战争持续了约 30 年。尽管修昔底德经历了整个战争，但他的战争故事在战争结束前 5 年就停止了。因此另一位作家色诺芬（Xenophon）在《希腊史》（*Hellenica*）一书中写了该战争的最后几年及其后果。（我之前提过色诺芬也撰写过几本关于苏格拉底的书。）也许色诺芬最知名的作品是《长征记》（*Anabasis*），该书描写了进军美索不达米亚及撤军回到海岸的经过。威尔·杜兰特称此次进军和撤军是“人类史上最伟大的冒险之一”。也许有人会将此与中

---

① *The Peloponessian War*, 3.

国共产党的长征相比较。

李维是资格最老和名气最大的罗马历史学家之一。李维著有一部卷帙浩繁的著作，它以罗马帝国的建立开始，直至罗马共和国的结束，现存的李维著作已不完全。长期以来，李维一直是很受人欢迎的作家，但他的名声比不上修昔底德。在李维的作品中常可见到传说和迷信。

尤利乌斯·恺撒（Julius Caesar）是另一位早期罗马历史学家。恺撒最著名的著作是他的《高卢战记》（*Gallic Wars*），此书描述的是恺撒本人在高卢所打的各次战役。恺撒的著作以风格的简洁和清晰而见长。

塔西佗与李维和恺撒之间有几代人之隔，他的著作在内容上比李维和恺撒的更复杂、更精确。在所有的罗马历史学家中，塔西佗是唯一可以在哲理的深刻阐述和心理的微妙描写方面与修昔底德齐名的人。塔西佗这样写道："只有一个目标值得无休止的追求：后人的赞誉之声。蔑视声名也就蔑视了得以获得声名的美德。"[①] 塔西佗一直享有盛誉，蒙田、吉本等人都尊奉塔西佗为古代最伟大的作家之一。塔西佗最著名的著作是他的《历史》（*Histories*）和《编年史》（*Annals*）；这两本书都专论罗马帝国史。塔西佗还写有关于演讲术、德国土著，以及他的岳丈、将军和总督阿古利可拉（Agricola）的短篇著作。还有很多塔西佗的著作没有流传下来。塔西佗的著作以其内容深厚充实和风格复杂多变而见长，他也以对罗马皇帝暴政的不

---

① *Annals*, Ⅳ, 38.

满而著称。

苏维托尼乌斯（Suetonius）生长于比塔西佗晚一两代人的时代，当时正值罗马文明衰退之时。苏维托尼乌斯著有《罗马十二帝王传》（*The Lives of the Caesars*），这是一本罗马皇帝传记故事的综合之作。苏维托尼乌斯写的是卧房历史，他的书充斥着闲话、谣言。然而，公正地说，苏维托尼乌斯的书还是轻松可读的——甚于塔西佗的——它可以使人了解到不少罗马帝国后期的历史。

较近代的最著名的古物历史学家之一是 J. B. 伯里（J. B. Bury），他撰写了多卷本希腊史、一部圣·帕特里克（St. Patrick）的传记、研究晚古时期野蛮人入侵的作品，以及其他著作。作为维多利亚时代的人，伯里博学多闻，这在现代社会的历史学家中很难得。伯里甚至为了研究东方罗马帝国学习俄语和匈牙利语，他关于拜占庭文明的作品受到高度赞誉。

伯里以其对希腊史的研究而知名，吉本以其对罗马帝国历史的研究而知名，特奥多尔·蒙森（Theodor Mommsen）最为人熟知的是关于罗马共和国的多卷本历史著作。特奥多尔·蒙森的作品仍然备受尊崇，是认可度高于伯里、低于吉本的作品。如果你想看下比特奥多尔·蒙森更当代的英文作品，可以考虑 H. H. 斯卡拉德（H. H. Scullard）写的关于罗马共和国和罗马帝国的作品。斯卡拉德与马克斯·卡里（Max Cary）合作的《罗马史》，是一部广受肯定的作品，并且通常用作大学课程教科书。斯卡拉德写了一部关于大西庇阿（Scipio Africanus the Elder）的传记、一个关于罗马不列颠的研究、一本关于文物上大象图案的书，以及其他作品。

与斯卡拉德同为古代史领域最杰出的当代人之一的是阿纳尔多·莫米利亚诺。很难界定莫米利亚诺的代表作，可能是因为他关注教学而非写作，或者因为他通常是写文章而不是专著，也可能是他的学术标准太高而没有下决心写下任何东西。莫米利亚诺对历史写作（历史编纂学）有着特殊的兴趣，如古人是如何写历史的，吉本是如何写历史的，等等。在他生命的最后，健康日益恶化，莫米利亚诺戴着氧气罩在病房里指导学生。[①]

和莫米利亚诺一样，罗纳德·塞姆（Ronald Syme）也对古代史编纂感兴趣，写过关于塔西佗和撒路斯提乌斯（Sallust）的传记。和莫米利亚诺沉醉于研究古代历史学家相仿，塞姆希望追随前人的脚步，像他们一样写作。塞姆的尊崇变成了效仿。塞姆的声望源于其《罗马革命》(*The Roman Revolution*)，这本书的风格和措辞不禁让很多读者想起塔西佗。《罗马革命》探讨了共和国的衰亡和帝国的兴起。

如果我们把时间往前推移，我们会发现两个杰出的文物专家彼得·布朗（Peter Brown）和格伦·鲍尔索克（Glen Bowersock）。布朗在其著作中写过一部关于圣·奥古斯丁（St. Augustine）的传记，鲍尔索克写过一部关于叛教者尤利安（Julian）的书。哈罗德·兰姆（Harold Lamb）写大众阅读的通俗史。兰姆写过关于汉尼拔的传记，一个反抗罗马的迦太基将军。兰姆对亚洲有着特殊的兴趣，他还写过成吉思汗的传记、两本关于俄国的历史书。他仅有的关于西方世界的书是《新发现的大陆：北美如何被发现和开发的》(*New Found World:*

---

① See Edward Shils, *Portraits: A Gallery of Intellectuals*, “Introduction” by Joseph Epstein.

How North America Was Discovered and Explored，不要把哈罗德·兰姆和查尔斯·兰姆搞混淆了，查尔斯·兰姆是一个散文家，柯勒律治和华兹华斯的朋友）。

唐纳德·凯根（Donald Kagan）主要研究伯里克利时期的希腊史。他写了一部四卷本的关于伯罗奔尼撒战争的书，另一本关于同一场战争的书，一本关于伯里克利的传记，一部更加综合性的历史著作《论战争起源与维护和平》（*On the Origins of War and the Preservation of Peace*）。他也参与合编了一本优秀的教科书《西方遗产》（*The Western Heritage*），以及一本更加综合性的教材《世界文明遗产》（*The Heritage of World Civilizations*）。唐纳德·凯根的两个儿子，是杰出的保守党人，他们写过很多关于国际事务及军事活动的书。

如果你对历史小说感兴趣，可以考虑下罗伯特·格雷福斯（Robert Graves）的小说，如《我，克劳迪亚斯》（*I, Claudius*）。格雷福斯是一个英国作家，以翻译的众多古代文献和关于"一战"的回忆录《再见了》（*Good-bye to All That*）而知名。格雷福斯的诗歌给他带来声誉，而散文给他带来恶评。

格雷福斯翻译了苏维托尼乌斯的《罗马十二帝王传》。他说在看完苏维托尼乌斯写的克劳迪亚斯的生活之后，克劳迪亚斯出现在他的梦中，并且"要求讲述他真实的故事"。因此，《我，克劳迪亚斯》是从梦中获得的灵感。

玛格丽特·尤瑟纳尔（Marguerite Yourcenar）写了一部关于罗马历史的小说《哈德良回忆录》（*Memoirs of Hadrian*），受到高度评价。1980年，尤瑟纳尔成为选入法兰西学院的第一位女性。

六、中世纪史

判断书的优劣有两个标准。第一是质量，或者说是一本书本身的特质。第二是效果，或者说是一本书能为读者所做的，即一本书可给予读者的乐趣和知识。一部杰作既有质量也有效果，一部劣作既无质量也无效果。

有一个在效果上颇佳，却在质量上有所欠缺的例子，这本书就是《一千年，千年之末生活状况：一个英国人的世界》（*The Year 1000: What Life Was Like at the Turn of the First Millennium: An Englishman's World*）。这本书的作者罗伯特·雷西（Robert Lacey）和丹尼·丹辛格（Danny Danziger）是经验丰富的作家、新闻记者，是以文为生的专业写手。他们成功地写作了一本可读、有趣、娱乐性强的书，读者掩卷时会有意犹未尽之感。然而，他们未能成功地写就一部经典著作，他们为了当代读者而写作，而不是为了后代读者而写作。这两位作者对自己所著述主题的知识功底不够深厚，并缺乏得出概括性结论或深刻思想的能力。但是，在收集奇闻趣事并将之编撰成文方面，他们的确做得不错。

另外一本关于中世纪的流行书籍是托马斯·卡荷尔（Thomas Cahill）的《爱尔兰是如何拯救文明的：被遗忘的故事，爱尔兰在罗马帝国灭亡至中世纪欧洲崛起期间所扮演的重要角色》（*How the Irish Saved Civilization: The Untold Story of Ireland's Heroic Role from the Fall of Rome to the Rise of Medieval Europe*）。在这本畅销书之后，卡

荷尔又写了一些关于犹太人和希腊人的书。

美国学者诺曼·康托尔（Norman Cantor）写的关于中世纪历史的书使得门外汉也能够看懂。其中一本书叫作《中世纪的生活：八个迷人的中世纪男人和女人》（*Medieval Lives: Eight Charismatic Men and Women of the Middle Ages*），他还在《发明中世纪：20 世纪伟大中世纪史专家的生活、作品和思想》（*Inventing the Middle Ages: The Lives, Works and Ideas of the Great Medievalists of the Twentieth Century*）中写过其他的中古史学家。康托尔还写过一本教材《中世纪文明》（*The Civilization of the Middle Ages*，1993），此外还编辑过《中世纪百科全书》（*The Encyclopedia of the Middle Ages*）。

戴维·诺尔斯（David Knowles）是最知名的中古史学家之一，专门研究英国修道院。诺尔斯本人就是修道士，同时也是剑桥教授。其著作有《圣人与学者：25 个中世纪肖像》（*Saints and Scholars: Twenty-Five Medieval Portraits*），以及托马斯·贝克特（Thomas Becket）的传记。

另外一位杰出的中古史学家是史蒂文·朗西曼（Steven Runciman）。朗西曼曾在剑桥师承 J. B. 伯里，后来写过很多关于中世纪和拜占庭文明的书，最知名的是一部三卷本的关于十字军的作品。

恩斯特·康特洛维茨（Ernst Kantorowicz）是德国中世纪史研究的领军人物。在希特勒上台后离开德国，终老于普林斯顿大学高级研究学院，在那里爱因斯坦、帕诺夫斯基、凯南都是他的同事。（凭着记忆，凯南生动地描绘了康特洛维茨。）康特洛维茨并不是一个多产的作家，他的声望源于其两部著作：他的关于腓特烈二世的传记，以及他关于中世纪皇室祭祀的研究《国王的两具尸体》（*The King's Two Bodies*）。

七、文艺复兴史

如果你想了解米开朗基罗，可以看下约翰·阿丁顿·西蒙兹（John Addington Symonds）在这一领域的经典传记。约翰·阿丁顿·西蒙兹还写过多部关于意大利文艺复兴的作品，以及众多英国诗人（雪莱、菲利普·锡德尼、本·琼森）的传记。

沃尔特·佩特（Walter Pater）是另外一位19世纪的英国作家，写过一部关于意大利文艺复兴的经典作品。佩特的书要比西蒙兹的短，主要关注于个体作家和艺术家，而非总体上去研究意大利的文艺复兴。

G. F. 杨（G. F. Young）的《美第奇家族》（*The Medici*）涵盖了很大跨度的意大利史，其中探讨了政治和宗教。杨拥有那一时期历史学家通常具备的文学天赋，而这一点现在很少见。注意不要把G. F. 杨和G. M. 杨搞混了，G. M. 杨的代表作是《一个时代的肖像》（*Portrait of an Age*），被西蒙·斯卡姆（Simon Schama）称为“迄今为止最伟大的长散文”。

德米特里·梅列日科夫斯基（Dmitry Merezhkovsky）是一位有才华的、多产的作家，写过关于列奥纳多的历史小说，叫作《列奥纳多·达·芬奇罗曼史》（*The Romance of Leonardo da Vinci*）。梅列日科夫斯基并非一个客观冷静的学者，他是一个充满热情的神秘主义者，他的作品反映了他的性格特点。后面我会谈到他写拿破仑的出色作品。

关于伊丽莎白一世的研究不计其数。我推荐 J. E. 尼尔（J. E. Neale）的传记《伊丽莎白一世》（*Queen Elizabeth I*），以及曼德尔·克莱顿（Mandell Creighton）的《伊丽莎白时代》（*Age of Elizabeth*）。如果你想看更加现代的一些关于伊丽莎白的著作，可以考虑安卡·穆斯坦（Anka Muhlstein）写的《伊丽莎白和玛丽·斯图亚特：婚事的危险》（*Elizabeth I and Mary Stuart: The Perils of Marriage*）。安卡·穆斯坦还写过关于她祖先詹姆斯·罗斯柴尔德（James Rothschild），以及法国探险家沙勒等的作品。曾两次赢得法兰西学院关于历史研究的奖项。安东尼娅·弗雷泽（Antonia Fraser）写过一本评价甚好的关于苏格兰玛丽皇后的传记，还写过一些关于其他王室的传记。

安东尼·格拉夫顿（Antonia Grafton）专门研究文艺复兴时期知识分子的生活。他的作品包括对文艺复兴学者约瑟夫·斯卡里格（Joseph Scaliger）、占星家卡达诺（Cardano）、建筑学家莱昂·巴蒂斯塔·阿尔伯蒂（Leon Battista Alberti）的研究。他还创作了《脚注：一段奇怪的历史》（*The Footnote: A Curious History*）。另外一个具有较高知名度的研究文艺复兴时期知识分子的专家是保罗·克里斯蒂勒（Paul Kristeller）。

如果你想了解普通人在那一时期的生活情况，可以参考史蒂文·奥兹门特（Steven Ozment）的书《玛格达莱娜和巴尔萨泽：一对伦堡夫妇信件揭示的 16 世纪的欧洲生活画卷》（*Magdalena and*

Balthasar: An Intimate Portrait of Life in 16th Century Europe Revealed in the Letters of a Nuremberg Husband and Wife)。

八、美国历史

美国史始于美国原住民。查尔斯·曼（Charles Mann）写过一本关于美国原住民的书，叫作《1491：哥伦布之前的美洲新革命》（*1491: New Revelations of the Americas Before Columbus*)。曼既不是学者也不是专家，他的作品面向普通读者。

保罗·雷丁（Paul Radin）的作品是关于美国原住民的神话传说和人生观哲学的。与曼不同，保罗·雷丁整个一生都致力于研究美国原住民。1910 年前后，保罗·雷丁曾与中西部的温尼贝戈族印第安人（Winnebago Indians）生活了数年。

以移民到美国为内容的评价最高的作品之一是奥斯卡·汉德林（Oscar Handlin）的《迁移：造就美国人的伟大移民史诗》(*The Uprooted: The Epic Story of the Great Migrations That Made the American People*)。汉德林的作品在 1952 年赢得了普利策奖。汉德林在哈佛的一个学生伯纳德·贝林（Bernard Bailyn）写过几部关于美国早期移民的书，贝林把这些书称为“英国人在北美的定居”。贝林是研究美国早期历史的领军人物，他的作品两次获得普利策奖。贝林最知名的学生是戈登·伍德（Gordon Wood），他也研究美国早期历史。戈登·伍德因其《美国革命的激进主义》(*The Radicalism of the American Revolution* ）获得了普利策奖。他还写过关于本杰明·富兰克林的研究、美国革命简史等。

华盛顿短篇传记，最好的作品可能就是马库斯·坎利夫（Marcus Cunliffe）的《乔治·华盛顿：不朽的丰碑》（*George Washington: Man and Monument*），最好的长篇传记是詹姆斯·弗莱克斯内（James Flexner）的四卷本作品。詹姆斯·弗莱克斯内把其四卷本作品压缩成一卷的流行传记《华盛顿：不可或缺的人》（*Washington: The Indispensable Man*）。弗莱克斯内是美术史学家伯纳德·贝伦森的朋友，贝伦森写了很多关于美国美术的书籍。弗莱克斯内并不是一个学者，而是一个涉猎广泛的作家。

约瑟夫·埃利斯（Joseph Ellis）写过很多广受好评的关于华盛顿、亚当斯、杰斐逊的传记，他的作品《建国兄弟：革命的一代》（*Founding Brothers: The Revolutionary Generation*）赢得了普利策奖。埃利斯的作品即使学术性的也是通俗性读物，他写的传记篇幅相对短小。

约瑟夫·埃利斯在耶鲁大学的老师埃德蒙·摩根（Edmund Morgan）是备受尊崇的历史学家，专门研究美国早期历史。摩根著有《共和国的诞生：1763—1789》（*The Birth of the Republic: 1763-89*）、《温和清教徒：埃兹拉·斯坦尔斯的生活，1727—1795》（*The Gentle Puritan: A Life of Ezra Stiles, 1727-1795*），以及关于富兰克林和华盛顿的研究。

埃斯特·福布斯（Esther Forbes）的《保罗·里维尔和他生活的世界》（*Paul Revere and the World He Lived in*）是关于殖民地波士顿的一本好书。福布斯还写了《自由战士》（*Johnny Tremain*），这是面向年轻读者的关于殖民地波士顿的书。戴维·哈克特·费舍尔（David Hackett Fischer）著有《保罗·里维尔的坐骑》（*Paul Revere's Ride*），以及获得普利策奖的《华盛顿的转折点》（*Washington's Crossing*）。如果你想了解早期美国普通人的生活，可以考虑劳雷尔·乌尔里希（Laurel Ulrich）的《助产妇的故事》（*A Midwife's Tale*）。

想了解大革命和内战这一时期历史的话，考虑看下乔伊斯·阿普比（Joyce Appleby）的《继承革命：第一代美国人》（*Inheriting the Revolution: The First Generation of Americans*）。还可以参考 H. W. 布兰兹（H. W. Brands）的《安德鲁·杰克逊：其生平和时代》（*Andrew Jackson: His Life and Times*）。布兰兹尝试着用有趣的故事让历史变得更加生动有趣。他通过一系列的传记来叙述美国历史。

关于内战最知名的研究可能就是谢尔比·福特（Shelby Foote）的三卷本作品《内战纪事》（*The Civil War: A Narrative*）。福特是一个小说家，他以创作文学的方式来写历史；他以不加脚注而自豪。《星星闪耀征途：葛底斯堡战役》（*Stars in Their Courses: The Gettysburg Campaign*）和《被围之城：维克斯堡战役》（*The Beleaguered City: The Vicksburg Campaign*）是福特的两部短篇作品集。福特还写了《夏洛伊》（*Shiloh: A Novel*），其中谈到内战期间的主要战役。福特编辑了一个选集，叫作《奇克莫加河与其他内战故事》（*Chickamauga and Other Civil War Stories*，之前出版为《塞勒维尔前夜》，*The Night Before Chancellorsville*），选集收进了一些福克纳、尤多拉·韦尔蒂（Eudora Welty）、托马斯·沃尔夫等人的小说。福特还给史蒂芬·克莱恩（Stephen Crane）的著名内战作品《红色英勇勋章》（*The Red*

Badge of Courage）写过序言。

迈克尔·色拉（Michael Shaara）的《天使杀手》（*Killer Angels*）可能是最受欢迎的内战读本。《天使杀手》是关于葛底斯堡战役的短篇历史小说。小说基于亲历者的记忆，是历史和虚构的结合，或者我们可以称之为新类型的历史小说。如果你想看一部关于内战的综合书籍，可以参考詹姆斯·迈弗森（James McPherson）的《自由的呐喊》（*Battle Cry of Freedom*），这部书曾在 1989 年获得普利策奖。迈弗森的学术水准是无可挑剔的，他的作品既能满足普通读者，也能让学者满意。还可以参考 T. 哈里·威廉姆斯（T. Harry Williams）的《林肯和他的将军们》（*Lincoln and His Generals*）。威廉姆斯参与编写了《美国战争史》（*The History of American Wars*），其中章节《为什么北方赢得内战》（*Why the North Won the Civil War*）就是由其编写。两个南方作家艾伦·泰特（Allen Tate）和罗伯特·潘·华伦（Robert Penn Warren）也写过关于内战的一些书。

关于美国内战有很多很棒的回忆录。最好的一部可能是由企鹅出版社出版，詹姆斯·迈弗森作序并加注的尤利西斯·格兰特（Ulysses Grant）的回忆录，以及美国图书馆编辑的格兰特的回忆录，其中包含了很多格兰特的书信。弗兰克·哈斯凯尔（Frank Haskell），一个联军的长官，曾写过关于葛底斯堡的回忆录，后由历史学家布鲁斯·卡顿（Bruce Catton）编辑出版。

关于盟军方的回忆录，可以参考列兵萨姆·沃特金斯（Sam Watkins）写的《H 连》（*Company Aytch*），他在书中描述了普通士兵的生活，生动有趣，是不可多得的回忆录。莫科斯利·索雷尔（Moxley Sorrel），朗斯特里特（Longstreet）的副官，写过《一个盟军参谋的回忆录》（*Recollections Of a Confederate Staff Officer*），像《H连》一样有趣。乔治·埃格尔斯顿（George Eggleston）曾在杰布·斯图尔特（Jeb Stuart）的骑兵服役，写了一个让人沉醉的回忆录，叫作《一个反叛者的回忆录》（*A Rebel's Recollections*）。道格拉斯·索斯豪尔·弗里曼（Douglas Southall Freeman）写过多部关于罗伯特·E.李和乔治·华盛顿的作品，对回忆录《毁灭与重建》（*Destruction and Reconstruction*）评价甚高，这本书的作者是总统扎卡里·泰勒（Zachary Taylor）的儿子理查德·泰勒（Richard Taylor）。弗里曼评价理查德·泰勒为"拥有一流文学造诣的盟军将军"[①]。弗里曼尤其喜欢理查德·泰勒早期所写关于在斯通威尔·杰克逊（Stonewall Jackson）手下服役的书。《罗伯特·E.李将军的回忆及书信》（*Recollections and Letters of General Robert E. Lee*）是一本由李的儿子写的，并得到很高评价的书。C.范恩·伍德沃德（C. Vann Woodward）根据日记编写的《玛丽·切斯纳特的内战》（*Mary Chesnut's Civil War*）获得普利策历史方面的奖项。

如果你想看关于林肯的传记，戴维·赫伯特·唐纳德的《林肯》（*Lincoln*）是个不错的选择。如果你想看一个篇幅较短的，可以考虑威廉姆·吉纳普（William Gienapp）的《亚伯拉罕·林肯和美国内战》（*Abraham Lincoln and Civil War America*）。卡尔·桑德堡（Carl

---

① This quote probably comes from Freeman's book *The South to Posterity: An Introduction to the Writings of Confederate History*.

Sandburg）的四卷本作品《亚伯拉罕·林肯：战争年代》（*Abraham Lincoln: The War Years*）篇幅较长。桑德堡是个享有盛誉的诗人，因此他的作品更加偏向文学而非学术。如果你想更加直观地了解林肯，可以参考伯林盖姆（Burlingame）和艾特林格（Ettlinger）编辑的《林肯白宫内部：约翰·海伊的完整内战日记》（*The Complete Civil War Diary of John Hay*）。《林肯与劲敌幕僚》（*Team of Rivals*）是一本关于林肯内阁的书，作者是多丽丝·卡恩斯·古德温（Doris Kearns Goodwin）。古德温也写过一些关于罗斯福、肯尼迪等的书，备受好评。

在 20 世纪初期，查尔斯·彼尔德（Charles Beard）曾是美国历史学家的领军型人物。彼尔德写过《宪法的经济解读》（*An Economic Interpretation of the Constitution*），在其中他认为开国元勋是受经济利益驱动的，而非基于哲学信念。彼尔德还写过很多其他的书，其中包括三部关于美国历史的研究：《美国文明的崛起》（*The Rise of American Civilization*）、《在中间通道的美国》（*America in Midpassage*）和《美国精神》（*The American Spirit*）。彼尔德的妻子是女权和工会的支持者，他与丈夫合作写了几本书。

受到彼尔德影响的年轻历史学家有理查德·霍夫施塔特（Richard Hofstadter）。在其早期作品中理查德·霍夫施塔特强调了经济利益的冲突，他的书《美国人思想中的社会达尔文主义，1860—1915》（*Social Darwinism in American Thought, 1860-1915*）批评了美国资本家。后来，霍夫施塔特和彼尔德分道扬镳，同时也缓和了其左翼调门。他开始强调美国整体的一致性，而非冲突。他的代表作是《美国政治传统及其制定者》(*The American Political Tradition and the Men Who Made It*)，其中包含了 12 个美国政治家的生平介绍。霍夫施塔特的作品拥有广泛的读者，是一个公共知识分子。其《美国人生活中的反智主义》(*Anti-intellectualism in American Life*) 和《改革时代：从布莱恩到富兰克林·罗斯福》(*The Age of Reform: From Bryan to F.D.R*) 获得普利策奖。霍夫施塔特重视文学价值，他是文学批评家阿尔弗雷德·卡津的朋友。不要把理查德·霍夫施塔特和道格拉斯·霍夫施塔特（Douglas Hofstadter）搞混了，后者的代表作是《哥德尔》(*Gödel*)、《埃舍尔》(*Escher*)、《巴赫》(*Bach*)。

理查德·霍夫施塔特在哥伦比亚大学任教，其学生迈克·华莱士（Mike Wallace）和爱德文·巴罗斯（Edwin Burrows）合写的两卷关于纽约历史的书，获得普利策奖。(直到 2011 年第二卷还没有完成，华莱士独自编写第二卷。)

小亚瑟·M. 施莱辛格（Arthur M. Schlesinger, Jr）是 20 世纪中期杰出的历史学家。他写了关于总统富兰克林·罗斯福、约翰·肯尼迪的书，其《杰克逊时代》(*The Age of Jackson*) 获得普利策奖。他父亲亚瑟·M. 施莱辛格也是知名的历史学家。

一个城市的历史可以从一个侧面生动地反映出一个国家的历史。推荐大家看下汤森德·斯卡德（Townsend Scudder）写的《康科德：美国城镇》(*Concord: American Town*)，一本关于加州和马萨诸塞州历史的书。本书文风煽情，讨巧（赫伊津哈强烈批评这种文体），但是本书很好地诠释了美国历史的主要主题，并且具有可读性和趣味性。

如果你想看一部关于美国历史的书，《美国人民牛津史》（*The Oxford History of the American People*）是个不错的选择，作者为萨缪尔·艾略特·莫里森（Samuel Eliot Morison，这本书也被出版成三卷独立的平装书）。莫里森与亨利·斯提尔·康麦格（Henry Steele Commager）共同完成了一本通识教材，叫作《美利坚共和国的成长》（*The Growth of the American Republic*）。莫里森对大海有着特殊的兴趣，因其哥伦布和约翰·保罗·琼斯（John Paul Jones）传记获得普利策奖。他写了十五部关于“二战”期间美国海军历史的书。作为一个波士顿人、哈佛教授，莫里森对本土史比较感兴趣，写过多部关于马萨诸塞州和哈佛的书。

九、拿破仑和希特勒

哲学家和心理学家对拿破仑（Napoleon）和希特勒（Hitler）的研究兴趣永无止境。学者们常常指出两人之间的相似之处：两人都出生在他们所统治的国家以外（拿破仑出生在科西嘉岛，希特勒出生在奥地利）；两人都是天才人物；两人都是骁勇善战、非同一般的兵士；两人都出身寒微，却最终获得了绝对权力；两人都开创了扩张性帝国；两人都在俄国被击败，然后又受到西方国家的打击，最后被彻底消灭。

写拿破仑的许多书都很有趣。安德烈·莫洛亚的《拿破仑画传》（*Napoleon: A Pictorial Biography*）是对拿破仑很好的介绍。它和莫洛亚关于伏尔泰的书一样易懂易读，令读者感到轻松。

《拿破仑其人》(*Napoleon the Man*) 由梅列日科夫斯基所作，是一本简短而引人入胜的书。书中最有趣的部分是那些来自熟识拿破仑的人的引语，这些引语比作者本人的议论要有趣得多。阅读此书的读者会想阅读作者从中收集那些引语的书。然而，这些第一手资料多鸿篇巨制、卷帙浩繁，读这些书所要求的耐心比读莫雷支考夫斯基的书所要求的耐心要大得多。

拿破仑在孩童时期就热情洋溢且富有理想。他受到古代历史、普鲁塔克（Plutarch）所讲述的古希腊和古罗马英雄故事，以及法国悲剧的启发。他决心要仿效历史和戏剧人物，要成就惊天动地之举。他不明白为什么他周围的人没有要当英雄的愿望。他背弃人群，他孤独乖僻。

拿破仑集梦幻似的浪漫主义和现实主义态度于一身，一个熟悉他的人说他：

> 喜欢所有带有幻想色彩的东西：奥西恩（Ossian）的诗、柔和的光线、忧郁的音乐……他听着音量微弱、速度缓慢的音乐时，可以陷入一种恍惚的神情，一到这时候，我们就谁都不敢打搅他，哪怕是以最最轻微的动作。[①]

J. H. 罗斯（J. H. Rose）写的《拿破仑之个性》(*The Personality of Napoleon*) 和莫雷支考夫斯基的《拿破仑其人》截然不同：莫雷

---

① *Napoleon the Man*, ch. 8.

支考夫斯基写的是拿破仑的灵魂，而罗斯写的是拿破仑的政策——他的法律政策、经济政策、政治政策和军事政策。尽管罗斯的书与莫雷支考夫斯基的书不同，但它也是一本读来有趣的好书。还有一本很有意思的关于拿破仑的书，这就是何诺德（Herold）写的《拿破仑思想》（*The Mind of Napoleon*）——一本拿破仑语录。拿破仑的同学和秘书波瑞安（Bourrienne）撰写了一部多卷本拿破仑回忆录。[①] 当代历史学家安德鲁·罗伯茨（Andrew Roberts）曾写过拿破仑传记和几本其他与拿破仑相关的书籍。罗伯茨也写过大量有关“二战”时期的书。

《步枪旅的冒险》（*Adventures in the Rifle Brigade*）是由一位在拿破仑战争中奋战过的英国士兵约翰·金凯德（John Kincaid）写的一部著名的回忆录。英国小说家塞西尔·斯科特·福雷斯特（C. S. Forester）撰写了有关拿破仑战争时期的皇家海军的系列畅销小说，这个系列主要是写一位名叫霍雷肖·霍恩布洛尔（Horatio Hornblower）的人物。

我最喜欢的有关希特勒的书是史蒂文·塞奇（Steven Sage）撰写的《易卜生和希特勒》（*Ibsen and Hitler*），该书呈现了一个关于希特勒的令人吃惊的新理论，涵盖了有关其生活和个性的许多信息，全篇简短但可读。最好的三部希特勒传记是由艾伦·布洛克（Alan Bullock）、约阿希姆·菲斯特（Joachim Fest）和安恩·科修（Ian

---

① 我推荐由 R. W. 菲普斯（R. W. Phipps）编辑的英文版（New York: Scribner's, 1895）。菲普斯改进了原版，他插入大量有趣的脚注，其中包含一些同时期其他回忆录里的语录。他也删除了原版中的某些段落，但即使有段落删除，该书仍然有四卷长，且每卷约 400 页。

Kershaw）三位作家各自完成的。此三人中，布洛克写的传记是最早也是最短的。科修的是最新且最长的。有很多了解希特勒的人都写了他的传记，例如奥古斯特·库比扎克（August Kubizek）写的《我认识的青年希特勒》（*The Young Hitler I Knew*），希特勒的摄影师海因里希·霍夫曼（Heinrich Hoffman）写的《希特勒曾是我的朋友》（*Hitler Was My Friend*），以及艾伯特·斯佩尔（Albert Speer）所写的《第三帝国内幕》（*Inside the Third Reich*）。希特勒的讲话在《希特勒席间漫谈》（*Hitler's Table Talk*）一书中出版。希特勒的自传《我的奋斗》（*Mein Kampf*）和墨索里尼的自传一样，其中某些部分很有意思。对墨索里尼感兴趣的读者应该去读埃米尔·路德维希（Emil Ludwig）的《与墨索里尼谈话笔录》（*Talks With Mussolini*）。

十、凯杜里等

在历史领域里，当代最优秀的学者之一是埃里·凯杜里（Elie Kedourie）。凯杜里的专门领域是民族主义和中东事务。虽然，他是犹太人，但是他对犹太人的民族主义持批评态度。凯杜里持保守的政治观点。凯杜里着重批评的一位激进的思想者是汤因比，凯杜里在《柴特汉姆帮之论》（"The Chatham House Version"）中对汤因比进行了猛烈攻击。[①]

保罗·约翰逊（Paul Johnson）是另一位有保守主义倾向的当代历

---

① Kedourie, *The Chatham House Version and Other Middle Eastern Studies*.

史学家。约翰逊所著的《摩登时代》(*Modern Times*)是一部 20 世纪的历史概况。凯杜里的著作学术气息浓厚，且严肃而深刻，约翰逊的著作则多有奇闻趣事，且倾向于新闻写作。约翰逊书中所采集的奇闻往往使读者吃惊，比如，他描述一个印度的政治家怎样在每天清晨喝一杯自己的尿。伟大的历史著作绝不止于奇闻趣事，它是对人类状况的认真解释。不幸的是，现代历史学家们发现，如果他们在书中堆积充满刺激性的奇闻趣事，他们的书就可以畅销。

凯杜里是保守派理论家迈克尔·欧克肖特(Michael Oakeshott)的学生，迈克尔因其散文集《政治中的理性主义》(*Rationalism in Politics*)而闻名。像凯杜里一样，欧克肖特对乌托邦式的政治计划表示谴责。根据欧克肖特所说，政府既没有起点也没有终点，它的目标是维持下去。

另一位众所周知的中东历史学家是伯纳德·刘易斯(Bernard Lewis)。像凯杜里一样，刘易斯在学术界享有盛名，且也持保守派政治观点(刘易斯支持颠覆萨达姆·侯赛因)。但学术之外，凯杜里没有名气，而“9·11”事件之后刘易斯却声名鹊起，袭击事件发生之后，每家电视频道都要采访他。刘易斯著书无数，包括《中东：过去 2000 年简史》(*The Middle East: A Brief History of the Last 2,000 Years*)和《出了什么问题？》(*What Went Wrong?*)。

十一、高依坦和格伦那宝姆

高依坦(Goitein)和格伦那宝姆(Grunebaum)是现代的两位中

东问题专家。高依坦专事犹太文化研究，格伦那宝姆则专事伊斯兰文化研究。两人的写作都带有学术研究性质，风格上稍嫌枯燥，他们的书从来没有上过畅销书单。我推荐高依坦的《犹太人与阿拉伯人：二者历年之交往》（*Jews and Arabs: Their Contacts Through the Ages*）。尽管读这本书需要一定的耐心，但读完后会对犹太人和阿拉伯人有深入的了解。高依坦对文学极为欣赏，他这样说道：

> 当叶胡达·哈雷维（Yehuda Halevi）描写到自己怎样起身于夜半，陶醉于明星闪烁的夜空之美景时，我们毫不怀疑地相信，他的确是有过那种经历的。①

高依坦的代表作是五卷本中世纪犹太人生活的研究《地中海社会》（*A Mediterranean Society*）。这五卷书是以高依坦在一处开罗犹太教堂所做的文档研究为依据的（事实上文档在犹太教堂均归档或存放密库）。高依坦死于1985年，去世当天他把最后一卷寄给了出版商。

格伦那宝姆以《中世纪之伊斯兰》（*Medieval Islam*）著称。他关于伊斯兰文学的评论和高依坦对犹太文学的评论一样，很有见地。格伦那宝姆说，在公元1000年左右，伊斯兰文明开始衰退，伊斯兰教作家开始追求形式：

---

① S. D. Goitein, *Jews and Arabs: Their Contacts Through the Ages*, 7, v.

> 作家不再对他所描述的事件感兴趣了，他只对他的描述感兴趣。事实被降低为一种显示的机会——就是说，显示作家的技巧、才智和知识的机会。[①]

格伦那宝姆对伊斯兰文学和伊斯兰宗教的评论极为深刻，它们超越了伊斯兰文化的界限，对认识广义的文学和广义的宗教都有所启示。在谈到圣人之品质时，他引用了一个圣人的话：

> 真正的圣人在民众间进出，与民众同食同寝，于市场上买卖，履行婚姻职责，参加社会交往，却无时无刻敢忘却上帝。[②]

哥舒姆·舒勒姆（Gershom Scholem），高依坦的一位朋友，是犹太神秘主义和卡巴拉教的主要专家。

十二、凯南

美国所产生的最著名的文学作品之一是梅尔维尔的《白鲸》。梅尔维尔写《白鲸》的时候大约30岁，后来《白鲸》受到冷遇，他对小说创作失去了兴趣。公众的赞赏对作家和艺术家的创作是一种促进。如果作家和艺术家的作品被公众忽视，他们有时就会停止创

---

① Gustave E. von Grunebaum, *Medieval Islam: A Study in Cultural Orientation*, Ⅶ, 1.

② Gustave E. von Grunebaum, *Medieval Islam: A Study in Cultural Orientation*, Ⅳ, 5.

作。反过来说也一样，如果他们的作品受到公众的赞赏，他们就可能备受鼓舞而尽最大努力继续创作。

美国的外交家和历史学家乔治·凯南（George Kennan）是一个作品受到广泛阅读并得到公众普遍赞赏的作家。凯南以 20 世纪史为素材，创作出饮誉长久的文学作品，他这样的作家是鲜有的。凯南在文学上的卓越成就部分归因于公众的赞赏。凯南在写作他的第一部文学作品《俄罗斯免战》（*Russia Leaves the War*）（一部讲述俄罗斯撤出第一次世界大战的作品，出版于 1956 年）之前，就是一位国际知名人士。凯南是外国事务特别是俄国事务专家。在凯南生活的年代，这些题目似乎很重要，也很有意义，凯南自己就似乎处于世界事件的中心。当别的知识分子可能感到他们身处于美国社会之外，既毫不相关，又受到忽略，凯南却正置中心。这大概就是凯南之所以能够著作等身而当时没有几个美国作家能够做到这一点的原因。

名声对孤寂是一个威胁，凯南指出过这一点。他说，在现代美国，"成功给一个获得成功的人所带来的是排山倒海似的公众注意和商业的压力，以致于他只有两种选择：或移民出走到国外生活，或不再写任何有丝毫价值的东西"。凯南说，他被"想找工作的人、想请我看书稿的人"、想请他在毕业典礼上讲话的人不断地骚扰。而另一方面，凯南似乎对不知名的知识分子也抱有同情："完全的默默无闻是一个障碍，一个人只有靠很大的努力和好运，才能冲破这个障碍。"[1] 简言之，凯南对名声这个题目的讨论有着他对其他题目的讨

① George Kennan, *Memoirs 1950-1963*, ch. 1.

论同样的趣味性和深刻性。

凯南的作品充满对国际事务的新观察和新思想。凯南在叙事上独具匠心，他能完全站在读者的角度，为读者提供他自己也感到赏心悦目的作品。凯南有特殊的品位。

凯南是美国社会的尖锐批评者。他指出："我们国家充满缺点——有的还很严重，我们一致地意识到这些不足，但是我们缺乏决心和公民的力量去改正它们。"凯南悲叹"轻率的人口过剩、工业化、社会的商业化和都市化"。他怀疑美国民主是否可以解决美国的问题，他想到或许一种不同的政治制度可以较好地解决美国的问题。尽管凯南的专业领域是国际关系，但"随着时间的推移，这种实践越来越空虚，我不得不问自己，当一个社会的内部关系正在明显地崩溃的时候，还有必要试图保护它与其他社会的关系吗？"①

约翰·刘易斯·加迪斯（John Lewis Gaddis）撰写了一部广受好评的凯南传记。加迪斯是一位耶鲁大学教授，专门研究冷战。

十三、约翰·卢卡奇

约翰·卢卡奇（John Lukacs）是凯南的朋友，出生于布达佩斯，后来成为美国历史学家。在凯南 2005 年去世之后，卢卡奇写过一本关于他的传记《乔治·凯南：性格研究》（*George Kennan: A Study of Character*）。卢卡奇也出版了其与凯南的书信《乔治·F. 凯南和

---

① George Kennan, *Memoirs 1950-1963*, ch. 4.

遏制政策的起源，1944—1946》（*George F. Kennan and the Origins of Containment, 1944-1946*）。1961 年卢卡奇出版了关于冷战历史的书，凯南称之为“关于哲学历史分析的真正伟大的作品”。卢卡奇生活在费城附近，在一所规模较小的费城大学（栗树山学院）任教，他写了一本书叫作《费城：贵族和腓力斯丁人，1900—1950》（*Philadelphia: Patricians and Philistines, 1900–1950*）。卢卡奇是一个虔诚的天主教徒，栗树山是一所天主教大学。

卢卡奇觉得在 20 世纪初美国文化较为健康，如东部城市费城，然而在 50 年代美国社会开始变得堕落和混乱。卢卡奇对西方文明比较悲观。

他笔下的主人公是丘吉尔，被其视为传统的守护者，一个保守派。关于希特勒他也写了很多，希特勒被其视为改革派，与保守派正好相反。卢卡奇经常写一些特定的地方或者时间，他有一本书叫作《迪尤尔：丘吉尔和希特勒的 80 天战斗，1940 年 5 月 10 日—7 月 31 日》（*The Duel: 10 May–31 July 1940: The Eighty-Day Struggle Between Churchill and Hitler*）。卢卡奇还写过关于其出生地的一本书叫作《布达佩斯 1900：一个城市及其文化的历史写照》（*Budapest 1900: A Historical Portrait of a City and Its Culture*）。注意不要把约翰·卢卡奇和乔治·卢卡奇（Georg Lukacs）搞混，后者是一个马克思主义者、文学批评家，同样也出生于布达佩斯。

卢卡奇的创作既非面向学术界，也非迎合大众读者，而是针对受过良好教育的非专业人士，以及供后人研究，当然我不知道后人是否会对其作品感兴趣。他重视文章风格，并为自己的风格感到自豪，但不像凯南，卢卡奇并不是一个文体家。

十四、其他当代历史学家

威廉姆·曼彻斯特（William Manchester）是一个卫斯理工会（Wesleyan）教授，当代史专家。他的很多作品很受欢迎，尤其是其三卷关于温斯顿·丘吉尔的研究，其中不仅研究丘吉尔，还提及大英帝国的衰落。曼彻斯特在完成其关于丘吉尔的著作之前就去世了，因此第三卷由保罗·李德（Paul Reid）写成。

如果你想看仅有一卷的丘吉尔传记，马丁·吉尔伯特（Martin Gilbert）的《丘吉尔的一生》（*Churchill: A Life*）将会是个不错的选择。吉尔伯特还写了一些关于大屠杀、20世纪史，以及两次世界大战史等的作品。在早期，吉尔伯特帮助丘吉尔的儿子写了一部八卷的丘吉尔传记。吉尔伯特以其流畅的文笔而非其深刻的观点而知名。

丘吉尔曾说过“历史将会记住我的好，因为我打算写历史”。丘吉尔是个多产的作家，从早期作为战地记者直到其生命尽头。《我的早年生活》（*My Early Life*）主要讲其在帝国偏远角落的历险。《马尔堡的生活和时代》（*Marlborough: His Life and Times*）是一部四卷本的研究祖先约翰·丘吉尔——马尔堡公爵的书。当“一战”结束时，丘吉尔写了六卷关于“一战”的历史，后来又写了六卷关于“二战”的历史。他的最后一部主要作品是一部四卷本的英语民族史。他从来不是一个文体家，他的口述历史，风格较为粗犷。

尼尔·弗格森（Niall Ferguson）因其近些年的学术和通俗著作而

知名。弗格森因其对经济的理解，并作为哈佛商学院的教授而为大家所熟悉。他有一本书，叫作《现金关系：现代世界的金钱与政治，1700—2000》（*The Cash Nexus: Money and Power in the Modern World, 1700-2000*）。其代表作是两卷关于罗斯柴尔德（Rothschild）银行家族的研究作品。弗格森的《世界战争》（*War of the World*）可能是20世纪最好的历史书，胜于保罗·约翰逊的《摩登时代》。弗格森不相信命运，他认为英雄不是历史规律塑造的，而取决于个人及个人所作出的决定。他对“反事实历史”（counter-factual history）很感兴趣，他喜欢想象如果当时没有作出特定的决定会是怎么样的。弗格森的政治观点相当保守，他经常点评时事。他已经主持了数部基于其作品的纪录片。

弗格森写过一本关于大英帝国的书，还写了一本关于美利坚帝国的书。另外一个写大英帝国的历史学家是劳伦斯·詹姆斯（Lawrence James），是《大英帝国的兴起与衰落》（*The Rise and Fall of the British Empire*）的作者。詹姆斯的作品既有很高的学术性又兼具可读性。简·莫里斯（Jan Morris）写了一部三卷的关于大英帝国历史的书。（简在接受变性手术之前叫詹姆斯·莫里斯。）

像尼尔·弗格森一样，荣·切尔诺（Ron Chernow）经常写一些经济史。切尔诺写过杰出的商业家族，如摩根、洛克菲勒、沃伯格（Warburg）；还写过一些关于汉密尔顿和华盛顿的传记。切尔诺不像弗格森那么学术，那么严肃。切尔诺之前是一个记者，其作品中充满趣闻逸事，他的作品试图带给读者愉悦而不是说教。

丹尼尔·尤金（Daniel Yergin）是杰出的经济历史学家和能源专

家。其著作有《石油大博弈：追逐石油、金钱与权力的斗争》（*The Prize: The Epic Quest for Oil, Money, and Power*）和《制高点：世界经济之战》（*The Commanding Heights: The Battle for the World Economy*，两本书都被拍成纪录片）。[①]

如果你想了解欧洲当代史，A. J. P. 泰勒（A. J. P. Taylor）的《争夺欧洲霸权的斗争，1848—1918》（*The Struggle for Mastery in Europe, 1848-1918*）是这一领域的经典之作。正如尼尔·弗格森，泰勒也不相信命运："没有什么是注定的，"泰勒说，"在发生之前。"泰勒强调历史中偶然事件的作用，他认为"一战"的主要原因在于费迪南王公的司机转错了弯。泰勒写的一些生动的散文诗，能够传达出生动的画面。他的课程在牛津非常受欢迎，以至于过道都挤满了人。和尼尔·弗格森一样，泰勒经常点评时事、上电视做节目。

保罗·福赛尔（Paul Fussell）是美国教授（英语系），参加过"二战"，写过的关于两次世界大战的书广受好评。福赛尔的代表作是《伟大战争和现代回忆》（*The Great War and Modern Memory*），其中描述了文学界对于"一战"的态度。他对旅行文学也很感兴趣，写过《海外：英国文学在战争中旅行》（*Abroad: British Literary Travelling Between the Wars*）。

西格夫里·萨松（Siegfried Sassoon）是福赛尔写过的英国士兵中的一个。萨松的《猎狐人回忆录》（*Memoirs of a Fox-Hunting Man*）幽默风趣，广受好评。萨松在《步兵军官回忆录》（*Memoirs of an*

---

① 《制高点》（*Commanding Heights*）是与约瑟夫·斯坦尼斯罗（Joseph Stanislaw）共同创作的。

Infantry Officer）中写了其“一战”的经历。

汉斯·康（Hans Kohn）是出生于布拉格的犹太历史学家，曾代表奥地利、德国参加“一战”。在俄国战俘营度过了五年时光，后来成为一个美国教授。康写过一部自传体作品《生活在一场世界革命中：我与历史的邂逅》（*Living in a World Revolution: My Encounters With History*）。像埃里·凯杜里一样，康对民族主义有着特殊的兴趣，写过几部关于这一话题的书。康还写了《哈普斯堡帝国，1804—1918》（*The Habsburg Empire, 1804–1918*）。

罗伯特·马西（Robert Massie）是一个美国历史学家，写过关于俄国和战舰的历史。马西进入耶鲁大学，获得罗氏奖学金，后成为一名记者。他儿子患上血友病，在他得知尼古拉斯二世（Nicholas Ⅱ）的儿子也患有血友病时，他开始阅读关于尼古拉斯二世的一些资料。这段经历后来促使他写成《尼古拉斯和亚历山大》（*Nicholas and Alexandra*，1967），非常受欢迎，并且开启了马西作为历史学家的事业。1981 年，马西因其彼得大帝的传记作品获得了普利策奖；他还写过凯瑟琳大帝传记。马西写过两部关于战列舰的书：《无畏战舰》（*Dreadnought*）讲述了英德在“一战”前数十年的军备竞赛（如战列舰竞赛），《钢铁城堡》（*Castles of Steel*）讲述了“一战”期间的战列舰。

西蒙·塞巴格·蒙蒂菲奥里（Simon Sebag Montefiore）是另外一个受欢迎的历史学家，写过关于俄国的作品。蒙蒂菲奥里写过两卷本的斯大林传记、罗曼诺夫王朝历史、耶路撒冷历史。他兄弟休·塞巴格·蒙蒂菲奥里（Hugh Sebag Montefiore）写过关于敦刻尔克大撤退及恩尼格玛密码（Enigma code）的书。蒙蒂菲奥里兄弟与摩西·蒙蒂菲奥里（Moses Montefiore）有亲属关系，后者是20世纪80年代杰出的银行家、慈善家。

R. R. 帕尔默（R. R. Palmer）是一个美国历史学家，其代表作是一部教材《当代世界史》（*A History of the Modern World*）。帕尔默对法国大革命领袖的研究作品《十二个统治者》（*Twelve Who Ruled*），是这一领域的经典。

如果想要了解20世纪历史黑暗的一面，可以参考《奥斯维辛》（*Auschwitz*），作者是萨拉·诺姆伯格·普兹泰克（Sara Nomberg-Przytyk）。本书简明扼要，语言精练，是作者对其关押在奥斯维辛集中营生活的感人回忆。还可参考普里莫·莱维（Primo Levi）的著名回忆录《奥斯维辛生还录》（*Survival in Auschwitz*，又叫《如果这是一个人》，*If This Is a Man*），以及维克托·弗兰克（Viktor Frankl）的回忆录《对人类意义的探索》（*Man's Search for Meaning*，又叫《从死亡阵营到存在主义》，*From Death-Camp to Existentialism*）。另外一部关于这一时期的经典之作是维克托·克雷姆佩里尔（Victor Klemperer）的多卷本日记。克雷姆佩里尔描述了希特勒掌权的德国对待犹太人的残酷暴行。尽管克雷姆佩里尔是犹太人，但是他并没有被关进集中营，因为他妻子是非犹太人。

关于“二战”敢死队、游击队、逃亡等话题的书是最受欢迎的一类。W. 斯坦利·莫斯（W. Stanley Moss）是英国敢死队员，写过两本畅销书《月光照铁衣》（*Ill Met by Moonlight*）和《暗影之战》（*A War of Shadows*）。菲茨罗伊·麦克莱恩（Fitzroy MacLean）写了《东部战事》(*Eastern Approaches*)，其中描述了在南斯拉夫和北非的游击战争，以及在中亚的旅行。麦克莱恩还写了《苏格兰简明史》(*A Concise History of Scotland*)。简·卡斯基（Jan Karski），波兰抵抗运动的成员，写了《秘密国度的故事》(*Story of a Secret State*，还写了《列强与玻璃：从凡尔赛到雅尔塔》，*The Great Powers and Poland: From Versailles to Yalta*)。鲁道夫·佛尔巴（Rudolf Vrba）写了《逃出奥斯维辛》(*Escape From Auschwitz*)。汉普顿·塞兹（Hampton Sides）写了《鬼兵》(*Ghost Soldiers*)，讲述了从日军监狱逃亡的故事。

《到这里驻扎安全》(*Quartered Safe Out Here*) 是一部关于"二战"期间在缅甸作战的回忆录。其作者是乔治·麦克唐纳·弗雷泽（George MacDonald Fraser），他还写过一个系列的流行小说，其中描述了弗莱施曼（Flashman）这一角色，我们可以称这些小说为喜剧历史。艾瑞克·洛马克斯（Eric Lomax）的《铁路劳工》(*The Railway Man*) 描述了作者作为战俘被日军强迫在缅甸修铁路的经历。《坚不可摧》(*Unbroken*) 是劳拉·希伦布兰德（Laura Hillenbrand）的代表作，描述了被日军囚禁的美国士兵（路易斯·赞帕瑞尼，Louis Zamperini）。

在谈旅行文学之前，不得不提基辛格的两卷本回忆录。像许多当代历史作品一样，基辛格的回忆录是如此的冗长，以至于只适合专家学者，而非普通读者。但与许多其他当代作品不同的是，基辛格的作品既有深度又很风趣。基辛格在谈到他第一次到中国旅行时写道："作为成人再像青少年那样去感受凝固的时间并不常见，这让每一件事都充满了新奇的神秘感……这就是飞机飞越白雪皑皑的喜马拉雅山时我的感受。”[①]

十五、旅行文学

我前面提到简·莫里斯写过三卷本关于大英帝国的历史。莫里斯也创作了一些旅行文学，包括对牛津、威尔士、的里雅斯特、中国香港、西班牙以及美国等地的研究。莫里斯写过全面研究威尼斯的作品《威尼斯世界》（*The World of Venice*），以及关于威尼斯的简史《威尼斯帝国：海上航行》（*The Venetian Empire: A Sea Voyage*）。美国作家玛丽·麦卡锡（Mary McCarthy）写了《佛罗伦萨的石头》（*The Stones of Florence*）以及《我眼中的威尼斯》（*Venice Observed*）。

罗伯特·拜伦（Robert Byron）当属最知名的旅行作家之一，他的《前往阿姆河之乡》（*Road to Oxiana*，1937）描述了穿越中东到达阿富汗的旅行。拜伦对建筑也有着敏锐的鉴赏力。受拜伦的启发，帕特里克利·弗莫尔（Patrick Leigh Fermor）在青少年时期就徒步从荷兰走到君士坦丁堡，弗莫尔后来写了两部关于那次旅行的书，备受好评，分别是《时间的礼物》（*A Time of Gifts*）和《在林水之间》（*Between the Woods and the Water*）。皮特·弗莱明（Peter Fleming）的《巴西冒险》（*Brazilian Adventure*，1933）是一部受欢迎的作品，讲述了深入巴西原始的内陆去寻找失踪的探险家珀西·福

---

① *White House Years*, ch. 19.

西特（Percy Fawcett）的故事。保罗·泰鲁（Paul Theroux）的《铁路大集市》（*Great Railway Bazaar*，1975）描述了从伦敦到东亚的铁路旅行。布鲁斯·查特文（Bruce Chatwin）的《在巴塔哥尼亚》（*In Patagonia*，1977）也是一部经典的旅行题材的作品。查特文的《歌词》（*Songlines*）描述了澳大利亚土著人。威廉姆·达尔林普尔（William Dalrymple）写过备受好评的旅行作品，同时也称得上是历史作品。他关于印度德里的书叫作《神灵之城》（*City of Djinns*，1994）。一些最好的旅行作品的作者起初并非旅行作家，如小说家 D. H. 劳伦斯、格雷厄姆·格林、伊夫林·沃、萨默塞特·毛姆等。

罗伯特·D. 卡普兰（Robert D. Kaplan）是个旅行作家，也是外交学者。卡普兰在 1993 年出版《巴尔干幽灵：通往历史之路》（*Balkan Ghosts: A Journey Through History*）后开始声名鹊起。1994 年，卡普兰出版了散文《即将到来的无政府主义》（"The Coming Anarchy"），描述了西非残酷的生活。

理查德·亨利·达娜（Richard Henry Dana）的《船上的两年生活》（*Two Years Before the Mast*，1840）是关于海上旅行的经典。D. H. 劳伦斯在其《美国经典文学研究》（*Studies in Classic American Literature*）中探讨了达娜的书。另外一部关于海上旅行的经典之作是约书亚·斯洛坎（Joshua Slocum）的《独自环球航行》（*Sailing Alone Around the World*，1900）。

格雷汉姆·罗布（Graham Robb）写过几部关于法国作家（巴尔扎克、雨果、波德莱尔等）的传记，还写了一些关于巴黎的文章，以及关于整个法国的书（《发现法国：一部历史地理学》，*The Discovery of France: A Historical Geography*）。像罗布一样，阿利斯泰尔·霍恩（Alistair Horne）是英国作家，但专门研究法国。他写过关于法国大革命、拿破仑、巴黎公社、法国在阿尔及利亚的战争等话题。他的《巴黎七年》（*Seven Ages of Paris*）就是一部关于这个城市的书。

如果你想看关于伦敦的书，可以参考皮特·阿克罗伊德（Peter Ackroyd）的《伦敦传》（*London: The Biography*）和《伦敦介绍》（*Illustrated London*）。阿克罗伊德是一个多产的作家，写过传记、历史和历史小说。他的关于托马斯·莫尔（Thomas More）的传记在1998年获得了布莱克奖（Black Prize），其关于T. S. 艾略特的传记在1984年获得了惠特布雷德奖（Whitbread Award）。

十六、传记和自传

包斯威尔（Boswell）的《约翰逊传》（*Life of Johnson*）被广泛认为是最佳英语传记著作。包斯威尔严肃而正式的叙述风格使人想起吉本。包斯威尔按照生卒年月描述约翰逊的一生，他写的是一部完整而细致的约翰逊生平。包斯威尔这部《约翰逊传》大部分比较枯燥、无趣，所以还是读简缩本比较好。

包斯威尔在书中叙述了约翰逊与他的交谈，在这些交谈中，约翰逊表达了他对很多问题的意见。约翰逊的政治和宗教观点总的来说是保守的，他和他的同时代人卢梭在关于是否每个人都应该工作这个问题上意见不一致。他说："假如大家都为了大家而工作，那大家就都是输家——因为大家都将没有智力的改善。所有的智力改善都源于安逸闲暇；所有的安逸闲暇都源于一个人为另一个人工作。”①

几乎跟包斯威尔的《约翰逊传》齐名的传记作品是意大利艺术家本韦努托·切利尼（Benvenuto Cellini）的自传。但是切利尼的自传不过是一部冒险故事书——时而有娱乐性，但决不深刻。本杰明·富兰克林（Benjamin Franklin）的自传比切利尼的自传要有趣得多，富兰克林的自传是卡夫卡最喜爱的书之一。然而，富兰克林的文学天赋有限，他的自传带有很重的说教色彩，不能说它是一本一流的文学作品。

梵高（Van Gogh）给他弟弟提奥（Theo）写的信也是一种自传。这种自传通常有简缩本，读者应该读简缩本。梵高的信写得很好、很有趣也很感人，它们在世界文学中是上乘的佳作。梵高生动地描述他在贫困、孤独和不被承认的状态中所作的挣扎。他写道：“假如我用不着禁食的话，我的体质会好得多，但是我一直都得在禁食和减少工作量之间进行选择。到目前为止，我都是选择前者的。”②梵高在绘画中找到了安慰：“我认为我常常像克罗依瑟斯（Croesus）那样富有，不是在金钱方面，而是因为我在我的工作中发现了我可以全心全意为之奉献的东西，这是带给生活以灵感和热情的东西。”③

最多产的现代传记作家之一是德国作家埃米尔·路德维希（Emil Ludwig）。路德维希的许多整部传记（比如他写的拿破仑传）质量一般。但是他的有些稍短的传记作品却很有意思。我推荐他的《天才

① *The Life of Johnson*, by James Boswell, Aetat. 64.

② *Dear Theo*, New American Library, 1969, p. 226.

③ *Dear Theo*, New American Library, 1969, p. 195.

及其性格》（*Genius and Character*），这是一个短篇传记作品集。路德维希的《三巨人》（*Three Titans*）——关于伦伯朗、米开朗基罗和贝多芬的——也是一本很有意思的书。

林语堂是一个久居海外的现代中国作家，他以自己的文学生涯引导外国人认识中国。他的著作之一是关于 11 世纪的中国诗人苏东坡的，书名为《欢乐天才：苏东坡的生活及其时代》（*The Gay Genius: The Life and Times of Su Tungpo*，又译作《苏东坡传》）。这本书有助于读者了解关于中国文明的很多事情。林语堂有一定的文学天赋，但正如许多现代作家一样，他著书不够简练。他的《苏东坡传》就失之冗长。

如果你对中国文明感兴趣，就应该阅读亚瑟·韦利（Arthur Waley）的作品。韦利分别撰写了关于三位中国诗人生平的书，他们是袁枚、李白和白居易。韦利也出版了无数亚洲文学译著，包括一本名为《170 首中国古诗》（*170 Chinese Poems*）的书。该书备受艺术历史学家肯尼思·克拉克（Kenneth Clark）的喜爱。“我年轻时所有的作家中，”克拉克写道，“亚瑟·韦利是最有价值的。他将学者对真理的感受（多杰出的学者啊！）和诗人对语言的感觉相结合。”[①]

另一种了解中国文明的方式是随着古代占卜书《易经》（*Book of Changes*，*or I Ching*）一起尝试操作。占卜是指通过随机方式预测未来或给予建议，如掷骰子或抛硬币。荣格十分敬重《易经》（*I Ching*）一书，该书利用了物质世界（掉落的硬币）和人类世界

① *Another Part of the Wood*, p. 81.

的密切关系，正如荣格的同步性理论也利用了物质世界和人类世界间的密切关系一样。《易经》一书最著名的翻译或分析是卫礼贤（Richard Wilhelm）的版本，不过我觉得这个版本复杂难懂，混乱不清。我推荐一个较短的版本《插图版易经》（*The Illustrated I Ching*），该书读起来让人心情愉悦，操作起来容易。

如果你想了解印度，推荐阅读乔杜里（Nirad Chaudhuri）的作品。乔杜里撰写过两本有关他自己生活和岁月的书：《一个默默无闻的印度人的自传》（*The Autobiography of an Unknown Indian*）和《你的手，伟大的无政府主义者！》（*Thy Hand, Great Anarch!*）。乔杜里也写过印度教研究、现代文化研究、马克斯·缪勒（Max Muller）和罗伯特·克莱夫（Robert Clive）传记。他因《赛丝的大陆》（*The Continent of Circe*）一书获得达夫·库柏奖（Duff Cooper Prize），该书是一本关于印度的散文集。乔杜里能用英语流利写作，并对西方文学传统有深刻的认识。

最杰出的现代传记作家是李腾·斯特拉奇（Lytton Strachey）。斯特拉奇是弗吉尼亚·伍尔夫的朋友，也是在20世纪早期极为活跃的一个叫作“布鲁姆斯伯里团体”（Bloomsbury Group）的成员。斯特拉奇赞赏法国文学，却对英国文学失望。他说英国（他的祖国）从未产生过一个这样的传记作家；这个作家有能力“将人的多彩生活凝练地表现在几页闪光的篇幅当中……保持适当的简洁性——这种简洁排除一切多余的东西但保留一切有意义的东西——绝对是传记作家的首要责任”[①]。

---

① *Eminent Victorians*, preface.

斯特拉奇以《维多利亚时代名人传》（*Eminent Victorians*）而享誉四方。这部传记将维多利亚时代的四位杰出人物的生活机智而凝练地表现在几页闪光的篇幅当中。这四位杰出人物是曼宁主教（Cardinal Manning）、弗罗伦斯·南丁格尔（Florence Nightingale）、托马斯·阿诺德博士（Thomas Arnold）和戈登将军（General Gordon）。《维多利亚时代名人传》的确是一部优秀的文学著作。我还推荐斯特拉奇的《伊丽莎白和艾塞克斯》（*Elizabeth and Essex*），这本书仅以250页的篇幅就使伊丽莎白时代跃然纸上。

第五章 综合

一、罗斯金

约翰·罗斯金（John Ruskin）是19世纪最具影响力的英语作家之一。19世纪40年代，罗斯金只有20多岁的时候，就开始写作他的第一部著作《现代画家》（*Modern Painters*）。这部著作起初是为了给英国画家特纳（Turner）辩护而写的，结果它逐渐变成一部五卷本的绘画艺术概论。写作《现代画家》以后，罗斯金又写了《建筑美学七盏灯》（*The Seven Lamps of Architecture*）和《威尼斯之石》（*The Stones of Venice*）两本书。这两部著作赞美了哥特式（Gothic）建筑，并对建筑史上称为“哥特复兴”的运动有所贡献。罗斯金是第一位献身于视觉艺术研究的重要作家。罗斯金在绘画和建筑艺术方面的著作众口皆碑，这是各主要大学把艺术史作为一个学科而建立起来的缘起。无人不为罗斯金对自然和艺术精彩的描述而折服。

罗斯金教他的读者怎样用眼睛欣赏。夏洛蒂·勃朗特（Charlotte Bronte）读了《现代画家》之后说，她感到罗斯金给了她一种新的感官——视觉。罗斯金教他的读者欣赏自然；他教他们注意云、影和树等这些他们以前从不注意的事物。罗斯金还教他的读者欣赏建筑物；他教他们注意檐口、线脚和山墙等他们以前从不注意的东西。罗斯金通过给予他的读者对周围世界——自然的以及人造的弥足珍贵的欣赏，来教育他们。

19 世纪，欧洲知识分子对宗教的激情越来越少，与此同时，他们对艺术的激情却似乎与日俱增。艺术那时正在成为一种新的宗教。罗斯金不仅是 19 世纪的领衔艺术批评家，还是一位预言者，他将人们心底的情感引发出来。普鲁斯特对罗斯金敬佩不已，他磕磕绊绊地翻看每一本罗斯金的著作，尽管他的英语很不熟练。普鲁斯特甚至将罗斯金的两本书翻译成了法语。他说：“当我看到这个死去的人多么伟大地活着，我知道了死是一件多么渺小的事。”托尔斯泰说：“罗斯金是最杰出的人之一；他不仅是英国和我们时代的巨人，也是所有国家和所有时代的巨人。他是那种很少有的用心思考的人之一。”

正如孟子认为只有一个好人才能写出好文章那样，罗斯金也认为只有一个好人才能创造出好的艺术作品。如果一个艺术家不喜欢自己的作品，如果他心思不在此，那么这个作品就不是好的艺术；根据罗斯金所说，只有快乐的艺术家才能创造出杰出的艺术作品。罗斯金对艺术的讨论不限于艺术本身，他把艺术放在道德、宗教、政治等环境中讨论。罗斯金把艺术与日常生活联系在一起，所以他对艺术的批评常常达到哲学的水平。罗斯金相信，现代人不能创造好的艺术，因为现代人没有一个好的生活，因为现代人除了崇拜金钱以外没有任何宗教。罗斯金说：“一个民族如果成为一群只懂得挣钱的乌合之众，那这个民族就无法长久下去，它不可能不受到惩罚……如此蔑视文学、蔑视科学、蔑视艺术、蔑视自然、蔑视激情，如此一心向钱。”[①]

渐渐地，罗斯金由一个艺术批评家变成了一个经济学家。正像他把艺术和生活相联系一样，他也把经济和生活相联系。他确信，财富和科技如果不能帮助人生活得更有意义，它们就毫无价值。他坚持认为：“除了生命以外别无财富。”[②]他最著名的经济学著作是《到了这最后一个》（*Unto This Last*），这是一本精练而有力的批判资本主义的书。《到了这最后一个》这本书是英国劳工党创建者的思想来源，也是甘地的思想来源，甘地还将这本书翻译成了印度方言。《到了这最后一个》这本书中的许多思想都被我们的时代广泛接受，比如在劳工和管理人员之间应该有一个团队精神的思想。

罗斯金的全集卷帙浩繁，因为他大部分作品的篇幅都很长。罗斯金的许多演讲也出版了。他最好的篇幅较短的作品是《交通》（*Traffic*）、《建筑美学七盏灯》和《芝麻与百合》（*Sesame and Lilies*）。[③]《昏暗的玻璃：罗斯金的天才肖像》（*The Darkening Glass: A Portrait of Ruskin's Genius*）对罗斯金的作品做了精彩的评论。《天才约翰·罗斯金》（*The Genius of John Ruskin*）是他所有作品最好的选集。

---

① *Sesame and Lilies*, first lecture.

② *Unto This Last*, “Ad Valorem”.

③ 我推荐戴维·白力（David Barrie）的节略本《现代画家》（*Modern Painters*, Knopf，New York，1987）和简·莫里斯的节略本《威尼斯之石》（*The Stones of Venice*, Little, Brown & Company, 1981）。

二、贝伦森

伯纳德·贝伦森（Bernard Berenson）于1865年生于立陶宛的一个犹太人家庭，但他是在美国波士顿长大的。和许多知识分子一样，贝伦森在青少年时期如饥似渴地阅读书籍。在哈佛学成古代语言之后，贝伦森获得奖学金到欧洲继续语言研究。在欧洲期间，他开始对视觉艺术产生兴趣，并发现有些画作是谁创作的还难以确定。当和一位朋友在一家意大利咖啡厅吃早饭时，他决定用一位语言学生所学到的学术方法全面研究意大利绘画。他对自己的朋友说："在这儿，贝加莫（Bergamo）及所有向北延伸的芬芳浪漫的山谷，我们绝不能停止，直至我们确定每一幅洛托（Lotto）、卡瑞尼（Cariani）、普雷维塔利（Previtali）的作品。"①

贝伦森的第一批书是关于意大利绘画的。曾教过贝伦森心理学的哈佛教授威廉·詹姆斯高度赞扬贝伦森的早期作品，因为他们适用于心理学上的艺术批评。贝伦森早期作品之一《文艺复兴时期的意大利画家》（*Italian Painters of the Renaissance*）是我个人所爱——该书极为易懂有趣。像弗洛伊德一样，贝伦森晚年时期转向更综合、哲理性的作品。这些晚期作品——如《自画像素描》（*Sketch for a Self-Portrait*）和《视觉艺术的美学和历史》（*Aesthetics and History in the Visual Arts*）——可能是20世纪最优秀的"被遗忘的书"。艺术

---

① *Sketch for a Self-Portrait*, Part 1, ch. 11, p. 60.

专家们不怎么需要这些晚期著作，这些书是写给受过良好教育的外行人，写给通才们的。这些晚期作品在当今没有读者，因为在这个专业化时代，通才是濒临灭绝的物种。

虽然他是美国公民，但在意大利度过了他生命的大部分时光。当人们想要鉴别一幅画时，他们常常去贝伦森那里请教，这样的咨询工作使他富有。他在佛罗伦萨买了一处宽敞的住所，塔蒂别墅（哈佛大学文艺复兴研究中心——译者注）。“二战”爆发时，他无法忍受离开自己心爱的住宅，所以他在意大利逗留直至不得不走；最终德国人抢占了他的房子，而他险些被捕。

像海明威一样，贝伦森因其俊俏的面容和无数风流韵事而闻名。像海明威一样，他有几个女儿，后成为著名的演员或模特。贝伦森的性格像海明威一样复杂且具有多面性。海明威的第一任妻子，哈德利（Hadley）说海明威有许多不同的面，像立体几何图形一样。同样，肯尼思·克拉克说：“贝伦森先生的个性是如此的奇怪、复杂。”[①]

罗斯金以典型事例说明了维多利亚时代，贝伦森则具体表现了19世纪和20世纪之交这一历史时期。贝伦森生活的年代发生了两次世界大战，他以94岁的高龄卒于1959年。贝伦森试图将西方古典文化引至20世纪。当西方文明受到极权政治和“现代艺术”的威胁时，贝伦森为其旧有的价值体系辩护。贝伦森没有罗斯金那么炽烈的道德热情。然而，贝伦森并没有让自己沉溺于绘画的细枝末节中去，他相信视觉艺术应当是广义文化的一部分，并认为文化应当

---

① *Another Part of the Wood*, p. 133.

是生活的一部分。贝伦森出版了几卷综合了文化和生活的日记。他对文化的热情到老都没有减退，80 岁时，他写了《一年的趣味阅读》（*One Year's Reading for Fun*）。

和许多先人一样，贝伦森在生命尽头更享受生活；当 90 岁到来之时，他说道："我愿意站在街角，手持帽子，寻求过路人将他们未用的零碎时间丢进帽子中。"[①] 他不愿意离开人世，离开他的房子和图书馆；他想死后还能停留于此，或时常造访。徜徉在他的书籍、画作、花园和朋友之中，贝伦森说道："我已经实现了歌德的希望，那就是年轻的时候所热切希望的东西会在年迈的时候实现……现在狂欢的生活是件容易的事了。"[②]

三、其他艺术史作家

贝伦森的名字不那么广为人知，他的作品也不容易找到，这个事实本身就是现代文化衰退的症状之一。另一个现代艺术评论家是肯尼斯·克拉克（Kenneth Clark）。比起贝伦森这个名字，克拉克更广为人知，部分原因是克拉克制作了一个电视纪录片《文明》（*Civilization*）。克拉克写得一手好文章。我推荐克拉克所有的作品：《伦勃朗及意大利文艺复兴》（*Rembrandt and the Italian Renaissance*）、《列奥纳多》（*Leonardo*）等。克拉克在艺术史上或许应属英国学派，罗斯金是这个学派的鼻祖。克拉克对罗斯金有浓厚的兴趣，他编辑

① Kenneth Clark, *The Other Half*, Harper & Row, 1977, ch. 4, p. 107.

② *Sketch for a Self-Portrait*, Part 3, ch. 11, p. 175.

过数卷罗斯金的书。

艺术史的德国学派开始于雅各布·布克哈特（我们前面讨论过），后来沃夫林和帕诺夫斯基继承了他的衣钵。布克哈特住在瑞士，他常在夏季步行去意大利，在那里学习绘画和建筑，然后在秋季回到瑞士，到巴塞尔大学讲授他所看到的艺术作品。布克哈特写了《导游》（*Cicerone*），以介绍意大利的重要艺术作品。布克哈特的弟子汉里奇·沃夫林（Heinrich Wölfflin）比他更精确、更科学，帕诺夫斯基的作品则比沃夫林的更有学术味。我们或许可以把布克哈特比作一个每晚在一个城市过一夜的旅游者，可以把沃夫林比作一个在一个城市花费整个夏天研究该城市所有艺术品的旅游者，可以把帕诺夫斯基比作一个在一个城市花费整个夏天研究一位艺术家的旅游者。也许，每一个知识领域都经过类似的发展步骤：从广泛概述到专门研究。

沃夫林专门研究文艺复兴时期和巴洛克（Baroque）时期的艺术，他分析两个时期的不同，试图总结出有关艺术形式的重大理论。尽管他的作品有时稍嫌枯燥，但的确显示出他对艺术的深入了解，耐心的读者定会觉得开卷有益。沃夫林这样描写米开朗基罗：

> 他的兴趣在于形式的定义，对他来说，似乎只有人的身体值得表现。其他一切数不胜数的造物于他全然不存在。在他看来，人类不是由千千万万个不同个体零散会聚的集合，而是由相关联的各个部分整合成的庞然大物。[①]

---

① *Classic Art: An Introduction to the Italian Renaissance*, ch. 3.

欧文·帕诺夫斯基（Erwin Panofsky）生于德国，只有德国能产生出这样一位博学的学者。由于他的犹太人背景，帕诺夫斯基于1933年离开德国，来到美国。他不再用德文写作，而改用英文。帕诺夫斯基几乎与克拉克同样多产，他的写作所涉及的内容极为广泛，其中包括阿尔布雷特·丢勒（Albrecht Durer）、文艺复兴和哥特式建筑。帕诺夫斯基的专业领域是象征学，即艺术象征之意义研究。比如丢勒的《人之堕》（*Fall of Man*）除了有亚当和夏娃外，还有各种动物，如老鼠、兔子等。帕诺夫斯基试图解释的就是这些动物的象征性含义。帕诺夫斯基的作品有枯燥之嫌，不易阅读，他往往在一页上放进两三个注释，好像在试探读者的耐心。但是，假如读者有足够的耐心读下去，就会发现帕诺夫斯基的作品充满着深刻思想，他的见解也颇有价值。

鲁道夫·威特科尔（Rudolf Wittkower）也出生于德国，而且也在美国度过他的多数职业生涯。尽管没有帕诺夫斯基闻名，但威特科尔在艺术历史学家中声望极高，主要由于其有关意大利巴洛克风格的著作。他也撰写了一本关于他妻子玛戈特（Margot）的短篇传记，该书名为《在土星下出生：艺术家的品格与修养》（*Born Under Saturn: The Character and Conduct of Artists*，文艺复兴时期，人们相信土星的影响导致了天才和忧郁现象）。

在离开这个题目之前，我不能不提一下詹姆斯·卡西尔（James Cahill）的杰作《中国绘画》（*Chinese Painting*）。卡西尔的书条理清晰、文字简练，其中有很多深刻的思想，既适合于专家学者研究之用，也适合于一般读者消遣阅读。中国绘画风格及其审美理论的演变和发展是一个非同寻常的故事，这个故事会使任何对文化感兴趣的人流连忘返。

四、托克维尔

托克维尔（Tocqueville）的《论美国的民主》（*Democracy in America*），不仅是对美国社会的研究，也是对广义的民主的研究，对广义的现代社会的研究。《论美国的民主》是现代社会所能提供的最杰出的著作之一：它哲理性强、思想深刻、易懂易读。《论美国的民主》在很多方面与奥尔特加的《大众的反叛》相似，它足以和奥尔特加的著作相媲美。虽然托克维尔也像奥尔特加，对现代社会基本持批评态度，但是托克维尔的目的是理解，而不是批判，因此，他的批评里面也掺杂着赞美。假如《论美国的民主》这本书用随笔形式写成，假如它被很巧妙地简缩一下，那么它会是一本更好的书，书中的某些章节读来略嫌乏味，还有的地方有重复之感。

托克维尔成熟得很快，又英年早逝。他写《论美国的民主》的时候只有 20 多岁，他还没完成他计划完成的关于法国革命的多卷本著作就去世了。然而，他的确完成了一部杰作：《旧制度与大革命》（*The Old Regime and the French Revolution*）。托克维尔在美国发现的许多特征，如政治和社会的平等，他在法国社会中也有所发现。

按照托克维尔的说法，平等是现代社会最基本的事实。他说，从前人们把自己看作一个阶级、一个团体或者一个帮会的成员，他们不觉得自己是一个个人，甚至连“个人”这个词都不知道。然而，现代社会实际上不存在阶级，人们不觉得自己隶属于任何人，除了他们自己，甚至连家庭也失去了重要性，只有个人意味着一切。

托克维尔说，现代社会的个人不关心过去与将来，或者宗教与文化。现代社会的个人主要关心钱财。尽管他在生活中疲于奔命，但他没有任何高尚的目标，没有雄心，也没有深刻的思想。托克维尔对西方文明的未来很是悲观，他说：

> 我担心人们的头脑会永久地缩进一个越来越狭窄的区域，不产生新的思想；我担心人们将劳顿于琐碎、孤立和毫无结果的活动之中，人类将在不断的骚动中止步不前。[①]

五、索尔仁尼琴

1978 年在哈佛大学，索尔仁尼琴（Solzhenitsyn）在他的演讲中对托克维尔所观察到的西方社会的某些特征作了评价。索尔仁尼琴也像托克维尔一样，认为西方人一味追求物质所得。他说："西方人不断地追求更多的物质、更好的生活，他们为了这一目标挣扎不已，这使得许多西方人的脸上呈现出担忧，甚至忧郁……这种活跃的、紧张的竞争占据了所有人的头脑。"索尔仁尼琴也像托克维尔那样，指出西方社会实际上很少有思想自由，因为媒体、学术界和公众舆论拒绝并压迫主流意见之外的任何观点。

---

① *Democracy in America*, II, iii, 21.

索尔仁尼琴还注意到西方社会在托克维尔时代还未出现的一些特征。比如，他注意到西方社会的艺术衰退、精神衰退、广告泛滥，以及对个人权利的过分强调等现象，这些现象使整个社会被犯罪者玩弄于股掌。简言之，假如托克维尔所描述的西方社会的图景很凄凉黯淡的话，那么索尔仁尼琴所描述的就更加凄凉黯淡了。他说：

> 具有破坏性和不负责任的自由被给予了无限的空间。社会已经变得在人类堕落的深渊面前手足无措，比如社会无法制止人们滥用有违道德的对年轻人有害的自由权，以致色情、犯罪和恐怖行为在影视中无处不在。

如果我们把索尔仁尼琴在哈佛大学的演讲看作一篇文章的话，那么它就是一篇最有力的文章，我们怎样夸赞它都不会过分。这篇文章具有最不常见的文学美德，即简洁。索尔仁尼琴的另一个演讲也值得推荐，这篇演讲题为《对猎奇的无情崇拜》（“The Relentless Cult of Novelty”）。在这篇文章中，索尔仁尼琴批评了先锋派艺术。[①] 索尔仁尼琴最优秀的著作是他的非虚构作品《古拉格群岛》（*The Gulag Archipelago*）和《橡树与小牛》（*The Oak and the Calf*）。我不推荐他的小说，他的小说尖酸刻薄、使人不快，与柠檬汁无异。

---

① 这篇演讲词发表于 1993 年 2 月 7 日《纽约时报·书评》。

另一部见证斯大林营地的书是尤金妮娅·金兹伯格（Eugenia Ginzburg）所著的《旋风之旅》（*Journey Into the Whirlwind*），续集名为《在旋风之中》（*Within the Whirlwind*）。

六、布鲁姆和埃德蒙森

艾伦·布鲁姆（Allan Bloom）的《走向封闭的美国精神》（*Closing of the American Mind*）出版于1987年。本书讨论了索尔仁尼琴所触及的几个问题。不同的是，布鲁姆作为一个美国人，对西方社会比索尔仁尼琴有着更加切身的体会。比如，他理解摇滚乐在西方社会的重要性，他说：

> 没有任何一个特征更加独属于这一代人了，这就是他们对音乐的痴迷……今天，很大一部分年龄介于10岁到20岁之间的年轻人是为了音乐而活着的……摇滚乐独有的一种吸引力是原始的吸引力，是对性欲的召唤——这里指的不是爱情，不是性爱，而是未发展的、粗野幼稚的性欲。①

布鲁姆的主要目标是高等教育，所以他这本书的副标题是《高等教育如何陷民主于失败境地并使当今学子之灵魂贫瘠至极》（*How Higher Education Has Failed Democracy and Improverished the Souls of*

① I, 3.

Today's Students)。布鲁姆指出，当今的学生对严肃文学毫无兴趣，他们知道，人文学科的知识对他们的职业毫无用处。当今的教授是某一方面的专家，但对作为一个整体的文化不感兴趣。当今的大专院校把文化分门别类，无法为学生提供全面教育。布鲁姆还注意到托克维尔和索尔仁尼琴都注意到的美国社会缺乏思想自由的现象。托克维尔说："在美国，多数人把思想禁锢在一个令人畏惧的疆界之内。在那个疆界以内，作家是自由的，但是一旦你超越了那个疆界，你就成为众矢之的。倒不是说他面对着被绑在柱子上烧死的危险，而是说他必须面对所有的不快和日常的骚扰。"

布鲁姆的书趣味多多，但不如索尔仁尼琴的书语言深刻、简洁。布鲁姆有天赋，索尔仁尼琴则是天才。布鲁姆的著作是我们时代的经典之一，但它不是不朽的经典。

布鲁姆的书出版约十年后，马克·埃德蒙森（Mark Edmundson）写了一篇文章，这篇文章广为阅读、广受讨论，和布鲁姆的书相似。埃德蒙森和布鲁姆一样批评美国的高等教育，拥护经典著作。但布鲁姆喜欢柏拉图和列奥·施特劳斯（Leo Strauss），而埃德蒙森喜欢爱默生和惠特曼。埃德蒙森的散文《论人文科学的应用》（"On the Uses of the Liberal Arts"）是一篇精彩的文学作品，尖锐地批判了现代精神。布鲁姆和埃德蒙森都认为现代人不崇拜英雄，不赞美天才，因为他们想"在躯体下怡然自得，而不需承受令人不快的对比"[①]。

① I, 2.

七、马修·阿诺德

托克维尔、索尔仁尼琴和布鲁姆对美国社会有特殊兴趣，马修·阿诺德（Matthew Arnold）则对英国社会有特殊兴趣。阿诺德是维多利亚时代诗人的领军人物，也是一位文学和社会评论家。布鲁姆讨论的是19世纪末的美国社会，阿诺德在他的《文化与无政府状态》（“Culture and Anarchy”）、《民主政治》（“Democracy”）和《平等》（“Equality”）等文章中讨论的是18世纪末的英国社会。阿诺德使他的同时代人重视文化的重要性，他认为如果人民没有文化、没有理想、没有思想，则言论自由权和选举权等于零。按照阿诺德的说法，自由是“其中的一件事……自我崇拜，对追求自由之目的未给予足够的考虑”[①]。阿诺德说，在现代社会，自由并不导致任何崇高的目标，它只导致无政府状态。同样，阿诺德还说，对健康，人们也是为了健康而健康，并没有把身体健康作为达到某个崇高目的的一个条件。阿诺德认为，健康和健美都不应该成为目的本身，正如财富不应该是目的本身一样。

与布鲁姆的《走向封闭的美国精神》一书相比，阿诺德的文章在文化修养和行文风格方面略胜一筹，但是二者在思想内容方面都不及托克维尔的《论美国的民主》或索尔仁尼琴的哈佛演讲。阿诺德的文章是为了他那个时代写的，而不是为了所有时代写的，因为

---

① “Culture and Anarchy,” 2.

它们是一种新闻式写作，而不是真正的文学。如果你想阅读有关阿诺德的书，考虑莱昂内尔·特里林的《马修·阿诺德》。

八、马克斯·韦伯

马克斯·韦伯（Max Weber）这个名字已经成为社会学的同义语。韦伯最著名的著作是《新教伦理与资本主义精神》（*The Protestant Ethic and the Spirit of Capitalism*）。这本书像韦伯其他作品一样，反对马克思一个国家的意识形态取决于其经济水平的观点。韦伯认为，正相反，一个国家的经济水平取决于其意识形态。在《新教伦理》一书中，韦伯论证说，新教的信仰促进了资本主义的诞生。

韦伯讨论了禁欲的新教对盎格鲁血统的美国人的深刻影响。他说，禁欲的新教破坏了这些人的自发性，甚至连他们脸上的表情也受到了影响。（法国人常将英国人描写为沮丧的。）韦伯将创造出历史上最崇尚物质的文明这一罪责归咎于禁欲的新教。中世纪人美化贫困和乞讨；僧侣阶层甚至仰仗乞讨为生计。与此相反，禁欲的新教美化工作和物质财富。

韦伯的《新教伦理》是一本很有意思也很易读的书，但是韦伯的其他书比较乏味。不过，韦伯有一本甚至比《新教伦理》还要有趣的书，就是他那本关于孔夫子和道教的书。这本书不仅探究了儒家思想和道家学说，还探讨了中国文明和中国人的精神，这本书把中国文明和西方文明两相比较，对人们认识西方文明有所帮助。这本书还讨论了韦伯的主要思想，即宗教与伦理决定经济状况。

韦伯注意到，中国人身上有一种镇定、一种平静、一种“明显的非神经质”、一种“无限的耐心”。[①] 他把中国人的这些特征归因于宗教和中国社会不存在西方的禁欲的宗教实践；他也把中国人的这些特征归因于中国人的相对来说比较低的酒精消耗量。韦伯说，在中国不存在“自然与神灵”之间的紧张状态，不存在“原罪意识和赎救需求”之间的紧张状态；而这种紧张状态正是西方文明的核心。中国人默默地让自己与世界同一，西方人却抵制世界、向往上帝的完美境界，并试图改变自身的本性。

关于韦伯的有趣描述可以在《马克斯·韦伯之作：社会学文章集》（*From Max Weber: Essays in Sociology*）一书的前言中找到。这本书的编辑者是格士（Gerth）和密尔斯（Mills）。

九、索尔斯坦·凡勃伦

凡勃伦（Thorstein Veblen）是一位美国经济学教授，他的写作期是19世纪初。凡勃伦的经济学研究不囿于狭窄的经济学本身，而包括社会学和文化人类学。凡勃伦以《有闲阶级论》（*The Theory of the Leisure Class*）一书而著名，这本书提出了凡勃伦的著名理论“炫耀性消费”（conspicuous consumption）。凡勃伦是美国所产生的三四位最深刻的思想家之一。他从新鲜角度观察人类事物，使社会生活

---

① *The Religion of China: Confucianism and Taoism*, Ⅷ. 应该提到的是，该书的后半部比前半部更加有趣，第一部分“社会学基础”（“Sociological Foundations”），无大意义及趣味。

的方方面面明晰可见。

赫伊津哈以游戏来解释人间事物，凡勃伦则以地位来解释人间事物。在《有闲阶级论》的一开头，凡勃伦就论证说，人追求地位、追求他人的尊敬，只有个别例外的人满足于他人的轻蔑。地位是怎样获得的呢？凡勃伦说，在人类早期历史上，地位靠战利品之多寡决定，靠战争或狩猎成功的象征而决定。手工劳作能使人失去地位，所以，有些狩猎者让他们的妻子把自己的猎物背回家去，以免他们自己由于劳作而丢失了他们通过杀戮所获得的地位。到了后来，地位就由贵族头衔、盾形纹章等物来象征了。还有一种地位的象征，就是一个人有多少妻子、多少奴隶和仆人。

当凡勃伦把视线转向当代社会时，他发现，养不起仆人的人必须通过他们的妻子来显示财富和获得地位。妻子靠安逸居家象征其男人的财富。安逸这个东西如果被隐藏起来，或不引起人们的注意的话，它就不能显示地位了，因此，安逸必须是显著的、招摇的。女人的安逸可以由长指甲、高跟鞋、干净衣服，以及任何其他与手工劳作无关的东西来显示。男人可以通过穿干净的白色衬衫、锃亮的皮鞋等来表明他们并非劳作之人，来获得他们应有的地位。凡勃伦还说，中国的裹脚习俗是一种女人显示安逸和获得地位的手段。

然而，安逸不是获得地位的唯一办法；消费也可以获得地位。不过，消费必须像安逸一样，也是显著的、招摇的。比如，一辆价格昂贵的汽车是炫耀消费的一种形式，因为这种消费甚至对于那些从未见过你的房子和你妻子手上的宝石戒指的人来说，都是显而易见的。凡勃伦说，人们为了财富而奋斗，人们这样做不仅仅是为了生活，还是为了通过炫耀消费而获得地位。

凡勃伦还把他的地位理论运用于宗教。他论证说，上帝是地位的精髓。他把牧师比作靠主人显示地位的男仆，他把教堂比作靠房主显示地位的宫殿。他注意到，人们以最整洁最昂贵的衣饰走进教堂，人们在安息日停止工作。

关于地位的理论是凡勃伦的主要理论，却不是他唯一的理论。凡勃伦的作品中有趣的思想比比皆是。我推荐《德意志帝国与工业革命》(*Imperial Germany and the Industrial Revolution*)、《基督教道德与竞争制度》(“Christian Morals and the Competitive System”)、《推销术与教堂》(“Salesmanship and the Churches”)、《高级学习》(“The Higher Learning”)和《爱国主义与价格制度》(“Patriotism and the Price System”)等。

十、莫里斯和洛伦茨

戴斯蒙德·莫里斯(Desmond Morris)是英国人，他的专长是动物研究。在过去的几十年里，莫里斯写了许多书，有的是关于动物行为的，有的则是关于人类行为的。莫里斯跟凡勃伦一样，从新颖而有趣的角度观察人类事物。凡勃伦以地位说解释人类事物，莫里斯则以动物行为说解释人类事物。莫里斯也和凡勃伦一样，可以帮助人们加深对人类的理解，加深对人类日常生活的理解。

莫里斯研究的不是人的思想，不是人的历史，不是人的本性，而是人的行为。他观察的是人怎样行动——他们怎样走路、怎样保持某种姿势、怎样互相问候，等等。他注意到，在一些尚未开化的社会中，人们在国王或主人面前俯卧。后来，下跪代替了俯卧。再后来，屈膝礼和鞠躬代替了下跪。屈膝礼是一种中止了的下跪，它表示下跪的愿望。鞠躬是一种减低自己高度的办法，一个人以此表示对另一个人的尊敬。脱帽也是一种减低自己高度的办法。举手礼是“一种程序化了的脱帽礼的改进”，就像屈膝礼是程序化了的下跪礼的改进一样。拥抱曾经是一种常见的问候礼仪，并且仍在拉丁语国家中可见。俄罗斯人跟古希腊和古罗马人一样，以亲吻问候他人。莫里斯说，英国人对身体接触有所限制，他们宁愿握手，也不拥抱。（正如凡勃伦所说，禁欲的新教对盎格鲁—美国人有深刻的影响。）人们站直了身子，互相握手，是平等的标志；与不平等标志的俯卧姿态恰恰相反。（正如托克维尔所说，平等是现代社会的明显标志。）

莫里斯说，当我们觉得不舒服时，我们常常“摆弄身上的饰物，比如点一根香烟、擦擦眼镜镜片、看看手表、倒一杯饮料，或者嘴里嚼一点什么东西”[1]。莫里斯称这些为“转移活动”；他注意到，动物世界中也有类似的活动。莫里斯观察一群黑猩猩的时候注意到，地位低的猩猩“可以轻易地从它们频繁的理毛转移活动中看出，而那些真正领头的猩猩则可以从它们几乎完全不理毛的静止状态中看出”[2]。

莫里斯不是文学家，他对叙述风格毫无兴趣。对后代人来说，

---

① *The Naked Ape*, 5.

② *The Naked Ape*, 5.

莫里斯不会像我们认为的那样有趣，因为对他们来说，人类行为将不再是一个尚未开发的新领域。假如莫里斯的著作能算作经典著作，那么它们是总有一天会消失的经典，而不是不朽的经典。莫里斯最著名的著作是《裸猿》（*The Naked Ape*），这本书很好地介绍了对人类行为的研究。我还推荐他的《人类动物园》（*The Human Zoo*）、《亲密行为》（*Intimate Behavior*）和《动物时光》（*Animal Days*）。

莫里斯为了外行人写作，而另一位动物行为研究者康拉德·洛伦茨（Konrad Lorenz）则为了专家和学者写作。莫里斯把他动物研究的知识运用于人类研究，洛伦茨一般来说则停留在动物行为研究的领域之内。然而，洛伦茨有些对动物行为的评论显然在人类行为范畴内具有类推作用。比如洛伦茨说：

> 一只陷入恋情的小母鹅决不把自己的陪伴强加给自己钟情的对象。当他离开她时，她决不紧紧尾随，她只是似乎完全无意地在她所知道的她能找到他的地方出现。[①]

洛伦茨注意到，动物能通过非语言方式交流："有些很不起眼的动作，人没有注意到，动物却能够接受并正确地反应，这真是不可思议。"[②]

洛伦茨的最佳作品是《所罗门王的指环》（*King Solomon's Ring*）。我全力推荐此书，它是一部简洁可读、令人爱不释手的动物

---

① *On Aggression*, 11.

② *King Solomon's Ring.*

研究作品。我还推荐《论攻击》（*On Aggression*），这本书论证了进攻行为通常在动物世界起积极作用。按照洛伦茨的理论，进攻行为不像弗洛伊德所认为的那样，仅仅是死之本能的表现。

十一、理查德·费曼

《别闹了，费曼先生！》（*Surely You're Joking, Mr. Feynman!*）是一本有关美国物理学家理查德·费曼（Richard Feynman）生平的书。该书有趣逗乐，受到广大读者的喜爱。费曼爱思考，精力充沛，一生中有过很多野外冒险。费曼不仅是一位获得诺贝尔奖的科学家，也是一位才华横溢的艺术家和音乐家。曾和他一起打鼓的拉尔夫·莱顿（Ralph Leighton）对他的故事很是着迷，认为这些故事应该收录成书；《别闹了》一书就是莱顿收集费曼的故事所得。

这是一本好书得以简单自然成形的例子。这是文学最古老的形式——口头文学讲故事。费曼讲故事因为他喜爱这些故事；莱顿听了故事，后来收集这些故事，因为他喜爱。费曼并没有坐在桌边说"我要写本书因为我是位作家"，或者"我要写本书因为我需要钱"，或者"我要写本书因为如果不写我就成不了教授"。费曼有些故事很有趣，有些发人深省，有些让读者深入了解现代科学世界。

不幸的是，这本书有优点，也有缺憾。像多数现代书一样，该书没有文化含量，没有精美的文字，也缺乏最珍贵的文学美德，即简洁。有人怀疑出版商是这么考虑的："我们把这本书加长，长至350页，这样人们更有可能买这本书，也愿意花更多的钱买。这样，我们就能将利润最大化了。"《别闹了》一书的编写在现代市场取得了成功，满足了一批悠闲的现代读者。这是一本优秀的现代书，却远不能成为经典。

费曼常为普通大众写作。如果你想了解物理，试读费曼的《简单六点：最杰出的老师解释的物理学精髓》(*Six Easy Pieces: Essentials of Physics Explained by Its Most Brilliant Teacher*)。

十二、托夫勒

阿尔文·托夫勒(Alvin Toffler)是当代的一位研究社会学、经济学和未来学(即预言未来发展)的美国学者。我推荐托夫勒的《第三次浪潮》(*The Third Wave*)。这本书为当代社会描绘了一幅包罗万象的图景。托夫勒将第三次浪潮与他所称的第二次浪潮，即工业文明，区别开来。在托夫勒看来，法国革命和俄国革命代表了第二次浪潮的胜利，这个胜利就是工业文明对农业文明这个第一次浪潮的胜利。托夫勒的著作使读者可以从经济的角度看待现代历史，并给读者提供了一个可读性极强的工业革命的描述。

我们的时代常常被称为后工业时代，或者消费时代，或者信息时代。按照托夫勒的说法，"对第三次浪潮来说，最基本的原生材料——并是一种永远不会消耗殆尽的材料——是信息，包括想象"[①]。位于信息时代中心的是计算机，托夫勒准确地预言了个人计算机的

① *The Third Wave*, ch. 24.

蓬勃发展。计算机导致许多人居家工作，托夫勒预言道："家庭在第三次浪潮中将担负起新的令人震惊的重要作用。"[1]

第二次浪潮文明以群体为特征——群体生产、群体媒介等；第三次浪潮文明则以个性为特征。托夫勒注意到，乔治·奥威尔（George Orwell）预言过，将来的社会将越来越以群体为特征。在说到奥威尔的《一九八四》（*1984*）和赫胥黎（Huxley）的《美丽新世界》（*Brave New World*）时，托夫勒说：

> 这两部杰作……都基于高度集中、高度官僚化和高度标准化的社会，描绘了一个未来，在这个社会中个体的差异踪影全无。我们现在前进的方向恰恰与此相反……今天的人——比他们的父母更富有、比他们的父母受过更良好的教育，并面临着更多的生存选择——坚决抵制被群体化。[2]

十三、理斯曼

大卫·理斯曼（David Riesman）是美国社会学家。理斯曼的声誉缘起于他的题为《孤独的人群：美国人社会性格演变之研究》（*The Lonely Crowd: A Study of the Changing American Character*）一书，该书出版于 1950 年。[3] 理斯曼比凡勃伦更及时，比托夫勒更深刻。

---

① *The Third Wave*, ch. 24.

② Ibid, ch. 24 and ch. 19.

③ *The Lonely Crowd* was co-written with Nathan Glazer and Reuel Denney.

托夫勒把历史看作经济的三种形态，理斯曼则把历史看作性格的三种形态：传统型、内向型和他人导向型。传统型性格的人按照家庭和村镇的传统行事。“具有传统型性格的人……几乎不把自己作为单独的个人看待。他更少想到，他可以在个人的终身目的方面掌握自己的命运。”[①] 内向型性格起源于文艺复兴时期，这种性格的人有一种内在化了的目的。他人导向型性格起源于20世纪，试图留意群体线索，和同龄人和睦相处，历史上著名人物不会让他产生嫉妒或效法之心。

《孤独的人群》帮助我们理解现代人的个性特征，正如《第三次浪潮》帮助我们理解现代经济的特征一样。

十四、菲利普·霍华德

《常识的灭亡：法律如何窒息美国》（*The Death of Common Sense: How Law Is Suffocating America*）一书短而可读，对美国法律制度进行了分析。作者菲利普·霍华德（Philip Howard）是纽约的一个在处理民事诉讼案例中相当活跃的律师。霍华德试图改善纽约的状况，应该给他记上一功。《常识的灭亡》一书的写作缘起于霍华德多年的工作经验，该书引用了很多从当代生活图景中精选出来的真实案例。许多人觉得，美国法律制度走上了歧途，霍华德的书刚一出版，就跃居畅销书单榜首，因为它阐述了这个问题，并解释了产

---

① *The Lonely Crowd*, I, 1.

生问题的原因。

霍华德在书中描述了个人权利和政府规则怎样泛滥成灾。这两种邪弊都是尼采所称的厌权症——仇恨权威的结果。政府的权力由于个人权利的泛滥而锐减，政府官员的自由被限制为按繁文缛节办事。虽然霍华德行文不够优美，思想也不够深刻，但他的书在帮助人们理解当代社会方面具有一定的价值。

十五、劳伦斯·凡·德·普司特

劳伦斯·凡·德·普司特（Laurens van der Post）1906 年出生于南非，是家里十五个孩子中的第十三个。20 岁时，他合作编辑了一家学生杂志，在南非倡导较大的种族融合，该杂志社很快被政府关闭。于是凡·德·普司特和他的一位文学朋友一起搭便船，上了一艘去东京的日本货船—— 这次冒险凡·德·普司特多年后在他的自传《还曾经是另一个人》（*Yet Being Someone Other*）中谈及。

回到南非后，凡·德·普司特开始在开普敦做记者。他对种族隔离猛烈抨击。正如林肯所预测的那样，在美国，白人和黑人将最终混合成一个民族，因此，凡·德·普司特预测："等级提升及混合的进程必须不断加快……我认为，未来的南非文明不是黑人的也不是白人的而是棕色人的。"

20 世纪 30 年代初期，凡·德·普司特生活在英格兰，和布鲁姆斯伯里团体相识，这个团体里有约翰·梅纳德·凯恩斯、爱德华·摩根·福斯特、弗吉尼亚·伍尔夫等。伍尔夫和她的丈夫伦纳德·伍尔夫通过他们的霍加斯出版社（Hogarth Press）出版了凡·德·普司特的第一部小说《在一省之内》（*In a Province*），该小说涉及了南非的种族关系。

“二战”爆发时，凡·德·普司特志愿加入英国军队（讽刺的是，他父亲曾在布尔战争中和英军对抗）。他先在东非效力，他的部队在那儿指导11000头骆驼穿过艰难的地形，帮助海尔塞拉西一世（Haile Selassie）恢复其埃塞俄比亚王权，该王权由于墨索里尼军队将其驱逐出境而丧失。

1942年初，凡·德·普司特被派去印度尼西亚，在那里他遭日军俘虏，在狱中一直待到战争结束。

> 他扮演着传奇的角色，维持着来自不同国家的军队的士气。和其他同胞一起，他组织了一个“集中营大学”，所设课程从基础文学到等级水准的古代历史，为补充营养他还组织了一个集中营农场。①

他的战俘集中营经历是他的著作《种子与播种者》（*The Seed and the Sower*）的依据，后被拍成电影《圣诞快乐，劳伦斯先生》（*Merry Christmas, Mr. Lawrence*）。

战后，殖民当局两次委任凡·德·普司特去探索南非偏远地区。他的第一次远征产生了一部畅销书《内陆探险》（*Venture to the Inte-*

---

① From the Wikipedia article on van der Post.

rior）；第二次远征产生了他最著名的作品《喀拉哈里沙漠失落的世界》（*The Lost World of the Kalahari*）。之后写了一本关于布什曼人（Bushmen）的书《猎人之心》（*The Heart of the Hunter*），凡·德·普司特和布什曼人的经历成为BBC一个纪录片的主题。

20世纪40年代末，凡·德·普司特遇见荣格，这个人“对他的影响也许比任何人都大，他后来说自己之前从没遇到过像荣格这样有着如此精神高度的人”[①]。凡·德·普司特撰写了《荣格和我们时代的故事》（*Jung and the Story of Our Time*）一书。后来，凡·德·普司特帮助他在开普敦成立了一个荣格研究中心。

凡·德·普司特在《深入俄国之旅》（*A Journey Into Russia*，又名《俄罗斯全景观察》，*A View of All the Russias*）中描写了他在苏联的旅行。他在《海军上将的宝贝》（*The Admiral's Baby*，该书谈及“二战”后的印度尼西亚的独立运动等）中描写了自己在印度尼西亚的经历。他对荷兰语（在南非学习的）的了解在印度尼西亚证明很有用，正如他对日语（在早期的日本航行中学得）的初级掌握在日本战俘集中营中显示出其用武之地一样。

他的最后几年在英格兰度过，在那儿，他就非洲事务给玛格丽特·撒切尔夫人（Margaret Thatcher）提建议，并和查尔斯王子成为亲密朋友。查尔斯将凡·德·普司特视为一位长者、一位贤士，这很像凡·德·普司特对荣格的看法。查尔斯继续和凡·德·普司特狩猎，并要求他做自己的第一个孩子威廉的教父。

---

① From the Wikipedia article on van der Post.

凡·德·普司特的一生跨越整个20世纪，他在1996年去世，享年90岁。他死后，揭露者（debunker）出现，坚持称他是一个流氓、骗子等，就像揭露者攻击弗洛伊德、荣格、约瑟夫·坎贝尔、莎士比亚等一样。确实，每个伟人都有缺陷，但为什么我们要花时间阅读揭露者的书呢？

十六、弗雷泽等

詹姆斯·弗雷泽（James Frazer）的成名作是《金枝》（*The Golden Bough*）；他在书中讨论了人类学问题，具体的说是原始社会的习俗、迷信和宗教。文化人类学在19世纪末是一个令人兴奋的新领域。尼采对文化人类学情有独钟，他说，所谓“世界历史”仅仅是文化事件而已，人类的真正历史是所谓“世界历史”之前的原始人的悠长历史。在《金枝》中，弗雷泽收集并组织了19世纪末人类学的研究资料。这本书冗长而枯燥，适于学者研究之用，不适于一般读者和外行人阅读。我推荐由弗雷泽本人制作并推荐的删减版。

按照弗雷泽的理论，对于原始人来说，并不存在内心世界和外部世界的区别。原始人认为，自然是由控制自己头脑的同样的思想、感觉和激情所控制的，原始人的世界观是万物有灵论。既然原始人以自己的情感为工具看待世界，他也以世界的形象为工具看待自己；他们用物质形象的语言解释思想和情感。原始人认为，痛苦和罪恶都可以变为无生命的物体，可以转嫁给他人，可以找到替罪羊。在原始社会中，疲乏的行路人会用石头敲击自己，觉得自己在把疲乏的感觉转嫁给石头从而消除疲乏。所以，他们就在行走的沿途留下了石堆。这些石堆被后人称为“堆石界标”[①]。

我们说过《金枝》冗长而枯燥，但杰西·韦斯顿（Jessie Weston）的《从仪式到罗曼斯》（*From Ritual to Romance*）却是简明而有趣的。《从仪式到罗曼斯》讨论的是圣杯现象，起初作为古代的仪式，后来则作为基督教的象征。韦斯顿认为，许多原始宗教都肯定生命价值。他说：“在古代雅利安宗教中，一切都旨在肯定生命。可以认为男性生殖器形象是它的主要象征。”[②] 一般认为，韦斯顿的书是艾略特（T. S. Eliot）的诗《荒原》（*The Waste Land*）的来源之一。

法国考古学家所罗门·雷纳克（Salomon Reinach）写了一些有关原始宗教的著作，也写了《俄耳甫斯：一段宗教的历史》（*Orpheus: A History of Religions*）。这本书适合于专家学者阅读，也适合于一般读者。这本书的前言是一个对 19 世纪文化人类学的极好介绍。后来，雷纳克转向原始社会以后的、开始于埃及和巴比伦时代、结束于 20 世纪早期的宗教历史。雷纳克是一个自由思想者，他常常以轻蔑的态度对待宗教，他尤其对天主教会持批评态度。雷纳克以人类学和圣经批判为武器向宗教发动进攻。除了《俄耳甫斯》一书外，雷纳克还写了一本凝练可读的艺术史著作，题为《阿波罗》；他还有一本介绍希腊和罗马经典著作的书，题为《智慧女神》（*Minerva*）。

---

① *The Golden Bough*, ch. 55.

② *From Ritual to Romance*, 4, 2.

十七、禅文学

铃木大拙（Suzuki）著有许多论述禅宗佛教的书，他对禅宗在西方世界的传播起了重要作用。铃木的东方文化知识，尤其是禅宗文化知识根底扎实深厚，对西方文化也很熟悉。他经常把禅宗和基督教的相似之处加以比较。铃木出生并生长在日本，但在美国生活了许多年，并用英语写作。铃木著作等身，但其质量却良莠不齐。他常常在某本书里重复他在另一本书里讲过的事情。我推荐他的《禅学入门》（*Introduction to Zen Buddhism*）和《禅与日本文化》（*Zen and Japanese Culture*）。

佛教起源于印度，禅宗起源于中国。禅宗在从中国传入日本以后，变得比在中国时影响更大。（因此，西方人从一位日本作家那里了解到禅宗，而不是从一位中国作家那里了解到禅宗，就不令人吃惊了。）按照铃木的说法，禅宗表达的是东方哲学中实用、现实的特点，而其他形式的佛教表达的则是印度哲学中抽象、形而上的特点。

禅宗强调的不是书本和研习。禅宗把个人引向其本身，引向其精神世界。假如这个人与自身和无意识达到和谐一致，那么他就能够欣赏此时此刻，并能够欣赏自然。当一个禅宗大师被问及禅宗的意思时，他答道：

> 饮茶、吃饭，
>
> 时光来时我度过；

低头看溪水，抬头看高山，

我的感觉多么平静、适坦！[1]

铃木的目的是帮助读者理解禅，而不是要他们坐禅。如果你想在坐禅上寻求指导，那你应该去看一本题为《多舛的生命》（*Full Catastrophe Living*）的书。该书作者为乔恩·卡巴金（Jon Kabat-Zinn）。这本书不是文学作品，更不是经典著作，但它介绍了怎样练习静思、瑜伽，是一本很实用的书。

铃木在西方的两个大弟子是艾伦·瓦兹（Alan Watts）和 R. H. 布莱斯。瓦兹是专门研究东方思想尤其是禅宗的美国神学教授。他是一位极有天赋的作家，我全力推荐他的著作《禅宗之道》（*The Way of Zen*）。《禅宗之道》一书结构严谨、思想深刻，又富有诗意。尽管有些难以理解，但它是对禅宗的最好总结，是对东方思想的最好总结。我还推荐瓦兹的另外两本书《不安全的智慧》（*The Wisdom of Insecurity*）和《圣书》（*The Book*），这两本书比《禅宗之道》都要易于阅读。

R. H. 布莱斯是英国人。他在日本旅行、娶了一个日本女人为妻、在日本大学教过书，并给日本皇室成员教授过英语。布莱斯对英国诗歌和英国小说的丰富知识在他的著作《英国文学中的禅宗》（*Zen in English Literature*）一书中表现得很明显，书中对东、西方文学的引证信手拈来、比比皆是。布莱斯懂中文，也懂日文（他还会

① Quoted in Suzuki's essay, "On Satori—The Revelation of a New Truth in Zen Buddhism"; this essay is part of Suzuki's *Essays in Zen Buddhism*, first series.

很多种欧洲语言），这有助于他撰写一部四卷本的关于俳句的书和一部四卷本的关于禅宗历史的书。读者可以从布莱斯那里学到很多有关禅宗和有关世界文学的知识。

另一本关于禅宗的杰作是《禅肤禅骨：禅及前禅作品集》（*Zen Flesh, Zen Bones: A Collection of Zen and Pre-Zen Writings*）。此书含有四部小书，装订在一起共计 200 页。构成此书的四本书为：《禅宗故事 101 篇》（*101 Zen Stories*）、《无门之门》（*The Gateless Gate*）、《十头公牛》（*10 Bulls*）、《居中》（*Centering*）。

这四本小书都极富诗意并且含义极为深刻，只是《无门之门》极为晦涩。《禅宗故事 101 篇》是世界文学的瑰宝。

一行禅师（Thich Nhat Hanh）也许是现在还活着的东方哲学的主要传道者。他在美国和其他地方举办了许多演讲、研讨会、务虚会，也出版了许多书籍。一行禅师从 20 世纪 60 年代起就成为一位和平积极分子，那时他倡导美国从越南撤军，他将这种行动主义取名为"忙碌的佛教"。他的作品语言简单，结构清晰，具有可读性，有着孩子般的质朴。他说："奇迹不是走在水面上，奇迹是在当下走在绿色大地上，赞赏现有的和平和美好。"一行禅师对佛教传统和现代科学有广博的认识，但对西方哲学和文学知之甚少。

在离开禅宗文化这个题目以前，我必须提及奥根·赫立格尔（Eugen Herrigel）的《箭术见禅》（也译为《箭术与禅心》，*Zen in the Art of Archery*）。赫立格尔是一位在 20 世纪 30 年代居住在日本的德国教授。《箭术见禅》这本仅有 80 页的书描述了作者通过学习箭术而习禅的经历。箭术和日本许多其他艺术形式一样，被禅宗所浸透；一位箭术大师实际上也是一位禅宗大师。赫立格尔描述了他如何试图让意识指引自己放箭，而他的老师坚持认为，放箭应该和婴儿抓人手指一样、和雪花落在竹叶上一样，是一个无意识的举动。《箭术见禅》是一本激动人心、感人至深、令人难以忘怀的书。

当赫立格尔研究箭术时，他的妻子研习花道，即插花。她著有一本书，名为《插花艺术中的禅宗》(*Zen in the Art of Flower Arrangement*)。

十八、西藏的智慧

像一行禅师一样，索甲仁波切（Sogyal Rinpoche）是当代东方哲学的信徒。索甲仁波切出生于西藏，早年生活在那儿，他精通西藏佛教传统。他最广为人知的书是《西藏生死书》(*The Tibetan Book of Living and Dying*)，该书易于阅读，思想深刻，将寓言、逸事和论点极好地合为一体。它不仅能作为对藏族佛教的介绍，也能作为通常佛教的入门。该书包含西藏传统独一无二的来生之说，也有人人都欣赏的那种通用智慧——苏格拉底会喜欢，孔子会喜欢，霍弗会喜欢。

有人也许会说《西藏生死书》是一本可读的西方化的《西藏死亡之书》(*The Tibetan Book of the Dead*)，该书在20世纪20年代以英语形式问世，到60年代成为一本畅销书。《西藏死亡之书》，或名《中阴得度》(*Bardo Thodol*)描写了来生或者“中阴”。这个书名模仿《埃及死亡之书》(*The Egyptian Book of the Dead*)，该书也是探讨来生。我最欣赏索甲仁波切书中关于生和死的通用智慧，我对书中论及“中阴”的篇章并不感兴趣。

索甲仁波切教授冥想（meditation），他的部分作品是关于冥想技巧的。他不是仅将冥想作为减压助眠的方式，对他来说，冥想是得到开悟的方式。他说了几个关于开悟瞬间的故事。有一个是这样的：

> 上世纪一位伟大的宗师有个非常笨的徒弟。大师已经一遍又一遍地教他，竭力把他引向自己心灵的本质。但他仍然不明白。终于，大师怒不可遏，对他说：“看，我想要你把装满大麦的这个袋子扛到那座山顶。但你绝不能停下休息，只能保持前进直到到达山顶。”这位徒弟是个头脑简单的人，但他对大师的忠诚和信任是坚不可摧的。于是他完全按照要求去做了，那个袋子很重，他提起袋子，开始顺着山坡向上走，不敢停下来。他就这么走啊走，袋子变得越来越沉，他走了很长时间。最后当他到达山顶时，他丢下袋子，倒在地上，疲惫不堪，但深感放松。他感受到大山里新鲜的空气轻抚脸庞。他所有的抵触情绪和他平凡的心灵一起烟消云散，一切好像都停止了。就在那个瞬间，他突然意识到自己的思想本质。他想：“啊！这就是大师一直以来要让我知道的啊。”[①]

---

① Ch. 5, pp. 66, 67.

佛教或任何神秘主义的启蒙都和争论、理性、证据没有关系。它是一种感觉，一种与宇宙统一的感觉，一种当你和外界之间的障碍消失，当你的心灵和个性静止时，向你袭来的感觉。

十九、芭蕉

松尾芭蕉（Basho）是日本的莎士比亚，芭蕉之于日本俳句好比莎士比亚之于英国戏剧。然而，芭蕉与莎士比亚不同，他既写诗，也写文章。他写过几部游记，其中最著名的是《深入北方的小路》（又译为《奥之细道》，*The Narrow Road to the Deep North*）。这本书文学性很强，充满对中国和日本文学的引述。书中有叙述有诗歌，所叙之事进展迅速，有插叙也顶多不过是一两个段落而已。芭蕉的写作不诉诸现代作家热衷的雕虫小技，有些读者或许会因此而失望，因为《小路》中找不到粗野的趣闻，没有性，也没有暴力。

二十、约瑟夫·坎贝尔

约瑟夫·坎贝尔（Joseph Campbell）是一位美国教授，他的著作集神话、心理学和东方智慧于一身。坎贝尔的世界观既大众化又深刻。他的书被读者广泛接受，他在电视台的出现受到观众的热烈欢迎，他对比尔·莫耶斯（Bill Moyers）的采访和他的书一样精彩。坎贝尔对美国的电影制作者很有影响，特别是对乔治·卢卡斯（George Lucas）——高科技手法神话电影《星球大战》（*Star Wars*）的制作者。

坎贝尔在他的著作《千面英雄》(*The Hero With a Thousand Faces*)中描述了所有英雄神话的共有特征，坎贝尔认为，原始社会的礼仪和习俗遵循一个与英雄神话相同的模式："英雄神话般奇遇的标准路线是美化庆贺人之成长的礼仪公式，这个公式就是：分离—创始—返回。"[①] 我推荐《千面英雄》、《指引生命的神话》(*Myths to Live By*，书中有关禅宗的篇章可能是禅的最佳介绍)和《神话的力量》(*The Power of Myth*)。坎贝尔的代表作是一部四卷本的巨著，题为《上帝的面具》(*The Masks of God*)。

坎贝尔的作品不属于伟大文学作品之列。尽管坎贝尔是一个杰出的演讲者，但他的散文使人有所遗憾。虽然坎贝尔不是一个伟大作家，但他却是一位优秀读者，他具有广博的文化知识。坎贝尔最喜爱的作家之一是詹姆斯·乔伊斯；坎贝尔本人就是解读乔伊斯作品《芬尼根的守灵夜》的权威性专家。荣格是另一位坎贝尔喜爱的作家，他对西方理性主义的批评常令人想起荣格。

坎贝尔在哥伦比亚大学的老师之一是海因里希·齐默(Heinrich Zimmer)。齐默死后，坎贝尔编辑并出版了几本齐默的书，包括《印度哲学》(*Philosophies of India*)、《国王与尸体》(*The King and the Corpse*)，以及《印度艺术和文明的神话与符号》(*Myths and Symbols in Indian Art and Civilization*)。荣格也对齐默有浓厚的兴趣，也编辑了齐默撰写的一本书。

---

① *The Hero With A Thousand Faces*, ch. 3.

二十一、洛夫乔伊、库恩和科学历史

美国哲学教授亚瑟·洛夫乔伊（Arthur Lovejoy）以知识分子思想史之理论著称。洛夫乔伊最广为人知的作品是《存在巨链》（*The Great Chain of Being*）和《观念史论文集》（*Essays in the History of Ideas*）。只要是对哲学感兴趣的人，都应该阅读。洛夫乔伊相信，哲学思想对其他领域，如文学，很有影响。他认为，哲学因此而成为以跨学科方式研究思想史的一个起点。洛夫乔伊的历史研究手法对人文学科许多领域的研究都有所帮助。他的风格略显粗糙，但他的内容极有意思。洛夫乔伊生于19世纪60年代，他的头脑是20世纪初的头脑，他集中精力研究俄国、达尔文，等等。洛夫乔伊对启蒙运动和浪漫主义有深刻理解，却对尼采和弗洛伊德这样的现代思想家了解甚少。

托马斯·库恩（Thomas Kuhn）受洛夫乔伊的影响，把他的历史研究方法运用到科学思想研究上。库恩的主要著作是《科学革命的结构》（*The Structure of Scientific Revolutions*）。这本书在学术界很受欢迎，也很受重视。它是一部学术著作，虽然缺乏诗意，但很简洁、可读、有趣。《科学革命的结构》出版于1962年，它已经成为科学历史研究的经典著作，并且定将继续受到读者欢迎。所有对思想感兴趣的人都会喜欢库恩的书。

库恩把科学史分为三个时期：常态时期、危机时期和向新模式过渡的时期。常态时期是某个领域的专家们按一个普遍理论，或说是一个模式循规蹈矩的时期。在这个时期，科学的任务是完善一个模式并解决存在于其中的问题。危机时期是一个问题重重的时期，这个时期的问题极难解决，领域内的专家们对现有的模式不甚满意。当有人提出一个新模式时，专家们把新模式和旧模式加以比较。如果他们喜欢新模式，那么这个新模式就会逐渐取代旧模式，并成为下一个常态时期的基础。

以天文学为例：一段时期内，天文学家们接受了托勒密（Ptolemy）的"地心说"模式。在这个科学常态时期，天文学家们试图完善托勒密的模式，并将它延伸到所有天文现象的研究中去。然而，要把这个模式强加给所有的现象终于变得难之又难，所以就有哥白尼建议用"日心说"模式代替"地心说"模式。新模式逐渐取代了旧模式之后，天文学又回到了科学常态时期。

在某个模式当中受到训练的人往往会在向新模式过渡时期表现出犹豫不决的心理。库恩引用马克斯·普朗克（Max Planck）的话说："一条新的科学真理最终取胜，靠的不是说服其反对派并使反对派认识真理；它靠的是反对派的最后消亡，靠的是熟悉它的一代新人的成长。"[①]

库恩之前有其他的科学史学家。乔治·萨顿（George Sarton）是科学史的创始人。萨顿计划写一部多卷本作品，把科学史展现给自己的时代，但在完成希腊和阿拉伯科学两卷之后他就去世了。为了能撰写阿拉伯科学，萨顿学习阿拉伯语，并游历中东。萨顿有广博

---

① *The Structure of Scientific Revolutions*, ch. 12.

的文化知识，能谈论维吉尔的诗歌和普林尼的言论。

约翰·德斯蒙德·贝尔纳（J. D. Bernal）撰写了一部四卷本的科学史（还有其他许多科学作品），尽管有人说贝尔纳对共产主义的同情影响了他的观点，但他的著作仍享有盛誉。贝尔纳出生于1901年，大约比萨顿小15岁。李约瑟（Joseph Needham）写了一部有关中国科学技术的多卷本著作。G. E. R. 劳埃德（G. E. R. Lloyd）在《敌手和权威》（*Adversaries and Authorities*）一书中将希腊科学和中国科学相比，劳埃德也写过备受赞誉的有关希腊科学史的书。查尔斯·库尔斯顿·吉利斯皮（Charles Coulston Gillispie）是普林斯顿大学的科学史学家。他对拉普拉斯（Laplace）的研究享有很高的声望，他也写了一部科学通史名为《客观性的边缘》（*The Edge of Objectivity*）。

另一位著名的历史学家是弗朗西丝·耶茨（Frances Yates），她专门研究赫尔墨斯传统，如乔尔达诺·布鲁诺（Giordano Bruno）、玫瑰十字社运动（Rosicrucian movement）等。如果你对赫尔墨斯教派（炼金术—— 译者注）感兴趣，你应该试读耶茨的书。马乔里·尼科尔森（Marjorie Nicolson）在作品《佩皮斯日记和新科学》（*Pepys' Diary and the New Science*）中写到了信仰牛顿学说的人反抗赫尔墨斯教派。

第六章 科学

一、生物学

达尔文（Darwin）可能是生物学界最好的作家，他最出名的著作是《物种起源》（*On the Origin of Species*）、《人类起源》（*The Descent of Man*）以及《小猎犬号航海记》（*The Voyage of the Beagle*）。达尔文作品的诺顿评述版是一册有用的简本。

要了解更多达尔文的理论，可考虑爱德华·拉森（Edward Larson）的《进化论：科学理论的非凡历史》（*Evolution: The Remarkable History of a Scientific Theory*）。拉森还写了《冰帝国：斯科特、沙克尔顿与南极科学英雄时代》（*An Empire of Ice: Scott, Shackleton and the Heroic Age of Antarctic Science*）。也可考虑艾伦·穆尔黑德（Alan Moorehead）的《达尔文和小猎犬》（*Darwin and the Beagle*）。穆尔黑德因《白尼罗河》（*The White Nile*）与《蓝尼罗河》（*The Blue Nile*）而闻名，这两部作品都是关于在非洲的探险者们的。

生物学家托马斯·赫胥黎（Thomas Huxley）是达尔文一生中最忠诚的拥护者之一，他被称为“达尔文的坚定追随者”。托马斯·赫胥黎的孙子朱利安·赫胥黎（Julian Huxley）是20世纪早中期一位知名的生物学家。尽管朱利安是该领域的领军人物，但他写的文章通常外行人都能看懂。《进化论：现代综合论》（*Evolution: The Modern Synthesis*）是他的主要作品之一。

加文·德·贝尔（Gavin de Beer）和朱利安·赫胥黎是同一时期的人物。在20世纪30年代，德·贝尔与朱利安合作研究胚胎学。德·贝尔对于进化论的著作得到了史蒂芬·杰·古尔德（Stephen Jay Gould）的好评。德·贝尔因其通俗科学作品获得联合国教科文组织颁发的卡林加奖（Kalinga Prize）。德·贝尔精通人文科学和自然科学。他有两本著作是关于古罗马的劲敌汉尼拔的。也许德·贝尔最喜欢阿尔卑斯山，他写过几本关于阿尔卑斯山的书，也写到同瑞士和阿尔卑斯山有关的人，比如吉本、卢梭和汉尼拔。

同时期另一位著名的生物学家是J. B. S. 霍尔丹（J. B. S. Haldane），他的著作至今“仍十分可读，意义深刻”[①]（引自比尔·布莱森）。《一个生物学家的冒险》（*Adventures of a Biologist*）是霍尔丹诸多著作之一，另一部是《什么是生活？》（*What Is Life?*）。霍尔丹对“试管婴儿”的评价影响了阿道司·赫胥黎的未来主义小说《美丽新世界》。

20世纪70年代，刘易斯·托马斯（Lewis Thomas）成为一名生物学及医学方面流行作家。他的第一部小品集名为《细胞生命的礼赞：一个生物学观察者的手记》（*The Lives of a Cell: Notes of a Biology*

---

① *A Short History of Nearly Everything*, ch. 16, p. 244.

Watcher)。托马斯对文字有浓厚的兴趣，并著有关于语言学的书《等等其他：一个语言观察者的手记》(*Et Cetera, Et Cetera: Notes of a Word-Watcher*)。

和托马斯一样，史蒂芬·杰·古尔德是生物学方面的流行作家，他也出版了几本针对大众的小品集。古尔德的第一部小品集《自达尔文以来》(*Ever Since Darwin*)于 1977 年发行，并很畅销。古尔德也有大型作品，如《奇妙的生命》(*Wonderful Life*)、《个体发育与系统发育》(*Ontogeny and Phylogeny*)，以及巨著《进化理论的结构》(*Structure of Evolutionary Theory*)，该书概述了演化生物学的现状，如同朱利安早在 60 年前所作的尝试那样，著有《进化论：现代综合论》一书。

吉姆·恩德斯比（Jim Endersby）所写的《豚鼠的生物学史》(*A Guinea Pig's History of Biology*)是关于生物学的一本不错的通俗著作。

如果你想阅读有关人类对自然影响的书籍，可考虑提姆·弗莱尼（Tim Flannery）所著的《未来的食者：一部大洋洲土地及人民的社会生态史》(*The Future Eaters: An Ecological History of the Australasian Lands and People*)。也可考虑威廉姆·克罗侬（William Cronon）写的两本书：《土地的变化：印第安人、殖民者及新英格兰的社会生态学》(*Changes in the Land: Indians, Colonists, and the Ecology of New England*)及《自然的大都会：芝加哥和伟大的西部》(*Nature's Metropolis: Chicago and the Great West*)。克罗侬也编辑过一本书，名为《约翰·缪尔：自然之作》(*John Muir: Nature Writings*)。缪尔是一位优秀的文体家，也是一位深刻的思想家。应将他与梭罗和约翰·巴勒斯（John Burroughs）进行比较。有一本关于水世界的有趣的书，是由马克·科兰斯基（Mark Kurlansky）写的，名为《鳕鱼：改变世界的鱼类传记》（*Cod: A Biography of the Fish That Changed the World*）。

有一本出自科学家詹姆斯·沃森（James Watson）的关于知识前沿的畅销书，名为《双螺旋：DNA 结构发现的个人账户》（*The Double Helix: A Personal Account of the Discovery of the Structure of DNA*，可购得诺顿评述版）。

当今主要的生物学作家之一是柯林·塔奇（Colin Tudge）。塔奇已经在学者和流行之间找到了一个“折中办法”。他写过树木、鸟类、遗传学等，也创作了一本册子名为《生命的多样性：存在过的一切生物的调查和颂扬》（*The Variety of Life: A Survey and a Celebration of All the Creatures That Have Ever Lived*），追溯了从第一个有机体到当代的生命发展。理查德·道金斯（Richard Dawkins）在名为《祖先的故事：生命开端的朝圣之旅》（*The Ancestor's Tale: A Pilgrimage to the Dawn of Life*）一书中追溯了从当代到第一个有机体的生命轨迹。道金斯用趣谈故事给科学添滋添味。

另一位主要的生物学作家是理查德·福泰（Richard Fortey）。福泰在少年时就对生物学产生兴趣，他在 14 岁就发现了他的第一个三叶虫化石。他有一本书是关于三叶虫的，还有一本是写化石的。福泰有一本著作名为《生命，一本独断传记：地球生命第一个四十亿年的自然史》（*Life: An Unauthorized Biography: A Natural History of the First Four Billion Years of Life on Earth*）。福泰探讨土壤地质情况，著有《一段亲密历史》（*Earth: An Intimate History*）。正如史蒂芬·古尔德为纽约的自然历史博物馆效劳一样，福泰与伦敦的自然历史博物馆有着联系，福泰著有一本名为《一号干货仓库》（*Dry Storeroom no.1*）的书，该书是有关伦敦自然历史博物馆的。

罗宾·赫尼格（Robin Henig）的一本关于孟德尔（Mendel）的书写得不错，名为《花园里的修道士》（*The Monk in the Garden*）。他还著有《潘多拉的宝贝》（*Pandora's Baby*），探讨试管受精（试管婴儿）。

如果你对早期作家感兴趣，可以考虑以下作家：柯林·塔奇的《历史之前》（*The Time Before History*），该书也以《昨日之前》（*The Day Before Yesterday*）为名出版。尼古拉斯·韦德（Nicholas Wade）的《黎明前夕》（*Before the Dawn*）。贾雷德·戴蒙德（Jared Diamond）的《第三只黑猩猩》（*The Third Chimpanzee*），该书获得了安内特奖（Aventis Prize），另一本获该奖的书也是由他写的《枪炮、细菌和钢铁》（*Guns, Germs, and Steel*），该书谈及西方文明是如何征服其他文明的。洛伦·艾斯利（Loren Eiseley）的《巨大的旅程》（*The Immense Journey*），艾斯利以其诗歌天赋和哲学深度书写科学，其中一本著作名为《达尔文的世纪》（*Darwin's Century*）。

二、医学

如果你想了解人体和医学，考虑阅读舍温·努兰（Sherwin Nuland）的作品，比如《身体的智慧》（*The Wisdom of the Body*）。努兰写了当代医学，也写了医学历史。他甚至还投身于医学以外，撰写了迈蒙尼德（Maimonides）和达·芬奇的传记。

还有一位后代医学作者是阿图·葛文德（Atul Gawande）。葛文德是在波士顿的一位外科医生，他写过几本畅销书，包括《医生的修炼》（*Complications*）和《医生的精进》（*Better*）。悉达多·穆克吉（Siddhartha Mukherjee）写过一本获奖作品，书名为《众病之王——癌症传》（*The Emperor of All Maladies: A Biography of Cancer*）。

也可读读其他医学作者的书籍，如嘉伯·马得（Gabor Maté）的《当身体说不时：了解压力与疾病的关系》（*When the Body Says No: Understanding the Stress-Disease Connection*）。罗伯特·萨波斯基（Robert Sapolsky）研究狒狒群体，还写了一本关于压力的书，名为《为何斑马不得溃疡》（*Why Zebras Don't Get Ulcers*）。

特雷西·基德尔（Tracy Kidder）写了一本畅销书，是关于在贫困国家抗击疾病的，书名为《山外有山：法蒙·保罗医师的探求，他是一位愿意治愈世界的人》（*Mountains Beyond Mountains: The Quest of Dr. Paul Farmer, a Man Who Would Cure the World*）。

英国作家罗伊·波特（Roy Porter）著有一本医学史书，名为《人类最大效益：人类病史》（*The Greatest Benefit to Mankind: A Medical History of Humanity*）。波特也写了有关英国启蒙运动和英国社会史的书。

有关医学和生物学的一本经典著作是保罗·克鲁伊夫（Paul de Kruif）的《微生物猎人传》（*Microbe Hunters*），该书讲述了微观世界的巴斯德和其他探索者们。

神经学家奥利弗·沙克斯（Oliver Sacks）写过关于脑部疾病患者的书。他的诸多著作中有《唤醒》（*Awakenings*）、《错把妻子当帽子》（*The Man Who Mistook His Wife for a Hat*）及《恋音乐：音乐和大脑的故事》（*Musicophilia: Tales of Music and the Brain*）。

三、物理学

加里·朱卡夫（Gary Zukav）使外行人都能理解近代物理。他的《物理大师的舞蹈：新物理学综述》（*The Dancing Wu Li Masters: An Overview of the New Physics*）是一部畅销于多个国家的著作。朱卡夫对哲学和神秘学感兴趣，还提出了量子力学的哲学意义。另一本有关近代物理的流行书是菲杰弗·卡帕（Fritjof Capra）写的《物理之道：现代物理学和东方神秘学》（*The Tao of Physics: An Exploration of the Parallels Between Modern Physics and Eastern Mysticism*）。麻省理工学院教授戴维·凯泽（David Kaiser）近来著有《嬉皮士如何救助物理学：科学、反文化和量子重现》（*How the Hippies Saved Physics: Science, Counterculture, and the Quantum Revival*）。另一本相关主题的书是曼吉特·库马尔（Manjit Kumar）的《量子：爱因斯坦、波尔以及关于现实本性的伟大辩论》（*Quantum: Einstein, Bohr, and the Great Debate About the Nature of Reality*）。

乔治·加莫夫（George Gamow）是一位著名的物理学家，他有多本通俗的科学著作，比如《重力》（*Gravity*）和《物理学传记》（*Biography of Physics*）。史蒂芬·霍金（Stephen Hawking）著有一本畅销书《时间简史》(*A Brief History of Time*),之后霍金又写了《果壳中的宇宙》(*The Universe in a Nutshell*)、《新时间简史》(*A Briefer History of Time*)及其他著作。另一位科学家卡尔·萨根(Carl Sagan)的著作适合一般读者阅读,他著有《布卡罗的大脑:反思科学、彗星、宇宙的浪漫》(*Broca's Brain: Reflections on the Romance of Science, Comet, Cosmos*,这是一部流行纪录片的图书版本)等。作为记者和科学作家的蒂姆·费里斯(Timothy Ferris)的作品常和天文学有关,他最出名的著作是《银河系大定位》(*Coming of Age in the Milky Way*)。倘若你想以历史视角来看天文学,可以阅读威利·莱伊(Willy Ley)的《天空守望者:从巴比伦到太空时代的通俗天文史》(*Watchers of the Sky: An Informal History of Astronomy From Babylon to the Space Age*)。

如果你想了解爱因斯坦,就读一读沃尔特·艾萨克森(Walter Isaacson,他还写了本杰明·富兰克林,史蒂夫·乔布斯等人的传记)所写的《爱因斯坦:生活和宇宙》(*Einstein: His Life and Universe*)。亚伯拉罕·派斯(Abraham Pais)曾著《上帝是不可捉摸的:爱因斯坦的科学与生平》(*Subtle is the Lord: The Science and the Life of Albert Einstein*)。正如理查德·福泰,派斯也获得刘易斯·托马斯奖(Lewis Thomas Prize),该奖项授予作品具有诗意和哲理的科学作家。除了研究爱因斯坦,派斯还出版了关于尼尔斯·玻尔(Niels Bohr)的研究著作,一部现代物理学史书《势不可当的深入:论物理世界中的物质和力》(*Inward Bound: Of Matter and Forces in the Physical World*),一部有关 12 位物理学家的书《科学天才:一道肖像长廊》(*The*

Genius of Science: A Portrait Gallery）及其他作品。

关于爱因斯坦的最受欢迎和可读的书之一是戴维·博丹尼斯（David Bodanis）写的《$E=mc^2$》。博丹尼斯还写了一部电力史《电气大学》（*Electric Universe*），获得了安万特奖（Aventis Prize），以及一本关于日常科学的书《秘密之家》（*The Secret House*，精装本有照片）。

少有的现代小说家、现代科学的权威人物英国小说家查尔斯·珀西·斯诺（C. P. Snow），除了小说和文学批评之外，还写了《物理学家》（*The Physicists*），其中有对现代物理学领军人物的生动描写。斯诺以他的演讲《两种文化》（"The Two Cultures"）而闻名，演讲中他对现代世界人文与科学之间联系的中断感到遗憾，悲叹文学人士对科学的无知，反之亦然。

另一位写科学的现代小说家是亚瑟·凯斯特勒（Arthur Koestler）。当斯诺写现代物理学时，凯斯特勒在写通俗科学史，凯斯特勒有关科学的书籍中有一本著作名为《梦游者：人类改变宇宙视角的历史》（*The Sleepwalkers: A History of Man's Changing Vision of the Universe*）。他的小说《中午的黑暗》（*Darkness at Noon*）最有名，该小说利用了在西班牙内战时期他自己在法西斯监狱里服刑的经历。凯斯特勒在其回忆录《天外箭》（*Arrow in the Blue*）中描述了自己的冒险生活。他对非传统和神秘学饶有兴趣，他有几本书，包括《巧合之源》（*The Roots of Coincidence*）在内都涉及神秘学。他尤其对"非传统生物"或者"超自然生物"感兴趣，对于达尔文进化论只用物竞天择之说来解释的观点他提出了质疑。在凯斯特勒的遗嘱里，他提出在爱丁堡大学成立凯斯特勒超心理现象研究会。

史蒂文·夏平（Steven Shapin）是一位哈佛教授，也是《利维坦与空气泵：霍布斯、玻意耳与实验生活》（*Leviathan and the Air-Pump: Hobbes, Boyle, and the Experimental Life*）的作者（该书是他和Simon Schaffer合作完成的），他还写了《科学革命》（*The Scientific Revolution*）。戴瓦·梭贝尔（Dava Sobel）著有基本科普读物，包括一本研究行星的作品《经度》（*Longitude*）和一部研究哥白尼的作品《伽利略的女儿》（*Galileo's Daughter*）。

《雷击》（*Thunderstruck*）一书叙述了科学家马可尼（Marconi）和杀人犯克里平（Crippen）医生的故事，埃里克·拉森（Erik Larson）在该书中写到了无线通信的发展过程。[①] 詹姆斯·格雷克（James Gleick）在《信息简史：一部历史、一个理论、一场洪水》（*The Information: A History, a Theory, a Flood*）一书中探讨了数字革命，他也因《混沌：开创新科学》（*Chaos: Making a New Science*）这本书而闻名，另外还著有《牛顿传》和《费曼传》。

四、化学

菲利普·鲍尔（Philip Ball）撰写了几部关于化学的著名作品，其中包括《元素，极短的简介和高雅的对策：化学中十个出色的实验》（*The Elements: A Very Short Introduction and Elegant Solutions:*

① 拉森写了其他畅销的非小说类图书，包括《白城的恶魔》（*The Devil in the White City*），这本书讲述了1893年世界博览会期间发生在芝加哥的一系列谋杀事件。

Ten Beautiful Experiments in Chemistry）。普里莫·李维（之前因他的奥斯维辛回忆录提及过）著有小说《元素周期表》（*The Periodic Table*），该书涉及化学，且于 2006 年，在史上最佳科学图书比赛中获胜。凯茜·科布（Cathy Cobb）也著有一些有关化学的著名作品，如《火的创作：从点金术到原子时代化学的生动历史》（*Creations of Fire: Chemistry's Lively History From Alchemy to the Atomic Age*，该书与 Harold Goldwhite 合作完成）。萨姆·基恩（Sam Kean）近些年撰写了几本广受欢迎的科学读物：探讨元素周期表的《消失的汤匙》（*The Disappearing Spoon*），讨论遗传学的《小提琴家的拇指》（*The Violinist's Thumb*），以及研究大脑的《决斗神经外科医生的故事》（*The Tale of the Dueling Neurosurgeons*）。

沙龙·麦格雷恩（Sharon McGrayne）写了一本关于化学在现代工业中的应用的书《实验室的普罗米修斯：化学与现代世界的制作》（*Prometheans in the Lab: Chemistry and the Making of the Modern World*）。另一本关于应用科学的书是理查德·罗德斯（Richard Rhodes）撰写的《制造原子弹》（*The Making of the Atomic Bomb*），该书既有学术意义又有可读性，并获得了无数奖项。一部关于太空计划的著名作品是安德鲁·查金（Andrew Chaikin）的《月球上的一个人：阿波罗宇航员之旅》（*A Man on the Moon: The Voyages of the Apollo Astronauts*），该书大约 700 页长；《失落的月亮：阿波罗 13 的危险之旅》（*Lost Moon: The Perilous Voyage of Apollo 13*）是一本篇幅较短的书，主要说的是一次太空飞行。

五、科学概论

比尔·布莱森（Bill Bryson）的著作《万物简史》（*A Short History of Nearly Everything*）广受欢迎，那是一本介绍许多不同自然科学的书。布莱森的书写的是逸事而非深刻道理，是趣闻而非哲学。但是如果你对科学一无所知，布莱森的《万物简史》也许是最佳读物。该书的文献目录和脚注很有用，可以引导你进一步学习。插图版本也很有帮助，我建议先阅读纯文本版本，然后翻阅图解版本，以回顾你所学到的内容。像刘易斯·托马斯一样，布莱森对文字感兴趣，他写了一本书，名为《母语：英语以及它的由来》（*The Mother Tongue: English and How It Got That Way*）。

约翰·格里宾（John Gribbin）撰写了许多关于科学史的著作。像塔奇的书一样，格里宾的书既博学又通俗。当塔奇专注于生物学时，格里宾痴迷于物理和天文学，格里宾最著名的作品之一是《寻找薛定谔的猫：量子物理的奇异世界》（*In Search of Schrödinger's Cat: Quantum Physics and Reality*）。但格里宾也在作品中探讨生物学，比如《科学家：用其最伟大的发明家传记讲述的科学史》（*The Scientists: A History of Science Told Through the Lives of Its Greatest Inventors*）等。当格里宾 60 岁的时候，他已经写了 100 多本书。

更早一代的科学作家艾萨克·阿西莫夫（Isaac Asimov）甚至更多产，他有 500 多部作品。阿西莫夫最著名的是他的科幻小说，比如基地三部曲《基地》（*Foundation*）、《基地和帝国》（*Foundation *and Empire*)、《第二基地》(*Second Foundation*);这部三部曲被誉为有史以来最佳的科幻小说。如果你想快速体验阿西莫夫的科幻小说,可以考虑阅读他的短篇小说《黄昏》(“Nightfall”),该作品通常被称为是最好的短篇科幻小说。[①] 阿西莫夫被视为科幻小说三巨头之一,其他两位是罗伯特·海因莱因(Robert Heinlein)和亚瑟·查理斯·克拉克(Arthur C. Clarke)。

阿西莫夫还撰写了许多关于科学的非小说书籍,例如《化学短篇史》(*A Short History of Chemistry*)和《阿西莫夫新科学指南》(*Asimov's New Guide To Science*),该书试图调查所有学科分支。[②]

阿西莫夫的写作清晰可读,他用许多不加修饰的逸事赋予了科学趣味性。阿西莫夫为年轻读者写了许多书,还写了许多历史著作,如《希腊人》(*The Greeks*),他的一些历史作品适合年轻读者。

如果你想了解地质学,请考虑詹姆斯·鲍威尔(James Powell)的《大地的奥秘》(*Mysteries of Terra Firma*)和乔恩·埃里克森(Jon Erickson)的《板块构造论》(*Plate Tectonics*)。还可考虑约翰·迈克菲(John McPhee)的书,如《从平原上升起》(*Rising From the Plains*)。西蒙·温彻斯特(Simon Winchester)在《改变

---

① 《黄昏》(“Nightfall”)收入了许多文集中,包括《黄昏和其他故事》(*Nightfall and Other Stories*)及《短篇小说全集·卷1》(*The Complete Stories Vol. 1*,两本都由阿西莫夫编写)。临终前两年,即1990年,在罗伯特·希尔伯格(Robert Silverberg)的帮助下,阿西莫夫将《黄昏》扩展成一部小说。

② 如果你想要一本研究所有学科分支的书,我不会推荐阿西莫夫的《新指南》(*New Guide*),该书已过时且过于详细。我会推荐奈吉尔·考尔德(Nigel Calder)的《神奇的宇宙》(*Magic Universe*),或约翰·格里宾(John Gribbin)的《大众科学指南》(*Almost Everyone's Guide to Science*)。

世界的地图：威廉·史密斯和现代地质的诞生》（*The Map That Changed the World: William Smith and the Birth of Modern Geology*）一书中写到了地质史。[①]

约翰·德比希尔（John Derbyshire）有两本关于数学史的书广受好评——《未知数：代数史的虚实》（*Unknown Quantity: A Real and Imaginary History of Algebra*）和《素数之恋：黎曼和数学中最大的未解之谜》（*Prime Obsession: Bernhard Riemann and the Greatest Unsolved Problem in Mathematics*）。

六、科学社团

近年来，已经有几本关于科学社团的书出版。其中最受赞誉的是珍妮·阿格鲁（Jenny Uglow）写的《月球社成员：五个朋友的好奇心改变了世界》（*The Lunar Men: Five Friends Whose Curiosity Changed the World*，也称为《月球社成员，创造未来的朋友们：1730—1810》，*The Lunar Men: The Friends Who Made the Future: 1730-1810*）。

---

① 西蒙·温彻斯特以一位地质学者开始他的职业生涯，然后担任记者，最后成为作家。他在《教授与疯子》（*The Professor and the Madman*）或称《克劳索恩外科医生》（*The Surgeon of Crowthorne*）一书中写到牛津英语字典的编撰；也在《OED 的故事》（*The Meaning of Everything*）中谈到牛津英语字典。他在《一个热爱中国的人》（*The Man Who Loved China*）或称《火药、书和指南针》（*Bomb, Book & Compass*）一书中描写了汉学家李约瑟（Joseph Needham）。他在《喀拉喀托火山爆发记》（*Krakatoa: The Day the World Exploded*）及《世界边缘的地震：美国和 1906 年加利福尼亚大地震》（*A Crack in the Edge of the World: America and the Great California Earthquake of 1906*）中都写到自然灾害。他的新书《团结美国的人们》（*The Men Who United the States*）涉及了探险者、运河建设者、铁路建设者、高速路建设者等。

这五位朋友是詹姆斯·瓦尔特（James Watt，工程师和发明家，对蒸汽机进行了改良）、马修·博尔顿（Matthew Boulton，制造商，是詹姆斯·瓦尔特的生意伙伴）、乔舒亚·韦奇伍德（Josiah Wedgwood，陶器制造商，查尔斯·达尔文的外祖父）、伊拉斯谟斯·达尔文（Erasmus Darwin，物理学家、科学家、诗人、查尔斯·达尔文的祖父）、约瑟夫·普里斯特利（Joseph Priestley，化学家、神学家、政治激进分子）。

他们将学会命名为月球社是因为每到月圆之夜，大家便会聚集一堂，这样月光能照亮他们的回家之路。他们这样相聚长达 50 年之久。除了《月球社成员》，阿格鲁还写了许多传记，有关于乔治·艾略特（George Eliot）、伊丽莎白·盖斯凯尔（Elizabeth Gaskell）、亨利·菲尔丁（Henry Fielding）、威廉·贺加斯（William Hogarth）等的。

另一部有关科学社团的书是由劳拉·斯奈德（Laura Snyder）撰写的《哲学早餐俱乐部：改变科学和世界的四位非凡的朋友》（*The Philosophical Breakfast Club: Four Remarkable Friends Who Transformed Science and Changed the World*）。该书涉及四位 19 世纪英国科学家：威廉姆·胡威立（William Whewell）、查尔斯·巴贝奇（Charles Babbage）、约翰·赫歇尔（John Herschel）及理查德·琼斯（Richard Jones）。

路易斯·梅南（Louis Menand）在他的《哲学俱乐部：美国观念的故事》（*The Metaphysical Club: A Story of Ideas in America*）中写了一群哲学家。该俱乐部中的人包括威廉·詹姆斯、查尔斯·桑德斯·皮尔斯（Charles Sanders Peirce）、小奥利弗·温德尔·霍姆斯（Oliver

Wendell Holmes Jr.）等。要更多了解威廉·詹姆斯，可阅读罗伯特·理查德森写的传记，也可阅读雅克·巴尔赞（Jacques Barzun）写的《与威廉·詹姆斯漫步》（*A Stroll With William James*）。如果您想读读詹姆斯自己的作品，可以选择理查森编辑的一部诗集《威廉·詹姆斯的心声》（*The Heart of William James*）。

前面提到的和弗朗西斯·培根有关联的丽莎·雅丹有一本关于科学革命的著作，该书名为《巧妙的追求：建立科学革命》（*Ingenious Pursuits: Building the Scientific Revolution*），受到普遍好评。约翰·格里宾致力于英国派科学革命，并著书《友谊：革命故事》（*The Fellowship: The Story of a Revolution*）。

理查德·霍姆斯（Richard Holmes）曾著有《好奇年代：浪漫一代如何发现科学的美好与恐惧》（*The Age of Wonder: How the Romantic Generation Discovered the Beauty and Terror of Science*）。该书将历史、传记和科学很好地融合到一起。书中特别提到天文学家威廉·赫歇尔（William Herschel）和化学家汉弗莱·戴维（Humphry Davy）。霍姆斯也撰写了著名的柯勒律治及雪莱的传记，还写了《约翰逊医生和萨维奇先生》（*Dr. Johnson and Mr. Savage*）。

迈克尔·法拉第（Michael Faraday）是汉弗莱·戴维的徒弟，后来也成为詹姆斯·克拉克·麦克斯韦（James Clerk Maxwell）年轻时的导师。法拉第和麦克斯韦是《法拉第、麦克斯韦和电磁场：两个男人是如何改革物理的》（*Faraday, Maxwell, and the Electromagnetic Field: How Two Men Revolutionized Physics*）中的主要人物，该书由南希·福布斯（Nancy Forbes）和巴兹尔·马洪（Basil Mahon）一起完成。马洪还写了一部短小易读的书，名为《麦克斯韦：改变一切的人》（*The Man Who Changed Everything: The Life of James Clerk Maxwell*）。

七、商业和经济学

托德·布霍赫兹（Todd Buchholz）撰写了一些关于经济学的著名作品，例如《从这里到经济：经济扫盲的捷径》（*From Here to Economy: A Shortcut to Economic Literacy*），以及《死亡经济学家的新想法：现代经济思想介绍》（*New Ideas From Dead Economists: An Introduction to Modern Economic Thought*）。布霍赫兹以预测经济事件而闻名，如欧元区的问题。他具有学术经验（他获得了哈佛经济系的教学奖）、商业经验（他是对冲基金总监）和政治经验（他在白宫老布什手下任职过）。

早期有一位类似作家是罗伯特·海尔布鲁诺（Robert Heilbroner），他因《俗世哲学家：改变历史的经济学家》（*The Worldly Philosophers: The Lives, Times and Ideas of the Great Economic Thinkers*）而闻名。海尔布鲁诺还与莱斯特·瑟罗（Lester Thurow）合作撰写了《经济学的秘密》（*Economics Explained*），该书在 20 世纪 80 年代和 90 年代出版了几个版本。

兰迪·查尔斯·艾平（Randy Charles Epping）在他的畅销书《21 世纪经济：初学者指南》（*The 21st Century Economy: A Beginner's Guide*）中介绍了国际经济学的基础知识。本书是艾平早期书《世界经济新手指南》（*A Beginner's Guide to the World Economy*）的更新版本。

弥尔顿·弗里德曼（Milton Friedman）和约翰·肯尼思·加尔布雷斯（John Kenneth Galbraith）都出生于20世纪初。弗里德曼是一位著名的保守经济学家，加尔布雷斯是一位有名的自由经济学家。当加尔布雷斯做了一个15个小时的经济纪录片时，弗里德曼用自己的纪录片给予回应。弗里德曼的诸多书中有一本名为《货币的祸害：货币史上不为人知的大事件》（*Money Mischief: Episodes in Monetary History*），还有一本更像杂文的作品叫作《自由选择》（*Free to Choose*）。加尔布雷斯所著书有《金融狂热简史》（*A Short History of Financial Euphoria*）、《1929年大崩盘》（*The Great Crash, 1929*）、《货币：来自何处，去向何方》（*Money: Whence It Came, Where It Went*）。加尔布雷斯比现在的经济学家要多些文学气质，少点数学因素。他写了几本小说，包括《终身教授》（*A Tenured Professor*）。

关于股市的一部经典之作是埃德文·拉斐尔（Edwin Lefèvre）所写的《对股票经纪人的回忆》（*Reminiscences of a Stock Operator*）。艾伦·格林斯潘（Alan Greenspan）称拉斐尔的书是"一种投资智慧"。我推荐由乔恩·马克曼（Jon Markman）注释，威利（Wiley）发行的版本。

迈克尔·刘易斯（Michael Lewis）的第一本书是《说谎者的扑克牌》（*Liar's Poker*，1989），该书记叙了他在华尔街的经历。后来他撰写了关于2008年经济危机的《大短讯》（*The Big Short*），以及《自食其果》（*Boomerang*），其中谈及2008年危机如何影响到冰岛、希腊、爱尔兰等国。刘易斯在《魔球》（*Moneyball*）中涉及了棒球，在《盲点》（*The Blind Side*）中涉及了橄榄球。他是一个充满活力的作家，他的许多作品都是畅销书。

纳西姆·塔勒布（Nassim Taleb）因著作《黑天鹅：非常不可思议的影响》（*The Black Swan: The Impact of the Highly Improbable*）而闻名。塔勒布认为，人们经常假定未来会像过去一样，人们根据过去预测未来的行为是错误的。塔勒布认为，像“9·11”袭击一样的意外事件对市场及整个历史都有重大的影响，他称这种事件是“黑天鹅”。虽然塔勒布是一位投资商，而且是非常成功的人物，但他经常以哲学情怀创作，他说《黑天鹅》一书中只有四页涉及投资。

塔勒布喜欢购买期权，期权会在市场崩溃时进展良好。他批评期权卖方，说他们不揣冒昧预测未来，却并没有为意外事件作好准备。有一家期权卖方名为长期资本管理公司就是这种情况，由于1997年亚洲金融危机和1998年俄罗斯危机而遭灭顶之灾。一位著名的商业作家罗杰·洛温斯坦（Roger Lowenstein）著有《赌金者：长期资本管理公司的升腾与陨落》（*When Genius Failed: The Rise and Fall of Long-Term Capital Management*）。

查尔斯·盖斯特（Charles Geisst）是一位著作颇丰的商业作家，他的作品中有《华尔街投资银行史：华尔街金融王朝的秘密》（*Wall Street: A History and the Last Partnerships: Inside the Great Wall Street Money Dynasties*）。威廉·科汗（William Cohan）是《最后的大亨：拉扎德·弗雷斯公司的秘密历史》（*The Last Tycoons: The Secret History of Lazard Frères & Co.*）的作者，该书获得2007年最佳商业书的奖项。科汗还撰写了另外两家华尔街公司贝尔斯登（Bear Stearns）和高盛集团（Goldman Sachs）的研究报告。查尔斯· R. 莫里斯（Charles R.

Morris）是诸多商业图书的作者，包括《实业大亨：安德鲁·卡内基、约翰·D. 洛克菲勒、杰伊·古尔德、J. P. 摩根如何创造出美国的超级经济强权》（*The Tycoons: How Andrew Carnegie, John D. Rockefeller, Jay Gould, and J. P. Morgan Invented the American Supereconomy*）、《圣贤：沃伦·巴菲特、乔治·索罗斯、保罗·沃尔克及市场大漩涡》（*The Sages: Warren Buffett, George Soros, Paul Volcker, and the Maelstrom of Markets*）、《谁在为崩盘的万亿美元买单》（*The Two Trillion Dollar Meltdown: Easy Money, High Rollers, and the Great Credit Crash*）。

约翰·斯蒂尔·戈登（John Steele Gordon）在以下图书中谈及了美国的经济史：《财富的帝国：美国经济实力的史诗》（*Empire of Wealth: The Epic History of American Economic Power*）、《汉密尔顿的祝福：我国国债的非凡时光》（*Hamilton's Blessing: The Extraordinary Life and Times of Our National Debt*）、《伟大的博弈：华尔街作为世界强国的出现：1653—2000》（*The Great Game: The Emergence of Wall Street as a World Power: 1653-2000*）。

詹姆斯·格兰特（James Grant）因批评美联储政策，提倡金本位制而闻名。他擅长写作，才思敏捷。他的著作有：《伯纳德·巴鲁克：华尔街传奇人物的冒险故事》（*Bernard M. Baruch: The Adventures of a Wall Street Legend*）、《心中的货币：从内战到迈克尔·米尔肯美国的借贷》（*Money of the Mind: Borrowing and Lending in America From the Civil War to Michael Milken*）、《约翰·亚当斯：独马聚会》（*John Adams: Party of One*）。

近年来最受欢迎的商业书之一是布赖恩·伯勒（Bryan Burrough）

和约翰·赫利亚尔（John Helyar）合编的《门口的野蛮人：雷诺纳贝斯克的秋天》（*Barbarians at the Gate: The Fall of RJR Nabisco*）。类似主题的另一本流行书是由康妮·布鲁克（Connie Bruck）所写的《垃圾债券之王：迈克尔·米尔肯的投资传奇》（*Predators' Ball: The Inside Story of Drexel Burnham and the Rise of the Junk Bond Raiders*）。

至此结束全书对西方经典著作的介绍，仅为制图员为满足矿主们的需求，并向他们展示哪里有金子可寻所作的尝试。

附录

批评和辩护

以下源于本人的电子杂志 2009 年 12 月 12 日刊。

我新近给《易卜生和希特勒》一书的作者史蒂文·塞奇寄去我的新书《黄金王国》[1]。史蒂文是一位专业学者，而我肯定不是，我认为自己是“最后一个有文化的外行人”。由于我的新书没有学术气息，史蒂文对它给予了一些批评。我们的邮件来往如下：

塞奇：你的写作目的不明确。

哈蒙德：尼采在其早期随笔《理查德·瓦格纳在拜罗伊特》（“Richard Wagnar in Bayreuth”）中写道：“亚历山大采用此法

① 指本书《西方人文素描》。——编者注

之目的与其说是割去希腊文化的戈尔迪之结，任由磨损的末端在空中肆意扭曲，不如说是松结后将其捆绑……通过瓦格纳，我认出这些反亚历山大人中的一位：他用铆钉将所有脱离的东西联结在一起……（他）使宇宙万物得以简化。”

我正尝试成为一名简化者——一名书世界的简化者，该世界也许是最重要、最广泛的世界。我们现在比以往任何时候都需要简化，这样文化或知识或书世界不会变得太专业、太支离破碎。我想尼采会认可我的书。从某种意义上，我的书是一个哲学项目。

塞奇：《黄金王国》好像属于大学教育范畴。

哈蒙德：我宁愿不把它放入任何一个类别中，而是把它看作一本写给大家的书。这是一本个性化的书，一本有见解的书。难道不是每个文学作品都属于个人吗？蒙田的散文不是个人的吗？蒙田不是告诉我们他喜欢什么书，不喜欢什么书吗？尼采不也告诉过我们这些吗？

塞奇：您正在与维基百科和其他易于获取的资源进行竞争，以便快速、方便地获取摘要信息。

哈蒙德：我是维基百科的粉丝，我在撰写《黄金王国》时利用了维基百科。但我并不是做同样的事情：维基百科不是个人的，也没有文学性。它不尝试推荐。而且它不试图简化。相反，它不利于简化——它是碎片信息，具有传播性和专业性。

塞奇：毕竟，对于伟大有影响力的作品也有其他的摘要。

哈蒙德：我不知道任何类似于《黄金王国》的书。我不是在写一个摘要、一份总结，如我不试图概括柏拉图的《理想国》。因此，我可以轻描淡写，以点代面。此外，我不拘泥于“伟大而有影响力的书”。我也提到像史蒂文·塞奇这样的作家，他们没有任何影响力，但应该具有影响力。我提到比尔·布莱森，他没有极力要成为一个伟大的作家，但他能帮助读者获得广泛的知识。我对像亚里士多德这样的古典经典没有施以笔墨，但对禅宗和射箭艺术等现代作品有很高的评价。

我的目标不是要做到面面俱到；我跳过了诸如简·奥斯丁、托马斯·哈代、马丁·海德格尔等著名作家。我必须省去一些作家，我只能不公平（尽管我可能会在以后的版本中给这些作家应有的评价）。[①] 我不能什么书都读，或者对每本书都进行批评，就像旅行作家无法告诉我们世界上每一个城镇一样。但想想我试图拯救被大家遗忘的那些作家，那些我尽力介绍给读者、尽量引导读者去读的作家！像《黄金王国》这样的书可以提升许多作家的声誉。该书还能做得更多吗？它会复兴文学吗？它可以使文学更受欢迎——帮助文学与其他媒体、其他消遣进行竞争吗？

塞奇：你常在评价一本书的时候用“享受”一词。

哈蒙德：这是外行人的特点，我们外行寻求享受、快乐。一方面，像你这样的专业学者可以从薪水中获得乐趣，所以他可能不会强调由书产生的薪水让他收获到的乐趣。蒙田不会在

① 如作者所说，在这个修订版中专门谈到了托马斯·哈代。——编者注

亚里士多德身上绞尽脑汁，因为蒙田是一个外行人，他没有因为读书而得到报酬，所以他读他喜欢的书。另一方面，由于列奥·施特劳斯是一位专业学者，所以他花了很多时间在亚里士多德的作品上，他的知识决定了他的薪水和他的学术声誉。

我的观点是，在整个历史上，大多数好书都带给读者乐趣。荷马、狄更斯、托尔斯泰、梭罗——他们都旨在带给读者快乐。然而，并不是说他们的唯一目的是给予快乐，就像你吃的食物可能让你快乐，而不仅仅只是快乐。正如食物一样，从我们的书中，我们需要营养和乐趣。

塞奇：如果享受是目的，你很清楚还有其他事情：电影、爱情、喝酒、运动、游戏等比阅读大部头的书有着更加激情的体验。

哈蒙德：我的书没有聚焦于大部头的书。我寻求轻松、诙谐、简洁及原创深刻的读物。文学给予的乐趣不同于其他乐趣，也不能被其他乐趣所取代；即使在这个视频时代，许多人仍然读书消遣。电影带来的乐趣可能不会像爱情一样强烈，但这并不意味着没有人看电影。

塞奇：你探讨的条目似乎反映出你在特定课程中受过训练。

哈蒙德：我是否曾经“受过训练”，我不知道。学者可能接受过培训，但外行人不可能。外行人追随自己任性的心灵、内心的声音。无论我学到了什么，我是通过“自由阅读”学到的。即便我没有上过哈佛，我也会和现在知道的一样多。

塞奇：在《黄金王国》中，后现代批评和后现代批评的词汇完全不存在，全然被忽视。

哈蒙德：我是受尼采和弗洛伊德这类非“后现代”作家影响的。我受旧书影响，而非受现代趋势影响。

塞奇：后现代主义依然占主导地位，年轻人在学校里受到后现代主义的谆谆教诲，而你也说过你的书是年轻哲学家的理想选择。

哈蒙德：每位哲学家写文章都是为了下一代哲学家。我觉得自己明白了一些事情——比如，在43岁时，我发现E. M. 福斯特是位了不起的作家，还有量子物理和哲学有关。我想把这些发现分享出去。如果一位20岁的哲学家读我写的书，我希望他能快速学到我慢慢才了解到的东西。

塞奇：如果你抵制所有的后现代批评，你得说明原因。或者是不是你还没有读过任何一位后现代思想家的作品呢？

哈蒙德：我曾品读过该学派的思想，但我的心并没有被其捕获或迷惑或感动，因此我就没有再继续阅读了。但同样，他们也没有读过我的书。我认为没有任何必要解释我忽视后现代派的原因。确实，他们在学术界很流行，但他们没能让我觉得应该仔细拜读并仔细驳斥他们。

读者简评

以下信息是读者对我的书和网站 LJHammond.com 作出的回应。

你好，我住在加拿大新斯科舍省，今年 35 岁，弟弟由于脑瘤手术引起的并发症刚刚离我而去。他自学成才，对人文科学了解甚多……我无法描述他的离去让我每天都承受的痛苦有多痛。我现在完全被一个老问题困住，那就是生命的意义是什么？目前我所能得到的唯一安慰就是在诸多伟大著作中自我学习。我无意中发现你的网站，它给了我很多安慰。我已经把它作为我的主页了。我只想说非常感谢你。

蒂姆（Tim）

如果你缺乏通识教育，想填补这片空白，可能你也注意到，做起来很容易迷茫。随便选个主题，你都会置身于大量古典文章、作者及理论中，而他们每一个都需要投入大量时间和精力才能读懂，才可欣赏。真正有用的是一本对所有研究领域的高水平概述，然而，令人难以置信的是，这本非常小巧的书所做的就是那样的概述……这本书简单易懂，经常以全面而有趣的方式展示出不可思议的抽象思想。强烈推荐！

新泽西普林斯顿“Mycha”

（发布于亚马逊）

我是中国上海复旦大学的学生。我读了由中国电影出版社出版的您的书。我只想说声谢谢。您的书易于理解，但这些平白的语言所承载的力量让我震惊！上高中时我就买了您的书，这些年来一直反复阅读，也是我带来上海的仅有的几本书中的一本。您的书让我重新找回对哲学和文学的兴趣，也重新找回自己。

洛雷塔（Loretta）